인생에 거친 파도가 몰아칠 때

# 인생에 거친 파도가 몰아칠 때

## 고통의 한복판에서 행복을 선택하는 법

## When Life Hits Hard

러스 해리스 지음 · 우미정 옮김

티라미수
THE BOOK

조만간 현실이 당신의 따귀를 때릴 것이다. 예상치 못한 죽음, 질병, 배신 또는 다른 모양의 불행이 찾아와 삶의 기반을 흔들 것이다. 그 순간 손이 닿는 곳에 두어야 할 지혜가 이 책에 담겨 있다. 마음을 달래주는 역할을 넘어 이 책은 당신이 현재를 살게 하고, 당신을 안내하고, 당신이 성장할 수 있도록 도울 것이다. 자신을 올바로 인식하고 친절하게 대한다고 해서 고통이 사라지지는 않는다. 하지만 고통을 품위 있게 만들고, 심오한 교사로 변모시킬 수는 있다. 책을 읽고 나면 당신이 사랑하는 사람들에게도 이 책을 권하게 될 것이다. 언젠가 그들도 현실의 고난을 맞닥뜨릴 것이기에.

— 스티븐 C. 헤이즈Steven C. Hayes
네바다대학교 심리학과 석좌교수, 《마음에서 빠져나와 삶 속으로 들어가라》 저자

수용전념치료Acceptance and Commitment Therapy, ACT의 세계적인 선구자인 러스 해리스 박사는 인생의 폭풍과 고요의 시간을 지나는 우리에게, 그 여정을 가볍게 해주는 연민 가득한 선물을 건네주었다. 이 책을 읽는 동안 수많은 통찰의 순간을 경험했다. 기쁘고 어깨가 펴지고, 배움을 얻는 순간이었다.

— 폴 길버트Paul Gilbert 박사
《연민의 마음The Compassionate Mind》 저자

지극히 개인적이고 심오한 통찰력이 있으며, 무엇보다 대단히 실용적이다. 삶이 불공평하게 굴러가거나 일이 제대로 안 풀릴 때 우리 모두가 겪는 고통의 시간에

대처하는 방법을 알려준다. 러스 해리스는 참다운 인간이 된다는 것이 어떤 의미인지, 삶의 고난에 어떻게 대처해야 하는지 그리고 현재에 더 집중하며 의미 있고 즐겁게 사는 방법이 무엇인지 알려주는 또 한 권의 탁월한 책을 썼다.

— **앤서니 그랜트**<sup>Anthony Grant</sup> **박사**
시드니대학교 코칭심리학 부서 책임자, 《행복으로 가는 8단계<sup>8 Steps to Happiness</sup>》 저자

어떤 일을 시도하든 고통과 고난은 필연적으로 우리 삶에 스며들기에, 그에 대처할 수 있는 능력은 필수적이다. 유치원에서 가르칠 법한 단기간에 행복을 얻는 방법을 원한다면 다른 책을 찾아보라. 하지만 삶에 마음챙김, 의미, 목적으로 이루어진 단단한 플랫폼을 만들고, 고통을 효과적으로 다루는 능력을 계발하고 싶다면, 이 책은 바로 당신을 위한 책이다. 이 책을 읽고, 그 내용을 자신의 삶에 유연하게 적용할 수 있기를 진심으로 바란다.

— **토드 B. 카시단**<sup>Todd B. Kashdan</sup> **박사**
《궁금한가요?<sup>Curious?</sup>》, 《긍정 심리학 설계<sup>Designing Positive Psychology</sup>》 저자

러스 해리스는 수용전념치료 분야에서 크게 존경받는 세계적인 전문가다. 과학적인 발견과 개인적인 경험을 바탕으로 그는 삶에서 마주친 고난을 어떻게 다루어야 하는지, 우리 삶에 꼭 필요한 대화로 모두를 초대한다. 이 책을 읽고, 즐겨라. 삶 속에 있는 진정한 보물을 발견하게 될 것이다.

— **니클라스 퇴네케**<sup>Niklas Törneke</sup> **박사**
《인간 행동의 ABC》 저자

눈을 떼지 못하게 사로잡는다. 이혼, 질병, 직업 변경, 사랑하는 사람의 죽음과 같은 고통스러운 삶의 전환을 겪는 모든 사람이 반드시 읽어야 할 책이다. 매우 개인적이면서도 보편적으로 적용할 수 있는 드문 책이다.

— **조셉 치아로키**<sup>Joseph Ciarrochi</sup> **박사**
울런공대학교 부교수, 《일상 속의 정서지능<sup>Emotional Intelligence in Everyday Life</sup>》 저자

하나뿐인 나의 아들에게.

함께한 그 모든 시간 속에서 너는 내게 가장 위대한 선생님이었단다.

내게 삶과 사랑에 대해 많은 것을 가르쳐주었고, 내가 성장하고 발전할 수 있게 해주었어.

내 삶에 수많은 기쁨과 사랑을 가져다준 네게 정말 고맙구나.

그 어떤 말로도 표현할 수 없을 만큼 너를 사랑해.

# 고통이 삶을
# 집어삼키지 않도록

현실이 당신의 따귀를 때리고, 삶을 뒤집어놓고, 일상을 엉망으로 만들 때를 대비해 당신이 미리 준비할 수 있는 것은 없습니다. '현실에 따귀를 맞는' 일은 다양한 모습으로 나타납니다. 사랑하는 사람의 죽음, 심각한 병이나 부상, 끔찍한 사고, 이혼, 배신, 폭행, 불륜, 폭력적인 범죄, 실직, 파산, 전쟁, 화재, 홍수, 지진, 전염병…… 목록은 끝없이 이어집니다. 우리는 이러한 현실의 고난을 좋아하지 않습니다. 그걸 원하는 사람은 아무도 없죠. 하지만 충분히 오래 산다면 우리 모두 언젠가는 그런 상황을 겪게 됩니다. 한 가지 확실한 것은 고난의 강도가 셀수록 고통이 더 크다는 것입니다. 대면하는 여러 가지 상황에 따라 충격, 슬픔, 분노, 두려움, 불안, 공포, 죄책감, 수치심을 느끼고, 심지어는 증오, 절망, 혐오감을 경험할 수도 있습니다. 때로는 그 고통이 너무 강하고 견딜 수 없어서, 신경체계가 '감정의 스위치를 끄고' 우리를 무감각하고 텅 빈 상태 또는 우울증으로 이끌기도 합니다.

운이 좋고, 타격이 지나치게 크지 않은 고난이라면 상당히 빨리 회복될 수도 있습니다. 자신을 일으켜 먼지를 털어내고, 문제에 대한 해결책을 찾으며 계속 살아갈 수 있습니다. 하지만 간단하게 해결될 상황이 아니라면 어떨까요? 사랑하는 사람이 죽거나, 배우자가 떠나거나, 직장을 잃는다면? 큰 부상을 입거나, 심각한 병에 걸리거나, 삶을 무너뜨릴 수 있는 폭력적인 범죄를 경험한다면? 사랑하는 사람이 아프거나 고통을 겪는다면? 세상이 전염병 때문에 혼돈의 상태에 빠진다면?

현실에 따귀를 맞을 때는 언제나 상실이 따라옵니다. 우리는 죽음, 이혼, 별거 또는 갈등으로 인해 중요한 인간관계를 잃어버릴 수 있습니다. 건강, 직업, 독립성을 잃을 수도 있고, 안심, 신뢰, 안전의 감각을 잃어버릴 수도 있습니다. 자유, 지지, 소속감 또는 마음 깊이 소중하게 생각하는 다른 많은 것을 잃어버릴 수 있습니다. 현실에 따귀를 맞을 때면 대개 위기가 찾아옵니다. 통제할 수 없는 끔찍한 상황에 부딪혀 극심한 곤경과 불확실성을 겪지요. (특히 심리학자들이 '트라우마'라고 부르는, 삶을 짓밟고 영혼을 파괴

하는 고난이 닥칠 때는 더욱 그렇습니다.) 그와 거의 동시에, 아니면 그 후에 곧바로 비통함이 뒤따릅니다. 흔히 생각하는 것과 달리 비통함은 단순한 슬픔이 아니라, 심각한 상실에 반응하는 심리적인 과정입니다. 비통함을 겪을 때 우리는 수면장애, 피로, 무기력, 무관심, 식욕부진과 같은 신체적인 반응을 보이고 슬픔, 불안, 분노, 죄책감 등의 광범위한 감정을 느낍니다.

## 비통함 끝에서 우리를 기다리는 것

부정, 분노, 협상, 우울, 수용이라는 엘리자베스 퀴블러 로스[Elisabeth Kübler-Ross] 박사의 '비통함의 다섯 단계'는 유명하지요. 박사는 죽음과 죽어감에 대해 설명하면서 이 다섯 단계를 이야기했지만, 사실 이는 모든 종류의 상실과 위기, 트라우마에 적용됩니다. 또 단계를 나누긴 했지만 각각이 뚜렷이 구분되지 않고 명확하지도 않습니다. 모든 사람이 다섯 단계를 전부 경험하는 것도 아니고, 각 단계의 순서가 고정된 것도 아닙니다. 단계들은 밀물과 썰물처럼 오가고 서로 뒤섞이곤 합니다. 또 때로 '끝난' 것처럼 보이는 단계가 '다시 시작'되기도 합니다. 당신이 무엇을 상실했든 이 단계 가운데 적어도 몇 가지는 분명히 경험할 것이므로, 이에 대해 간단히 이야기해보도록 하겠습니다.

'부정'은 일어난 현실을 의식적 또는 무의식적으로 거부하거나 인정하지 못하는 상태를 의미합니다. 이 단계에서는 일어난 일에 대해 말하거나 생각하고 싶어 하지 않거나, 그 일이 일어나지 않은 척하거나, 무감각해지거나, 아무것도 하지 않는 정지 상태가 되거나 비현실감에 사로잡힙니다. 멍한 채로 돌아다니면서 이 모든 것이 나쁜 꿈이라고 생각하는 것이지요.

  '분노' 단계에서는 자신이나 타인, 혹은 삶 자체에 화가 날 수 있습니다. 분노와 밀접한 원망, 분개, 격분, 격노 또는 강한 불공평함과 불의의 감정도 자주 찾아옵니다.

  '협상'은 현실 상황을 바꾸려는 거래 시도를 의미합니다. 신에게 위험에서 구해줄 것을 간구하거나 외과 의사에게 수술 성공을 보장해달라고 요구하는 등의 행동도 협상에 속합니다. 이 단계에서는 바라는 상황에 대한 수많은 생각과 '이 일만 일어났더라면', '이 일만 일어나지 않았더라면'과 같은 대체 현실에 대한 환상이 빈번하게 수반됩니다.

  '우울' 단계는 명칭이 부정확합니다. 이 단계의 감정은 '우울증'으로 알려진 일반적인 임상적 장애를 의미하지 않습니다. 그보다는 엄청난 상실에 대한 자연스러운 인간 반응인 슬픔, 비애, 후회, 두려움, 불안, 불확실성 등에 가깝습니다.

  마지막으로, '수용' 단계는 새로운 현실을 붙잡고 씨름하거나 회피하는 대신 그 현실과 화해하는 단계입니다. 이 단계에서 우리는 삶을 다시 일으켜 세우는 데 힘을 쏟을 수 있을 만큼 자유로워진 상태입니다. 지금 당장은 절대로 그럴 수 없을 것 같아 보인다고 해도 말이지요.


## 크나큰 고난을 마주할 때 우리는

현실의 고난이 몰고 오는 모든 혼돈 속에서 사람들은 불쾌한 신체적 반응을 경험합니다. 우리 모두는 잘 알려진 '투쟁 또는 도피fight-or-flight' 반응을 경험할 겁니다. 그리고 우리 가운데 일부는 아직 덜 알려진 '경직freeze' 반응을 경험합니다.

이러한 반응이 무엇이고, 왜 일어나는지 그리고 우리에게 어떤 영향을 끼치는지 이해하기 위해 시간을 거슬러 여행을 떠나봅시다. 고대 조상인 원시인 한 명이 혼자서 토끼를 사냥하고 있다고 상상해보세요. 그가 갑자기 거대한 어미 곰과 마주칩니다. 그는 순식간에 얼어붙습니다. 어미 곰 옆에는 지켜야 할 새끼 곰 두 마리가 있고, 그래서 더 우악스럽게 경계합니다. 어미 곰이 원시인을 위협적인 존재로 보고 돌진합니다.

이 상황에서 살아남으려면 단 두 가지 선택지가 있을 뿐입니다. 도망치거나 그 자리에 남아서 싸우거나. 그래서 자율신경계가 의식적인 생각보다 더 빠른 속도로 키를 잡습니다. 알다시피

'자율성'이란 스스로 결정을 내린다는 의미입니다. '자율신경계'라는 이름도 여기서 왔죠. 의식적으로 생각하고 지시를 내리지 않아도 자율신경계는 무엇이 당신에게 유리한지 스스로 결정합니다. 어미 곰에게 공격을 당하는 상황에서 당신은 '이런, 싸울지 도망갈지 어서 정해야겠군' 하고 생각하지 않습니다. 생각이 입력되기도 전에 자율신경계가 결정을 내리면 몸은 즉시 '싸울 준비나 도망갈 준비'를 합니다.

다시 고대의 조상에게로 돌아가보죠. 그의 몸에서 투쟁 또는 도피 반응이 시작됩니다. 팔과 다리, 가슴과 목의 대근육이 투쟁이나 도피를 실행에 옮기기 위해 긴장합니다. 아드레날린이 솟구치고 심장이 빠르게 뛰며 혈액을 근육으로 펌프질합니다. 그는 가지고 있던 창을 최대한 세게 던지는 것으로 투쟁 반응에 돌입합니다.

하지만 안타깝게도 창이 빗나갔네요. 곰을 살짝 스치면서 작은 상처만 냈습니다. 이제 곰은 단단히 화가 났고 그에게는 아무런 무기가 없습니다. 그는 최대한 빠른 속도로 달리며 도망가기 시작합니다. 이제 도망보다 중요한 건 아무것도 없습니다.

하지만 어미 곰은 사람보다 더 빠릅니다. 곰이 그를 잡아서 땅바닥에 내동댕이칩니다. 이제 그에게는 곰을 물리칠 수 있는 방법이 하나도 없고, 도망쳐 빠져나갈 가능성도 없습니다. 그래서 의식적인 생각보다 더 빠른 속도로 자율신경계가 다시 그를 조종합니다. '투쟁 또는 도피'는 더 이상 효과가 없다는 것을 알고 그의 몸을 '경직' 상태로 전환합니다. 왜냐고요? 곰은 먹이가 저항하는 것을 좋아하지 않기 때문이지요. 그가 소리를 지르고 몸부림칠수록 곰은 그를 더욱 잔혹하게 공격할 겁니다. 살아남을 가능성을 최대한 높이려면 죽은 듯 누워 있어야 합니다.

바로 그래서 '경직' 반응이 나타나는 것입니다. 미주신경(신체에서 척수 다음으로 가장 큰 신경)이 적극적으로 그를 움직이지 못하는 상태로 만듭니다. 미주신경은 그의 근육을 마비시켜서 그야말로 옴짝달싹못하게 만듭니다. 그와 동시에 감정을 '차단'합니다. 그가 고통을 덜 느낄수록 비명을 지르거나 몸부림치는 것을 줄일 수 있기 때문입니다. 이렇게 해서 그는 완전히 '얼어붙은 것처럼 뻣뻣하게', '공포로 마비된 채', '두려움으로 인해 무감각한' 상태로 거기에 누워 있게 됩니다. 만약 운이 좋다면 그렇게 조용히 누워 있는 동안 곰이 흥미를 잃고 가버리거나, 누군가가 와서 그를 구해줄 때까지 살아남을 수 있을 겁니다.

우리 신경계와 신체는 모든 위협에 대해 '투쟁 또는 도피 또는 경직' 반응이 일어나도록 설계되어 있습니다. (다른 모든 포유류뿐만 아니라 조류, 파충류, 어류 대부분의 신경계는 공통적으로 이러한 특징을 지닙니다.) 현실의 고난은 우리에게 위협이기 때문에, 그 일이 일어날 때 우리는 투쟁 또는 도피 반응을 보일 겁니다. 대개는 두려움과 불안(도피)이 나타나지만, 분노(투쟁)가 우세할 때도 있습니다. 그리고 가장 심각한 상황에서 신경계가 투쟁도 도피도 소용없다고 인식하면 경직 상태가 될 것입니다. 이때 당신은 움직이지도 말할 수도 없는, 그야말로 얼어붙은 상태가 됩니다. 심지어 의식을 잃거나 넋이 나갈 수도 있습니다.

현실에 따귀를 맞으면 며칠 또는 몇 주 동안 투쟁, 도피 또는 경직 반응이 반복해서 일어나기 쉽습니다. 그러한 반응은 해당 사건을 상기시키는 모든 것에 의해 쉽게 촉발됩니다. 기억, 생각, 감정, 감각처럼 우리 내면에 있는 것은 물론이고 특정한 사람, 장소, 음식, 음악, 사진, 물건, 책, 뉴스 보도 등 외부적인 것도 마찬가지입니다. '투쟁'은 분노, 좌절, 짜증으로 나타납니다. '도피'는 두려움, 불안, 걱정으로 나타납니다. '경직'은 무감각, 무관심, 피로, 잠, 분리로 나타나고, 대부분 무력감, 절망, 체념이 따라옵니다.

지금까지 현실의 고난을 맞닥뜨렸을 때 일반적으로 나타나는 반응을 살펴보았습니다. 그렇다면 이제 정말로 중요한 질문이 남았습니다. 그럴 때 우리는 무엇을 할 수 있을까요?

## 역경 속에서도 의미 있는 삶을 살기 위하여

진실을 말하자면, 우리 대부분은 이러한 상황에 잘 대처하지 못합니다. 고통스러운 생각, 느낌, 기억, 신체적인 반응에 쉽게 사로잡히고 말지요. 그래서 스스로를 곤경에 빠뜨리고 문제를 악화시키는 행동을 합니다. 이를테면 약물이나 알코올을 남용하고, 친구와 가족으로부터 멀어지고, 즐기던 활동에서 손을 떼고, 사랑하는 사람들과 싸우고, 세상으로부터 숨어버리고, 침대나 소파에서 너무 많은 시간을 보내지요.

이 모든 행동은 정상이고 매우 흔합니다. 문제는 그러한 행동이 대개 상황을 나아지게 만들기보다는 악화시킨다는 것입니다. 하지만 좋은 소식도 있습니다. 우리는 이 반응을 바꿀 수 있습니다. 슬픔, 상실, 위기에 반응하는 새롭고 효과적인 방법을 배울 수 있습니다. 이 책은 수용전념치료 이론에 바탕을 두고 있습니다. 수용전념치료는 1980년대에 미국의 심리학자 스티븐 헤이스<sup>Steven C. Hayes</sup>가 과학적인 토대 위에서 만든 이론입니다. 2020년 현재 최고의 과학저널들에 소개된 수용전념치료 관련 논문은 3,000개가 넘는데, 슬픔, 우울증, 불안, 중독, 만성질환과 트라우마에 이르기까지 모든 문제에 이 이론이 효과가 있다는 것을 보여줍니다. 수용전념치료는 역경 속에서도 고통과 괴로움을 극복하고 풍요롭고 의미 있는 삶을 살 수 있도록 돕는 강력하고도 실용적인 접근 방식입니다. 앞으로 펼쳐질 이야기는 당신을 이 방법으로 한 걸음씩 부드럽게 안내할 것입니다.

하지만 더 나아가기 전에 반드시 강조해둬야 할 두 가지가 있습니다. 첫 번째는 현실이 일격을 가할 때, 그에 대응하는 '올바른' 또는 '적절한' 반응이란 없다는 사실입니다. 사람은 다 제각기 반응합니다. 그렇게 때문에 어떤 감정을 반드시 느껴야 한다거나, 느끼지 않아야 한다거나, 아니면 그 감정을 얼마나 오랫동안 품고 있어야 한다거나 하는 모든 선입견을 버리세요. 며칠 혹은 몇 주를 울면서 보내는 사람이 있는가 하면 눈물 한 방울 흘리지 않는 사람도 있습니다. 이 두 반응 모두 정상입니다. 두 번째는 슬픔, 상실, 위기에 대처하는 단 하나의 '가장 좋고' '가장 옳은' 방법은 없다는 것입니다. 모든 사람이 다 다르게 대처합니다. 또한 어떤 이에게 효과적인 방법이 다른 이에게는 그렇지 않을 수 있습니다. 이 책은 많은 사람에게 유용성이 입증된 수많은 조언, 도구, 전략, 계획을 제시할 것입니다. 하지만 그 어떤 것도 모든 사람에게 효과적이지는 않기에, 이 책에 나오는 방법을 실험하고, 수정하고, 조율해서 당신만의 고유한 상황과 그로 인한 과제를 해결해나가는 데 도움이 되도록 만들어나가기 바랍니다. (당신에게 '효과적이지 않은' 방법은 내려놓으라는 뜻입니다!)

내 나이쯤이 되면 사람들은 대개 현실에 몇 번이고 타격을 입습니다. 나에게 찾아온 첫 번째 일격은 어린 시절 수년간 가까운 친척 두 명에게 반복해서 학대를 당한 것입니다. 이후 살아가며 부모님의 죽음, 친구와 가족의 죽음, 고통스러운 이혼, 만성질환을 야기한 심각한 부상 등을 겪었지요. 그리고 아들이 어릴 때 지속적인 집중치료를 받아야만 했던, 지독하게 힘들었던 4년도 경험했습니다. (너무나 다행스럽게도 아들은 완전히 회복됐습니다. 매우 운이 좋은 편이지요. 이 책을 읽을 독자 모두가 그렇게 운이 좋지는 않다는 걸 잘 압니다.) 이런 힘든 일을 겪으면서 수용전념치료가 내게 큰 도움이 된다는 것을 발견했고, 다른 사람을 돕는 데도 이 방법을 즐겨 사용했습니다.

수용전념치료 모델의 가장 인상적인 특징은 범용성입니다. 2015년에 나는 세계보건기구WHO의 요청으로, 난민캠프에서 사용할 수용전념치료 프로그램을 만들었습니다. 지금 세계보건기구는 터키, 우간다, 시리아를 포함해 많은 국가에서 이 프로그램을 사용하고 있습니다. 전쟁, 박해, 폭력, 사랑하는 사람들의 죽음, 고향을 떠나야 하는 상황, 난민캠프의 암울한 생활환경에서 살아남기 위한 고군분투 등 수많은 심각한 문제에 직면한 난민들을 돕는 데 말이지요. 솔직히 고백하자면, 처음에는 이 프로그램이 그런 엄청난 역경에 처한 사람들을 얼마나 도울 수 있을지 확신하지 못했습니다. 몇 년 후 세계보건기구가 그에 대한 연구 결과를 발표했을 때에야 마침내 안도하고 기뻐했지요. 난민들은 이 프로그램을 좋아했을 뿐 아니라 가혹한 삶의 환경에 대처하는 데 매우 도움이 된다고 했습니다.

이 책의 내용은 세계보건기구에서 사용하는 프로그램과 매우 비슷합니다. 책은 세 부분으로 구성되어 있습니다. 1부 '파도에 휩쓸리지 않고 고요하게'에서는 고난을 겪은 후 자신을 재정

비하고 평정을 되찾는 과정을 이야기합니다. 특히 어떻게 자신을 돌보고, 이 모든 고통스러운 생각과 감정에 대처할지에 초점을 맞춥니다. 2부 '파도가 지나간 후 다시 일어서기'에서는 제목에서 알 수 있듯, 한 번에 한 걸음씩 당신의 삶을 재건하는 방법을 살펴볼 것입니다. 삶의 고난이 남긴 잔해가 아무리 광범위하고 심각하다 할지라도 말이지요. 3부는 '의미 있는 삶으로 나아가기'입니다. 여기서는 에너지와 활력을 되찾는 방법 그리고 삶이 여전히 우리에게 제공하는 것들에 감사하는 방법을 살펴보겠습니다(이 말이 지금 당장은 불가능하게 들릴 수 있겠지만요).

여기까지 읽고 당신은 어쩌면 이의를 제기할지 모릅니다. 당신의 상황은 다른 사람들과 다르고, 이 책은 도움이 되지 않을 것이며, 당신 삶은 텅 비거나 견딜 수 없는 상태로 남을 것이라면서 말이죠. 그렇다면 안심하십시오. 그런 생각은 매우 자연스럽고, 이 접근 방식을 처음 접할 때 많은 사람이 그렇게 생각합니다. 진실을 말하자면, 이 책이 당신에게 도움이 될 가능성은 매우 크지만 반드시 그러리라고 '보장'할 수는 없습니다. 하지만 이것 하나는 보장할 수 있습니다. 만약 당신이 의구심 때문에 지금 책 읽기를 멈춘다면, 이 책이 제공하는 이점을 아무것도 얻을 수 없다는 것입니다.

그러니 만약 당신의 마음에 의심이 생겨났다면, 그저 마음이 하고 싶은 말을 하게 놔두세요. 무엇이든 마음이 원하는 대로 말하게 하세요. 하지만 읽는 것을 멈추도록 놔두지는 마십시오. 배경에 틀어놓은 라디오처럼, 마음이 원하는 것을 마음껏 말하게 하고 그런 다음 함께 탐험해봅시다. 큰 고난을 만났을 때, 견뎌내고 계속 잘 살아갈 수 있는 방법을요.

1부
# 파도에 휩쓸리지 않고 고요하게

닻을 내린다고
폭풍우가 사라지거나
폭풍우를 잊어버릴 수는 없습니다.
그 대신 내려진 닻은
폭풍우가 제멋대로 오가는 동안
배를 단단히 잡아줍니다.

# 1 지금 할 수 있는 일에
## 집중하기

●        First Things First

나탈리의 얼굴은 겨울 달처럼 창백했습니다. 눈물이 그녀의 뺨을 타고 하염없이 흘러 블라우스에 후드득 떨어졌고, 울먹임에 온몸이 흔들렸습니다. 열흘 전 그녀의 십 대 아들이 뺑소니 차량에 치여 그 자리에서 죽고 말았습니다. 경찰은 아직도 범인을 찾지 못했습니다. "내 마음은 백만 갈래로 찢어졌어요." 흐느끼는 와중에 나탈리가 가까스로 말했습니다. "내가 무엇을 할 수 있을까요? 내가 무엇을 할 수 있을까요?" 그녀는 계속해서 말했습니다. "뭘 해야 할지 모르겠어요."

## 통제할 수 있는 일에 집중하기

상실 또는 트라우마가 우리 세상을 찢어 큰 구멍을 낼 때, 대부분은 거의 혹은 전혀 통제할 수 없는 끔찍한 사건을 받아들이려고 몸부림치다가 결국에는 무력감을 느낍니다. 이번 장에서는 현실의 고난과 함께 찾아오는 즉각적인 여파를 어떻게 다루어야 할지 몇 가지 기본적이고 실용적인 조언을 살펴보겠습니다.

첫 번째 단계는 두려움과 불안의 감정이 불가피하다는 사실을 인정하는 것입니다. 이 감정은 삶을 무너뜨리는 위협과 불확실성으로 가득한 사건에 대한 지극히 정상적이고 자연스러운 반응입니다. 그리고 우리는 '앞으로 무슨 일이 일어날까?', '이 일이 사랑하는 사람들에게 어떤 영향을 줄까?', '그다음엔 또 무슨 일이 일어날까?' 등 통제할 수 없는 모든 일에 대해 걱정하기 시작합니다. 과거에 집착하고 방향을 잃어버리는 일도 자주 발생합니다. 고통스러운 사건들을 떠올리고 다른 대처 방법은 없었는지, 그랬다면 지금 벌어진 일을 바꿀 수 있지 않았을지 상상하고, 비난할 사람과 대상을 찾으려고 합니다. 문제는 통제할 수 없는 것에 집중하면 할수록 더 절망적이고 불안하고 화가 난다는 것입니다. 그러므로 어떤 형태든 상실, 위기 또는 트라우마를 경험했다면 우리에게 가장 도움이 되는 한 가지 반응은 '내가 통제할 수 있는 것에 집중'하는 것입니다.

미래에 일어날 일은 통제할 수 없습니다. 과거에 일어난 일도 통제할 수 없습니다. 다른 사람의 행동도 마찬가지입니다. 그리고 우리 생각과 감정도 통제할 수 없지요. 모든 고통스러운 감정과 기억을 제거하고 그걸 마법처럼 기쁨과 행복으로 바꾸어주는 방법은 없습니다. 그렇지만 지금 여기에서 우리 팔다리 그리고 손발로 '하는' 일은 통제할 수 있습니다. 신체적인 행동은 통제할 수 있기에 관심과 에너지를 그쪽에 집중해야 합니다. 현실의 고난을 견뎌내려면 나의 행동을 통제해야 합니다. 몇 가지 방법을 함께 탐험해봅시다.


## 누구도 혼자인 사람은 없다

샨티는 남편이 자신의 어린 시절 친구와 2년 동안이나 바람을 피우고 결국 자기 곁을 떠났을 때, '완전히 부서진' 상태였습니다. 그녀는 엄청난 분노의 홍수, 슬픔의 폭우, 불안, 수치, 당혹감의 돌풍이라는 감정의 폭풍을 겪었습니다. 그리고 상실에 대한 반응으로 외부세상으로부터 자신을 차단하는 것을 선택했습니다. 가족, 친구들과 연락을 끊었고 집에만 머물렀습니다.

미셸이 끔찍한 성폭행을 당한 후 보인 반응도 비슷합니다. 데이브가 직장을 잃은 후에 한 일도 마찬가지입니다. 샨티, 미셸,

데이브 모두 비슷한 이유로 자신을 고립시켰습니다. 자신에게 일어난 일을 이야기하고 싶지 않아서 다른 사람들을 피했습니다. 입 밖으로 말을 꺼내면 너무 불편해질까 봐, 그리고 엄청나게 고통스러운 감정과 기억이 되살아날까 봐 두려웠습니다.

헬렌과 필립의 이유는 조금 달랐습니다. 헬렌의 남편은 치명적인 심장마비로 갑자기 예상치 못한 죽음을 맞이했고, 필립의 남편은 췌장암으로 몇 달간 투병생활을 하며 서서히 죽어갔습니다. 이 상실을 경험한 후 헬렌과 필립은 특히 친구들과 가족들에게서 멀어졌는데, 그저 지쳤기 때문이었습니다. 더 이상 다른 이들과 상호작용을 할 수 있는 에너지가 남지 않았던 것이지요.

때로 우리는 특정한 집단의 사람들로부터 거리를 둡니다. 보통은 우리에게는 이제 없는 걸 그들은 여전히 가지고 있을 때 그렇습니다. 우리 삶과 그들의 삶이 보이는 큰 차이를 눈으로 확인하면 견딜 수 없을 만큼 고통스럽기 때문입니다. 예를 들어, 뇌막염으로 딸을 잃은 요코는 아이를 둔 그녀의 모든 친구들과 멀어졌습니다. 알라나도 유산을 겪은 후에 같은 반응을 보였습니다. 두 사람에게는 아이가 있는 다른 가족들과 어울리기가 너무나 고통스러웠습니다.

라다는 섬유근육통(섬유염)이라고 불리는 질병으로 큰 어려움을 겪었습니다. 두통, 몸의 경직, 극심한 피로감과 함께 양팔의 윗부분, 양 어깨, 목, 등, 복부에 타는 듯하고 욱신거리는 강렬한 통증을 느꼈습니다. 이 병은 그녀가 예전에는 당연하게 여겼던 많은 일상적인 활동을 심각하게 제한했습니다. 라라는 사랑하는 사람들로부터 멀어져서 자신을 고립시키는 선택을 했는데, 그 이유는 a) 사람들과의 교류가 그녀를 너무나 지치게 만들고 b) 집 밖으로 나가는 것 자체가 육체적으로 너무 고통스럽고 피곤했기 때문입니다.

우리는 수많은 이유로 가장 가까웠던 사람들에게서 멀어집니다. 때로는 다른 이들에게 '짐이 되고 싶지 않아서' 그렇게 합니다. 그들을 부담스럽거나 불편하게 만들고 싶지 않기에 거리를 둡니다. 또는 다른 사람들이 어색해하고 우리와 어떻게 함께해야 할지, 무슨 말을 해야 할지 정말 모르는 것처럼 보여서 그러기도 합니다. 그러면 그들뿐 아니라 우리도 당연히 불편합니다. 혹은 '내 문제는 내가 해결해야 해. 다른 사람은 필요 없어'라는 식의 극기심에 사로잡혔기 때문일 수도 있습니다.

이는 모두 완전히 정상적이고 자연스러운 반응입니다. (이미 여러 번 이 말을 했다는 걸 압니다. 하지만 반복해서 말할 필요가 있습니다. 우리는 자신의 반응이 이상하다거나 결함이 있다거나 '틀렸다'고 곧바로 판단하기 때문입니다.) 문제는 타인에게서 멀어지면 대개 고통이 커진다는 것입니다. '인간은 사회적 동물'이라는 말을 들어봤을 겁니다. 잘 살아가려면 다른 사람들과 의미 있는 시간을 보내야 합니다. 삶이 따귀를 때릴 때 우리는 너무나 자주 우리를 가장 아끼는 사람들에게서 스스로 멀어지지만, 불행 속에 자신을 가두고 사랑하는 사람들로부터 단절되면 고통이 커질 뿐입니다.

따라서 다른 사람들이 우리를 아끼고 걱정하는 한, 그들에게 다가가는 것은 중요합니다. 당신에겐 연락할 수 있는 사람이 누가 있나요? 어떻게 연락할 건가요? 직접 만날 건가요? 전화를 할 건가요? 영상 통화를 할 건가요? 문자메시지를 보낼 건가요? '다른 사람에게 연락하기'는 우리가 통제할 수 있는 일입니다. 언제 그들과 함께하고 싶은지, 함께 무엇을 하고 싶은지 표현하십시오. '그냥 다시 연락하고 지내고 싶어서 전화했어', '5분 정도는 이야기할 수 있어', '응, 물론 집에 와도 되지만 지금은 30분 정도만 시간을 낼 수 있어', '너만 괜찮다면, 무슨 일이 있었는지에 대해서는 별로 이야기하고 싶지 않아', '말하고 싶지 않아. 그저 네가 나를 안아주면 좋겠어', '그냥 함께 영화나 보자'라고 말하면 됩니다.

다른 사람의 제안을 거절해도 물론 괜찮습니다. 만약 진심으로 다른 사람들과 어울리고 싶지 않다면 당신의 그 마음을 존중하십시오. 초대를 거절하십시오. 마찬가지로 다른 사람들과 함께 있다가 이제 그만 혼자 쉬고 싶다는 느낌이 들면 얼마든지 그 자리를 떠나도 됩니다. 그냥 사람들에게 알리세요. '미안해요, 좀

쉬고 싶어요. 감정을 주체하기가 좀 힘드네요.' 그런 다음 산책을 하거나 다른 방으로 가세요.

불행히도 다른 사람들은 우리를 어떻게 대해야 할지 전혀 모릅니다. 우리가 마주치는 큰 문제 가운데 하나지요. 그들은 우리를 도우려고 하지만 그런 시도는 너무나 자주 우리에게 도움이 되지 않습니다. 그들은 '모든 일에는 이유가 있어'라며 진부한 위로를 하기도 합니다. 때로는 '강해져야 해!', '긍정적으로 생각해', '이성적으로 굴어야지' 하며 우리를 몰아붙입니다. 우리에게 어떤 일이 일어났는지 묻지 않으려고 애쓰고, 다른 쪽으로 화제를 돌려서 우리 생각을 전환하려고 하기도 하죠. 미래에는 지금보다 훨씬 나아질 거라고 말하거나, 문제 해결에 대해 조언을 하거나 '신은 우리가 감당할 수 있는 시련만 주신다'며 설교하기도 합니다. 이는 그들의 잘못이 아닙니다. 그들은 당신을 돕고 지지해주려고 애쓰고 있을 뿐입니다. 불행히도 우리 사회는 이런 상황에서 어떻게 해야 하는지를 가르치지 않습니다.


## 일단 해보고 지켜보기

구글을 열고 검색하면 현실의 고난에 대처하는 방법이 가득 든 방대한 조언 창고가 나옵니다. 매우 훌륭한 조언도 있고 완전한 쓰레기도 있죠. 그런데 당신이 발견한 그 조언들 가운데 모든 사람에게 도움이 되는 것은 없습니다. 그렇기에 다양한 조언을 실험해보고 내게 무엇이 효과적인지를 찾아야 합니다.

이 주의사항과 더불어 두 가지 실용적인 조언을 나누려고 합니다. 첫 번째는 밖으로 나가서 신선한 공기를 마시는 것입니다. 이 방법은 많은 사람에게 효과가 있었습니다. 자연 속에서 하는 산책은 보통 큰 위로가 되는데, 더 큰 세상과 연결되어 있다는 느낌을 주기 때문입니다. 칩거 생활의 어려움에서 잠시 탈출구 역할을 해주기도 하지요. 자연 속에서는 수월하게 내 모습 그대로 있을 수 있습니다. 풀, 나무, 하늘 앞에서는 씩씩한 얼굴을 하려고 애쓰지 않아도 됩니다. 아무것도 하지 않아도 됩니다. 그저 걷고, 숨 쉬고, 주변 세상을 바라보고, 어떤 감정이든 있는 그대로 느낄 수 있습니다.

두 번째는, 중요한 결정을 내리지 않도록 주의해야 합니다. 가장 좋은 상태일 때도 큰 결정을 내리기란 쉽지 않습니다. 현실의 곤경에 처했을 때는 두 배로 힘이 드는데, 우리의 정신적 능력이 완전하지 않기 때문입니다. 삶에 따귀를 맞은 시기, 우리는 보통 지쳐 있거나 잠이 부족합니다. 온전히 생각하기 힘든 정신 상태로 수많은 문제를 해결하려고 애씁니다. 그렇기 때문에 만약 큰 결정을 내려야 한다면, 그 시기를 늦추는 게 낫지 않은지 고려해보거나 믿을 만한 누군가에게 당신 대신 결정을 내려달라고 부탁하십시오. 만약 그럴 수 없는 상황이라면, 적어도 결정을 내리기 전에 스스로를 단단하게 세우고 중심을 잡을 수 있도록 4장에 나오는 '닻 내리기 연습'을 하십시오.

슬픔, 상실, 트라우마에 대한 대중적 대처 방법은 상식에 호소하지만 사실 과학적 타당성은 없습니다. 그중 한 가지가 바로 '감정은 표현해야만 한다'는 생각입니다. 음, 사실 반드시 그래야만 하는 건 아닙니다. 물론 대부분은 감정 표현이 도움이 된다고 생각합니다. 만약 당신도 그렇게 생각하거나 그 방법이 당신에게 유용하다면 감정을 표현할 방법은 많습니다. 가장 간단하게는 친구, 가족, 지원 그룹 또는 치료 전문가에게 솔직하게 그리고 공개적으로 감정을 이야기하면 됩니다. 또 자신의 감정을 일기에 쓰는 방법도 매우 인기 있습니다. 창의적인 편이라면 시, 산문, 음악, 그림, 조각, 혹은 춤으로 감정을 표현할 수도 있습니다.

하지만 모든 사람에게 이 방법이 효과적이지는 않다는 사실을 아는 것이 중요합니다. 감정 표현은 분명 필수적이지 않습니다. 감정에 대해 말하거나 글로 쓰지 않고도 얼마든지 현실의 고난을 견디고 잘 살아갈 수 있습니다. 그러므로 감정 표현이 도움이 되는지 그렇지 않은지 확신할 수 없다면, 최선의 선택은 일단 시도해보고 어떤 일이 일어나는지 지켜보는 것입니다. 도움이 되면 계속하고, 도움이 되지 않는다면 멈춥니다.

## 사소하지만 중요한 자기 돌봄

'자기 돌봄'이라는 말을 들으면 당신은 믿을 수 없다는 반응을 보이며 신음을 크게 내뱉을지도 모릅니다. 너무 지쳐서 아무것도 할 수 없는데 어떻게 스스로를 돌보라는 건지 원망스럽기도 하겠지요. 하지만 이에 대해서는 반드시 짚고 넘어갈 필요가 있습니다. 물론 지금 당장은 자신을 돌봐야 한다는 생각조차 버거울 수 있습니다. 그래도 괜찮습니다. 앞으로 나올 여러 장에서 당신을 짓누르는 그 감정에 대응하고, 부드럽게 동기를 부여해서 중요한 일을 처리해나갈 수 있도록 돕는 방법을 배울 것입니다.

자기 돌봄은 균형을 잡는 행동이라고 할 수 있습니다. 우리는 한편으로 스트레스를 풀고 짐을 내려놓고 싶어 합니다. 책임을 내려놓고, 휴식을 취하고, 회복의 시간을 갖기를 원합니다. 이를테면, 현실에 일격을 맞은 후 우리 대부분은 휴식과 중단을 경험합니다. 이는 매우 타당한 일인데, 현실의 고난 앞에서 우리는 많은 에너지를 빼앗기고 감정의 폭풍에 시달리기 때문입니다. 더불어 무엇보다 제대로 잠을 자지 못하기 때문입니다. 하지만 오직 침대에만 머물거나 몇 주 동안이나 하루의 대부분을 소파에 누워서만 보낸다면, 장기적인 관점에서 상황은 나아지기는커녕 더 나빠질 것입니다. 그렇기 때문에 균형을 위해 다른 한편으로 건강을 돌보는 행동을 계속해야 합니다.

마찬가지로 많은 사람이 먹는 것에서 위안을 얻습니다. 초콜릿이나 아이스크림 또는 피자를 많이 먹거나 평소보다 더 많은 술을 마십니다. 적당히 먹으면 문제 될 것 없습니다. 하지만 지나치게 음식에 집착하면 이미 겪고 있는 문제에 또 다른 문제가 추가될 겁니다.

운동도 마찬가지입니다. 우리가 겪고 있는 스트레스와 긴장을 고려하면 일상적으로 하던 운동을 덜 하게 되는 것은 당연합니다. 그렇다고 모든 운동을 멈추면 건강이 악화됩니다. 몸을 계속 움직이는 것은 매우 중요합니다. 특히 앞서 소개한 라다처럼 만성질환이 있거나 부상을 당했을 때는 더욱 그렇습니다. 섬유근육통으로 인한 모든 통증과 뻣뻣해진 몸, 피로 때문에 그녀는 예전에 즐기던 운동과 피트니스, 특히 라틴 댄스, 에어로빅 같은 활동을 아예 할 수 없게 되었습니다. 하지만 운동을 전혀 하지 않으면 섬유근육통은 시간이 갈수록 악화됩니다. 당뇨병부터 심장 질환, 천식, 고혈압에 이르기까지 거의 모든 만성질환도 마찬가지입니다. 이는 라다가 자신의 질병으로 인해 주어진 한계 안에서 할 수 있는 새로운 운동 방법을 찾아야만 한다는 뜻입니다. 처음에 그녀는 기본적인 스트레칭으로 시작해서 물리치료사의 지시에 따라 강화운동을 하고, 지팡이를 짚고 아주 짧은 거리를 산책했습니다.

운동, 건강한 식생활, 적절한 약물과 알코올, 적당한 휴식, 합리적인 수면 패턴 찾기 등 약간의 시간을 들여 자기 돌봄 계획을 세우는 것은 가치 있는 일입니다. 동시에 그 계획은 현실적이어야만 합니다. 만약 이 모든 일을 해내기가 아직은 너무 힘들고 이르다는 생각에 짓눌린다면 지금은 하지 않아도 괜찮습니다. 17장의 '나쁜 습관 깨뜨리기'까지 읽는 동안 효과적인 동기 부여에 필요한 모든 도구를 얻을 수 있을 테니까요.

취미와 스포츠, 창의적인 활동과 다른 관심사도 잊지 마십시오. 격변의 시기에는 이런 것들이 창밖으로 날아가버리기 쉽습니다. 문제 대처에 집중하는 동안에는 이런 활동을 잠시 제쳐두는 게 현명할 수도 있습니다. 하지만 많은 경우, 관심사를 빨리 재개할수록 상황이 더 좋아집니다. 처음에는 예전처럼 해당 활동을 즐기지 못할 수도 있습니다. 활동에 전념하기에는 너무 감정적이고, 피곤하고, 에너지가 소진되었다고 느낄 수 있습니다. 하지만 끈기 있게 지속하면 고통 가운데서도 그 활동이 얼마나 위안과 격려가 되는지, 당신을 어떻게 버틸 수 있게 해주는지 깨닫고 놀랄지 모릅니다.

분명한 것은 당신만의 고유한 상황에 맞게 자기 돌봄을 조정해야 한다는 것입니다. 만약 큰 수술이나 항암치료 또는 심각한 질병에서 회복 중이라면 체육관에 가서 운동을 할 수는 없습니다. 하지만 침대에 누워서 가벼운 운동은 할 수 있을 겁니다. 그리고 침대에서 일어날 수 있게 되면 의사가 추천하는 간단한 운동을 하면서 점차 다시 힘을 키울 수 있습니다. 현실의 고난이 부상이나 질병이 아니라면 운동과 관련해서 더 많은 선택지가 있겠지만 평소처럼 운동할 에너지가 없을 수도 있습니다. 그럴 때는 가벼운 산책처럼 좀 더 쉬운 활동을 해도 됩니다.

"내가 무엇을 할 수 있을까요?"라는 나탈리의 질문은 가치 있습니다. 과거를 바꾸고, 아들을 되살리고, 백만 갈래로 찢어진 마음을 치유하기 위해 그녀가 할 수 있는 일은 아무것도 없었습니다. 하지만 그녀는 자신을 돌보는 아주 작은 행동을 했고, 이는 그녀가 삶의 통제력을 되찾는 데 중요한 한 걸음이 되어주었습니다.

기억하세요. 자기 돌봄을 위해 엄청난 노력을 들여야 하는 건 아닙니다. 매번 이를 닦고, 샤워를 하고, 건강한 음식을 먹는 것, 그것이 바로 자기 돌봄입니다. 친구들에게 연락하고, 좋아하는 음악을 듣거나 이 책을 읽는 것 역시 마찬가지입니다. 그것이 무엇이든 작은 자기 돌봄의 행동은 중요합니다(비록 당신의 마음이 그렇지 않다고 부인한다고 해도 말이지요).

# 2

## 자신에게
## 친절하게 말하기

●       Kind Words

　　현실이 당신의 따귀를 세게 갈기고 휘청이게 만들 때, 당신은 가장 가까운 친구들과 가족에게 무엇을 원하나요? 사람들은 대부분 똑같은 것을 원합니다. 우리를 염려하는 사람들이 곁에 있다는 걸 알고 싶어 하죠. 진심으로 걱정해주고, 우리를 이해하기 위해 기꺼이 시간을 내고, 우리의 고통을 인정하고 얼마나 힘든지 알아주고, 기운을 내거나 모든 것이 괜찮은 척 용감한 얼굴을 하기를 기대하지 않고 있는 그대로의 감정을 드러낼 수 있도록 함께 있어주고, 우리를 지지하고 친절하게 대하며 도와주고 싶어 하고, 우리가 혼자가 아니라는 것을 행동으로 보여주는 사람들을 원합니다. 여기서 중요한 질문을 하나

해야겠습니다. 다른 사람이 우리를 보살펴주고 이해해주고 친절하게 대하기를 바라면서 우리는 왜 자신을 그렇게 심하게 대하는 걸까요?

삶의 역경에 처했을 때는 얻을 수 있는 모든 친절이 필요합니다. 그런데도 우리는 이 친절에 쉽게 다가가지 못합니다. 우리 마음이 우리를 판단하고 비판하고, 커다란 막대기를 가져와서 때리고, 숨게 만들고, 이미 넘어졌는데 발로 차기 때문입니다. 약해 빠졌다고 비난하고, 이 상황을 좀 더 잘 다뤄야 한다고 다그치고, 우리보다 훨씬 안 좋은 상황에 있는 사람도 많다며 불평할 이유가 없다고 몰아세우기도 합니다. 정신 바짝 차리고 마음을 다잡으라고, 나약하고 한심한 상태에서 그만 벗어나라고 닦달하기도 합니다. 심지어는 이 고난을 우리가 자초했다고 비난하기까지 합니다.

예를 들어 사랑하는 사람이 죽었을 때, 마음은 우리가 그들을 충분히 사랑하지 않았다고, 충분히 많은 시간을 함께 보내지 않았다고, 그들을 얼마나 사랑하는지 충분히 이야기하지 않았다고 비난합니다. 때로는 그들의 죽음을 왜 막지 못했느냐고 힐난합니다. 특히 주변 사람이 자살했을 때는 이런 일이 흔히 일어납니다. 나의 내담자 중 한 명은 아들에게 조현병이 있다는 사실을 두고 그녀 자신을 비난했습니다. "이건 내 잘못이야. 내가 아들에게 안 좋은 유전자를 물려줬기 때문이야"라면서요.

스스로를 공격까지 하진 않더라도 마음은 차갑고, 냉담하고, 무심할 때가 많습니다. 상황에 잘 대처할 수 있도록 돕기보다는 우리 정신을 짓밟습니다. 마음은 우리가 해낼 수 없다거나, 삶은 살아갈 가치가 없다고 말합니다. 또는 그만 신음하고, 그만 징징거리고, 불평을 멈추라고 다그칩니다. 다시 한번 말하지만, 이 모든 것은 정상적인 반응입니다. 하지만 우리에게 특별히 도움이 되진 않죠. 그렇다면 대안은 무엇일까요?

## 헛소리는 집어치워요!

안토니오는 얼굴을 찡그렸습니다. 이탈리아계 호주 경찰이고 거구에 근육질인 그는 팔짱을 단단히 끼고 있었습니다. "그런 헛소리는 집어치워요!"라며 으르렁거렸습니다. 아내 캐시가 그에게 나를 만나보라고 강요해서 억지로 그 자리에 나온 그는 분노를 전혀 숨기지 않았습니다. 몇 주 전 그의 딸 소피아가 영아돌연사증후군sudden infant death syndrome, SIDS으로 죽었습니다. 그와 캐시 둘 다 절대적인 비탄에 빠졌지만 두 사람이 슬픔에 대처하는 방법은 매우 달랐습니다.

캐시는 앞 장에서 살펴보았던 여러 활동을 했습니다. 가족과 친구들과 연락했고 감정을 표현하고 울기도 했습니다(때로는 몇 시간씩 울음이 이어졌습니다). 그리고 대개는 자신을 잘 돌봤습니다. 이와 완전히 대조적으로 안토니오는 거의 모든 사람에게서 자신을 고립시키고, 매일 저녁을 TV 앞에서 보내고, 말도 거의 하지 않고, 술을 많이 마셨습니다. 캐시가 그들의 상실과 고통, 힘겨움에 대해 이야기하려고 하면 안토니오는 화를 내며 그녀의 말을 막았습니다.

안토니오는 나를 왜 만나야 하느냐며 캐시를 원망했지만, 그럼에도 아내를 깊이 배려했고 상황을 개선하고 싶어 했습니다. 그는 자신의 행동이 대부분 고통으로부터 도피하려는 시도임을 알고 있었습니다. 그는 자신의 직업을 좋아했고 낮 동안은 일에 완전히 몸을 던져서 대개는 딸의 죽음을 잊을 수 있었습니다. 하지만 집에 오면 상황이 완전히 달라집니다. 모든 것이 사랑하는 아기 소피아를 생각나게 했고 특히 아내가 그랬습니다. 그렇게 소피아를 생각나게 하는 모든 것이 이전에는 결코 알 수 없었던 고통으로 다가왔습니다. 술을 마시고, 대화를 거부하고, TV 앞에서 잠드는 행동은 끔찍한 고통을 어느 정도 덜어줬지만, 아내와의 관계에 있어서는 엄청난 대가를 치르게 했습니다.

"나는 빌어먹을 멍청이요. 아내 옆에 있어줘야 했지만 그러지 않았죠. 그건 그냥, 그냥…… 난 그 일에 대해, 젠장…… 그냥 생각하고 싶지 않았습니다. 그건 너무, 그건 너무…… 아,

난 정말 빌어먹을 겁쟁이요. 한심한 인간이라고요."

그의 말에 나는 이렇게 대답했습니다.

"당신은 자신을 두들겨 패는 데 정말 소질이 있군요."

"네, 맞습니다. 난 그런 취급을 당해도 싼 인간이니까요. 안 그렇습니까?"

"그러면 그렇게 당신을 혹독하게 대하는 게 상황 해결에 도움이 되나요?"

"그래, 어떻게 보이나요?" 그가 몹시 빈정대는 투로 말했습니다. "이런 젠장! 당연히 도움이 안 되죠."

"그렇죠. 그러니까 뭔가 다른 것을 시도해볼 생각이 있나요?"

안토니오는 내게 의심의 눈초리를 보내며 물었습니다.

"어떤 시도 말입니까?"

"이를테면 자신에게 친절하게 대하기 같은 거요."

"그런 헛소리는 집어치워요!" 그가 으르렁거렸습니다.

안토니오의 반응이 유별난 건 아닙니다. 많은 사람이 처음에는 자신을 용서하기를 거부합니다.

"그게 어떤 점에서 헛소리인가요?"

"나는 당신이 뭘 하려는지 압니다. 캐시가 몇 날 며칠 지겹게 말했지. 그 뭐라더라, 자기자비self-compassion라는 것, 당신 지금 그 헛소리를 내가 받아들일 거라고 생각하는 겁니까? 진심으로?"

심호흡을 한 다음 내가 말했습니다.

"질문을 하나 하려는데 정직하게 대답해줄 수 있나요?"

"물론이죠." 그가 어깨를 으쓱하며 말했습니다.

"좋습니다. 그럼 당신이 어떤 친구와 여행을 하고 있다고 가정해봅시다. 정말 거칠고 위험한 여행이죠. 두 사람은 아주 힘들게 다니는 중이고, 온갖 끔찍한 일이 계속 일어납니다. 그 일들 때문에 당신은 이리저리 헤매고, 계속 나아가기 위해 엄청나게 고군분투하는 중입니다."

안토니오가 불편한지 의자에서 앉은 자세를 바꿨습니다. 나는 말을 이어갔습니다.

"자, 당신은 함께 여행하는 친구가 어떤 사람이기를 원하나요? '아, 입 좀 다물어! 그만 좀 징징대. 나는 그런 소리 듣기 싫다고! 약골처럼 구는 건 그만두고 그냥 받아들이고 이겨내라고. 이 겁쟁이야!'라고 말하는 사람이면 좋겠나요? 아니면 '이건 정말 말도 안 되는 상황이야. 하지만 이 여행을 우리가 함께하고 있잖아. 내가 도와줄게. 이 여정의 모든 걸음을 너와 함께할 거야' 하고 말하는 친구인가요?"

안토니오가 목을 큼큼 가다듬고 대답했습니다.

"흠, 당연히 두 번째 친구죠."

"그렇다면 당신은 당신 자신에게 어떤 친구인가요? 첫 번째 친구? 아니면 두 번째 친구인가요?"

## 자기자비에 대한 오해

자기자비에 대한 정의는 꽤 다양한데, 전부 이 한 문장으로 요약됩니다. '자신의 고통을 인정하고 자신을 친절하게 대하는 것.' 별로 대단하게 들리지 않지만 이 일곱 어절은 풍부한 지혜를 요약하고 있습니다. 자기자비는 자신에게 진실한 것을 의미합니다. 지금 고통스럽고 상처받았다는 것을 인정하고, 그런 다음 자신의 괴로움을 덜어주기 위해 친절과 보살핌과 지원을 적극적으로 실행하는 것입니다.

결론부터 말하자면, 자신을 친절하게 대하는 법을 배우면 고통에 대응하고 삶이 우리에게 던지는 모든 문제를 훨씬 더 잘 다룰 수 있습니다. 그런데도 많은 사람이 처음에는 자기자비를 다소 무시합니다. 화려하게 꾸민, 비현실적이고, 신비주의적이고, 히피 스타일의 감성을 자극하는 것이라고들 생각합니다. 과학적인 근거 하나 없는, 별 뜻도 없는 심리학 용어일 뿐이라고 생각하는 사람도 있습니다. 또 어떤 이들은 종교 의식이라고 생각합니다. 남자들은 자기자비를 '여성적'이거나 '남자답지 못하다'고 생각하기도 합니다. 그리고 성별과 관계없이 대단히 많은 사람이 자기자비를 '약하고', '부드럽고', '실제로 문제에 맞서지 않는' 것으로 봅니다.

하지만 이 비판 가운데 어느 것도 타당하지 않습니다. 그래요,

종교 의식에 자기자비가 있고, 수년간 히피와 신비주의자들이 자기자비의 장점을 널리 알리긴 했습니다. 하지만 시대는 변합니다. 자기자비는 이제 서구 과학의 영역에 확고하게 자리를 잡았습니다. 많은 저명한 과학자가 자기자비의 이점을 연구했고(종교적인 요소는 전부 배제하고), 자기자비가 불안, 우울증에서부터 슬픔, 트라우마에 이르기까지 광범위한 문제를 해결하는 데 도움이 된다는 사실을 발견했습니다.

또 알다시피 큰 고통 속에 있는 친구에게 친절을 베푸는 건 약하거나 남자답지 못한 성향과는 아무런 상관이 없습니다. 그렇다면 자신을 친절하게 대하는 것 역시 마찬가지 아닐까요? 그리고 연구 결과는 자기자비가 문제를 다루는 데 실질적으로 매우 도움이 된다는 사실을 보여줍니다. 마음을 가다듬고 재충전할 수 있도록 도와주기에, 자기자비를 통해 다시 효과적으로 행동하기 위한 동기와 에너지를 얻을 수 있습니다.

자기자비와 '자기연민self-pity'을 많이들 혼동합니다. 그런 사람들은 '자신을 딱하게 여기는 게 무슨 소용이지?'라고 묻곤 합니다. 하지만 그들은 핵심을 놓치고 있습니다. 자기연민은 자기자비의 정반대 개념입니다. 자기연민은 자신에게 도움이 되는 실제적 행동은 하나도 하지 않으면서, 문제에만 과도하게 빠져드는 것을 말합니다. 이는 우리가 이 책에서 배울 자기자비의 전략, 즉 자신의 고통을 빠르게 인정하고(연민이나 그 고통에 매몰되지 않으면서) 그것을 줄일 실제적인 행동을 할 수 있도록 돕는 것과는 완전히 거리가 멉니다.

자기자비에 대해 이야기하면 처음에는 "내게는 그럴 시간이 없습니다. 나는 가족을 돌봐야 하거든요"라며 거부하는 내담자가 꽤 많았습니다. 나는 그들에게 이렇게 묻습니다.

"비행기 타본 적 있으시죠? 비행기를 타면 늘 나오는 안전수칙을 기억해보세요. 다른 사람을 돕기 전에 항상 본인부터 산소마스크를 써야 한다고 하지 않던가요? 그 경고에는 타당한 이유가 있습니다. 만약 30초 내에 산소마스크를 쓰지 않으면 당신은 의식을 잃을 겁니다. 그러면 다른 사람에게도 도움을 줄 수 없겠지요. 자기자비를 본인부터 산소마스크를 쓰는 일로 생각하세요. 자기자비는 당신이 상황에 훨씬 더 잘 대처할 수 있게 하고, 그럼으로써 다른 이들 또한 돌볼 수 있게 해줍니다."

자기자비에 대한 흔한 오해는 또 있습니다. '포기' 또는 '문제를 해결하지 않는 것'을 뜻한다고 생각하는 것입니다. 하지만 이건 완전한 오해입니다. 자기자비는 그와 반대로 포기하는 '대신' 계속 살아가게 하고, 실제로 문제에 대처할 수 있는 힘을 줍니다. 자기자비가 이기적이고 방종한 행동이라고 생각하는 이들도 있습니다. 하지만 가장 친한 친구가 삶에서 정말 힘든 시기를 지나고 있다면, 당신은 그가 그 시간을 이겨낼 수 있도록 곁에 있어주고 도와주지 않을 건가요? 친구가 당신의 도움과 친절을 받아들이면 그가 이기적이고 제멋대로라고 판단할 건가요? 당연히 그러지 않을 겁니다. 그런데 왜 자신에게는 그러지 않죠? 이중 잣대를 사용하는 이유가 뭔가요? 도움이 필요한 상황에서 당신의 친구가 친절과 보살핌을 받을 자격이 있다면 당신 역시 마찬가지입니다.

이제 당신 마음이 자기자비에 대해 뭐라고 하는지 들어보십시오. 마음이 동의하나요? 아니면 저항하나요? '아냐, 난 그럴 자격이 없어!'라고 저항하고 있다면, 안심하십시오. 우리 모두는 갖가지 버전으로 '나는 그럴 만한 자격이 없어'를 표현합니다. '나는 자격 없는 사람이야. 나는 친절한 대접을 받을 자격이 없어'는 매우 흔한 반응입니다. 책의 후반부에서 이런 저항 반응을 어떻게 다뤄야 할지 배울 것입니다. 하지만 지금은 그냥 그런 감정을 느낀다는 것을 인정하세요. 자신에게 이렇게 말하세요. '그래, 지금 내 마음은 나를 마구 후려치고, 비난하고, 내가 친절한 대우를 받을 자격이 없다고 말하고 있네.' 그런 다음 마음이 원하는 대로 말하도록 허락하세요. 마음과 논쟁을 벌이지 마세요. 그 논쟁에서 당신이 이길 가능성은 거의 없으니까요. 다음에 이어지는 내용을 훈련하는 동안 그저 마음이 원하는 대로 '재주를 부리도록' 내버려두십시오.

## 고통 인정하기

"좋아요. 당신이 무슨 말을 하는지 핵심은 이해했어요. 하지만 나는 그렇게 할 수 없을 것 같습니다. 경찰로서 나는 상황을 받아들이고 이겨내라고 배워왔습니다." 안토니오가 말했습니다.

"그래요, 당신은 기본적으로 전자의 친구로 설정되어 있죠. '받아들여, 이겨내라고. 그만 징징대. 아무도 관심 없어!'라고 말하는 친구 말이에요."

"맞아요, 거의 그렇습니다."

"그런데 말이죠. 당신의 가장 친한 친구의 딸이 이제 막 죽었다면 친구에게 그런 말을 하지는 않겠죠?"

"당연하죠."

"그럼 친구에게 뭐라고 할 건가요?"

"오, 맙소사! 무슨 말을 해야 할지 전혀 모르겠어요!"

"잠시 생각해보세요. 보통 사람들이 큰 고통 가운데 있을 때 듣고 싶어 하는 이야기는 다음 두 가지입니다. 첫 번째는 '네 마음이 아프다는 거 알아'고, 두 번째는 '널 위해 내가 여기 있어'입니다. 이걸 당신의 언어로 바꾼다면 어떻게 표현할 수 있을까요?"

안토니오는 잠시 생각에 잠겼다가, 매우 부드러운 어조로 말했습니다. "이렇게 말할 것 같습니다. '정말 말도 안 되는 일이 네. 최악의 일이야. 이런 일은 누구에게도 일어나서는 안 돼. 특히 너에게는 말이지. 내가 옆에 있어줄게……. 네게 필요한 게 있다면 뭐든 도울 거야……." 뒤로 갈수록 그의 목소리가 잠겼습니다. '강한 경찰'의 가면은 사라지고 그의 눈에 눈물이 고였습니다.

우리 대부분이 그렇듯, 안토니오는 타인에게 어떻게 자비를 베풀어야 하는지는 알았지만 그걸 자신에게 적용하기는 힘들어했습니다. 그와 달리, 쉽고 자연스럽게 자신을 친절히 대하고 지지할 수 있다면 당신은 매우 운이 좋은 사람입니다. 자기자비를 처음 접했을 때 내가 그랬던 것처럼 대부분의 독자가 이 개념을 매우 어렵게 여긴다고 가정하고 작은 단계로 나눠 소개해보겠습니다. 첫 번째 단계는 그저 고통을 인정하는 것입니다. 현실에 따귀를 맞으면 아픈 게 당연하기 때문입니다. 우리는 그 고통이 멈추기를 간절히 원하지만, 안타깝게도 고통은 여간해서는 멈추지 않습니다.

자신에게 친절하게 말하기는 안토니오의 사례에서 볼 수 있었던 것처럼 다음 두 가지 요소로 구성됩니다.

1. 자신의 고통을 인정하기
2. 자신에게 친절히 반응하기

## 1. 고통을 인정하기

고통을 인정한다는 것은 간단히 말해 얼마나 아픈지 스스로에게 솔직해진다는 의미입니다. 고통을 곱씹거나 고통 속에 깊이 침잠하거나, 고통을 자기연민으로 바꾸지 않으면서 말입니다. 이를테면 '끔찍해, 더 이상 견딜 수가 없어. 지금껏 이렇게 힘든 적은 없었어. 이게 언제 끝날까?' 같은 내면의 긴 독백을 하지 않는 것입니다. 이는 비참함과 절망으로 가는 지름길입니다. 자신의 고통을 친절하고도 솔직한 방식으로 인정하십시오. 마치 고난을 겪고 있는 친구의 고통을 인정하는 것처럼 말이지요.

그러기 위해 우선 짧고 기억하기 쉬운 문장을 만드십시오. 이 방법은 고난에 빠져들기보다 한 발자국 물러서서 고통을 바라볼 수 있게 해줍니다. '여기 ……이 있어', '……을 의식하고 있어', '나는 지금 ……한 감정을 느끼고 있어' 같은 표현이 특히 효과적입니다. '여기 슬픔이 있어', '나는 분노를 의식하고 있어', '나는 지금 절망의 감정을 느끼고 있어' 하는 식이지요. 분명 이상한 말투지만, 이는 의도한 것입니다. 알다시피 일상에서 우리는 '나는 슬퍼' 또는 '나는 외로워' 또는 '나는 화가 나'처럼 말합니다. 이런 화법은 내가 그 감정 자체인 것처럼 느껴지게 만듭니다. 하지만 '나는 슬픔을 의식하고 있어', '여기 외로움이 있어', '나는 분노의 감정을 느끼고 있어'라는 식으로 바꿔 말하면 고통을 지나가는 경험으로 볼 수 있습니다. 우리 자신이 그 힘든 감정 자체가 아니라 말이지요.

'나는 두려움을 의식하고 있어' 또는 '여기 불안감이 있어' 같은 이 이상한 화법은 고통을 한 걸음 떨어져서 볼 수 있게 하고, 우리를 고통으로부터 분리해서 고통에 휩쓸리지 않게 합니다. 만약 당신이 느끼는 감정이 무엇인지 정확히 인식할 수 없거나, 너무 복잡한 여러 감정이 섞여 구별하기 어렵다면 '고통', '슬픔', '상처', '상실' 또는 '비통함' 같은 단어를 사용할 수 있습니다. '여기 고통이 있어', '나는 비통함을 의식하고 있어' 하고 말하면 됩니다. 반면 경직되어 아무런 감정도 느껴지지 않는다면 '나는 지금 무감각을 의식하고 있어' 또는 '지금 공허함을 느끼고 있어'라고 말할 수 있습니다.

'지금 여기(here and now)' 또는 '이 순간(in this moment)'이라는 용어를 포함해서 말하는 것도 도움이 됩니다. '지금 여기에서 나는 상실감을 의식하고 있어' 또는 '이 순간, 슬픔이 느껴져', 또는 '바로 지금 여기, 나는 분노를 알아채고 있어'라는 말은 고통스러운 생각과 감정이 본디 일시적이라는 사실을 떠올리도록 도와줍니다. 생각과 감정은 날씨처럼 계속해서 변합니다. 어떨 때는 기분이 좋아지고 어떨 때는 나빠지죠. 그래서 '지금 여기에서' 슬픔을 느낀다 해도 시간이 지나면 다른 감정을 느낄 수 있습니다. 단어를 바꿔 '이건 한순간이야', '지금은 ……의 순간이야', '이건 지나가는 경험이야'처럼 표현할 수도 있습니다. '지금은 큰 슬픔의 순간이야' 또는 '지금은 분노의 순간이야'처럼 말이지요.

이런 단어들로 당신에게 효과적인 문장을 생각해내는 것이 중요합니다. 자기자비 분야 세계 최고의 연구원인 크리스틴 네프 Kristin Neff 교수는 "지금은 고난의 순간이야"라는 말을 즐겨 사용했습니다. 이 문장에는 많은 사람의 마음을 끄는 시적인 뭔가가 있습니다. 하지만 일상의 언어를 선호하는 사람도 있습니다. 예를 들어, 섬유근육통으로 고생하는 라다는 "이건 정말 아프군"이라는 말을 즐겨 사용합니다. 그리고 뺑소니 차량에 아들을 잃은 나탈리는 "나는 비통함을 의식하고 있어"라고 자주 말합니다. 안토니오는 "지금 슬픔이 느껴져", "지금 분노가 느껴져"처럼 간단한 화법을 좋아합니다. (내담자 중 한 명은 "현실이 따귀를 때리는군, 너무 아프다"라는 문장을 선택했습니다.)

당신도 지금 당장 이 방법을 시험해보면 좋겠습니다.

지금 당신이 느끼는 고통스러운 감정에 주목해보세요. 그리고 그것에 이름을 붙여보십시오.

그런 다음, 아주 천천히, 고요하고, 친절하고, 평화로운 내면의 목소리로 그 감정을 인정해보세요. '나는 ……을 의식하고 있어.' '여기 ……의 감정이 있어.'

이제, 잠시 멈추고 천천히 부드럽게 심호흡을 하십시오.

그리고 한 번 더 반복해보세요.

아주 천천히, 고요하고, 친절하고, 평화로운 내면의 목소리로

고통을 인정합니다. '나는 ……을 의식하고 있어.' '여기 ……의 감정이 있어.'

## 2. 자신에게 친절히 반응하기

고통을 인정했다면 이제 자신에게 친절하게 반응하도록 일깨우는 단계로 넘어갑니다. 예를 들어 자신에게 조용히 이렇게 말합니다. '너를 친절히 대해.' '너에게 관대해라.' '너에게 휴식을 줘.' '너를 편안하게 해줘.' '너를 부드럽게 대해줘.' '부드럽게'나 '친절하게'처럼 한 단어로 말하는 것을 좋아하는 사람도 있습니다. 크리스틴 네프는 "나를 친절히 대해주세요"라고 말합니다. 라다는 간단히 "친절하자"라고 말하고, 나탈리는 "나를 친절히 대해야 해"라고 말합니다. 안토니오는 약간의 고투 끝에 "나를 좀 살살 다루자"를 선택했습니다.

　자신의 고통을 인정하고, 자신을 친절히 대하는 두 단계를 연결하면, 앞으로 계속 사용할 수 있는 문장을 만들 수 있습니다.

　'이건 정말 힘든 일이야. 나에게 친절하자.'

　'나는 비통함을 의식하고 있어. 나를 친절히 대해야겠어.'

　'지금 슬픔이 느껴져. 나에게 관대해야 해.'

　'지금은 고난의 순간이야. 나에게 친절해야 해.'

　여기까지 왔다면 이제는 고통스러울 때마다 자신에게 고요하고, 친절하고, 평화로운(가혹하고, 무심하고, 명령하거나 군림하는 어조가 아닌) 내면의 목소리로 이 말을 반복할 차례입니다. 곁에서 당신을 걱정하는 친구처럼 자신을 위로하고 지지하는 것이 목표입니다.

이 과정이 '긍정적인 사고'를 연습하는 것이 아님에 유의하세요. 지금 당신은 '부정적인' 생각을 없애고 '긍정적인 생각'으로 그 자리를 채우려고 애쓰는 게 아닙니다. 만약 자기자비를 그런 목적으로 사용한다면 곧 실망하고 말 겁니다. 자신에게 가혹하고, 도움이 되지 않고, 자신을 비난하는 생각이 계속해서 떠오를 겁니다(책의 후반부에서 왜 그런지에 대해 이야기합니다). 자기자비의 목적은 지금 이 순간 떠오르는 생각과 감정을 그대로 인정하는 동시에 자신에게 다소나마 친절한 말을 해주는 것입니다. 즉, 원하지 않는 생각을 없애려고 애쓰기보다 그 생각의 존재를 인정하고, 그 생각이 당신에게 머물 수 있게 하고, 새로운 생각을 약간 추가하는 것입니다(이상하게 들릴지도 모르지만, 이어지는 두 장을 읽으면 훨씬 잘 이해될 것입니다).

이제 자기자비를 시도해보세요. 당신만의 표현을 만들거나 앞에서 말한 네 가지 가운데 하나를 선택해서 진심으로 친절하게 자신에게 말해보세요. 고요하고, 부드럽고, 온화한 내면의 목소리로 말입니다(가혹하거나 군림하거나 무심한 목소리로 말하면 원하는 효과를 볼 수 없습니다).

한 가지 예측을 해보겠습니다. 95퍼센트의 독자가 이 연습을 하고 나서 즉각적인 이점을 얻을 것입니다. 5퍼센트의 독자에게는 별다른 반응이 일어나지 않거나 실망하거나 이 훈련이 고통스러운 생각과 감정을 불러일으키는 등 부정적인 반응(대부분 불안, 자기비판 또는 '나는 그런 걸 누릴 자격이 없어'와 같은 반응)이 일어날 것입니다. 만약 당신이 5퍼센트에 해당한다 해도 걱정하지 마십시오. 그건 별 문제가 되지 않습니다. 앞으로 이 연습을 훨씬 더 수월하게 해주는 많은 기술을 배울 것이기 때문입니다. 서론은 이 정도로 충분하니 이제 직접 시험해보도록 합시다.

- 친절하게 말하기 연습
-

이제 집중하고 맑은 정신으로 편안한 자세를 취합니다. 의자에 앉아 있다면 몸을 앞으로 약간 기울이고, 등을 곧게 펴고, 어깨를 떨어뜨리고, 발은 바닥에 부드럽게 올려놓습니다.

이제 나를 힘들게 하는 생각을 꺼냅니다. 일어난 일을 떠올리고, 그 일이 내게 어떠한 영향을 미치고 있는지 잠시 생각해봅니다. 그리고 어떤 힘든 생각과 감정이 떠오르는지 주목합니다.

이제, 고요하고 친절한 내면의 목소리로 자신에게 천천히 그리고 부드럽게 말합니다. 무슨 말을 해야 할지 모르겠다면 이렇게 말해봅니다. '이건 정말 힘든 일이야. 내게 친절해야 해.'

자, 이제 잠시 멈추고, 무슨 일이 일어나는지 살펴봅니다. 원한다
면 심호흡을 합니다. 아주 천천히 그리고 부드럽게 공기가 폐로 흘
러 들어갔다가 나오게 합니다.

그런 다음, 다시 한번, 친절하게 그 말을 반복합니다.
잠시 멈추고 무슨 일이 일어나는지 살펴봅니다.
원한다면 다시 심호흡을 합니다.

이제 마지막으로 자신에게 따뜻함과 관심, 위로가 스며들도록 그
친절한 말을 반복합니다.
그런 다음, 다시 잠시 멈추고, 무슨 일이 일어나는지 살펴봅니다.

무슨 일이 일어났나요? 만약 아무 일도 일어나지 않았거나, 고
통스러운 생각과 감정이 떠올랐다 해도 괜찮습니다. 책을 읽어나
가며 시도하는 동안 분명 변화가 있으리라 확신합니다. 지금 이
순간은 그저 친절한 자기 대화가 당신에게 효과적이지 않았다는
것을 인정하면 됩니다. 다행스럽게도, 자신을 친절하게 대하는
방법은 다른 것도 많으니까요. 예를 들어, 앞 장에서 언급했던 자
기 돌봄의 방법을 떠올려보십시오. 만약 자동적으로 자기 돌봄을
하도록 모드를 설정해두거나, 마음이 '너는 이걸 꼭 해야만 해,
자신을 잘 돌봐야 해'라고 말하기 때문에 억지로 따르려 한다면,

도움이 되긴 해도 자신을 친절히 대한다는 느낌은 받지 못할 것입니다. 그러는 대신 진심 어린 따뜻함과 관심을 조금씩 '흩뿌릴 수 있는지' 살피면서 계속 시도하십시오(그렇게 못 할 수도 있지만 어쨌든 시도해보세요). 앞으로 나올 장에서는 고통을 다르게 처리하고 고통의 영향력을 제거하는 다양한 기술을 배울 것입니다. 고통을 덜어내기 위해 이러한 기술을 사용한다면 그 자체로 순간순간 하나의 친절한 행동을 하는 셈입니다.

이번 연습으로 자신을 친절히 대한다는 것이 어떤 느낌인지 조금은 이해했을 겁니다. 만일 그 느낌을 조금이라도 맛봤다면 좋은 출발입니다. 자기자비는 하나의 기술입니다. 다른 모든 기술과 마찬가지로 연습하면 점점 더 나아질 수 있습니다. 그러므로 만약 조금이라도 좋은 느낌을 받았다면 당신만의 친절한 자기 대화를 다양하게 시도해보세요. 가장 깊이 와닿는 문장을 만날 때까지 계속 찾아보세요. 특히 삶이 가장 힘든 순간에 그렇게 하십시오. 그리고 진심을 담은 친절로 자신을 대할 때 무슨 일이 일어나는지 주목하고, 스스로의 친구가 되어준다는 게 어떤 느낌인지 이해해보십시오. 현실이 강력한 일격을 가할 때 자기 친절은 최고의 아군이 되어줄 것입니다.

# 3   고군분투 내려놓기

Drop the Struggle

샨티는 나를 거의 쳐다보지 못했습니다. "이런 감정을 더 이상 느끼고 싶지 않아요." 그녀의 목소리는 절망에 잠겨 있었고 기어들어갈 듯 작았습니다. 1장에 나온 샨티를 기억할 겁니다. 그녀의 남편 라비는 샨티의 가장 친한 친구와 2년 넘게 불륜을 저질렀습니다. 샨티가 그 사실을 알았을 때 라비는 그녀의 친구와 새로운 삶을 시작하기 위해 다른 도시로 떠나버렸죠. 수치심, 분노, 배신감, 억울함, 외로움, 슬픔, 불안. 온갖 종류의 감정이 계속 솟구쳤습니다. 샨티가 더 이상 이런 감정을 느끼고 싶지 않은 건 당연합니다. 하지만 우리는 감정에 대해 얼마나 통제력을 가지고 있을까요?

영유아, 어린아이 시절까지 우리는 주로 감정에 지배를 받습니다. 두려움, 분노, 슬픔, 죄책감, 좌절감, 불안감 그리고 그 외의 많은 감정이 로봇을 원격조종하듯 우리를 괴롭힙니다. 분노를 느끼면 소리 지르고, 고함을 치고, 마구 대들고, 발을 굴러댑니다. 두려움을 느끼면 숨거나 울거나 도망칩니다. 슬픔이나 실망을 느끼면 부루퉁하거나 시끄럽게 울어댑니다.

다행히도 성인이 되어서는 감정의 지배를 훨씬 덜 받습니다. 좋은 일이죠. 계속해서 감정의 지배를 받는다면 아마도 큰 문제에 빠질 겁니다. 두려움, 분노, 슬픔, 죄책감에 계속해서 휘둘린다고 상상해보세요. 어릴 때와 똑같이 감정의 지배를 받는다면 삶이 얼마나 힘들까요?

물론 때로는 다 큰 우리도 감정에 지배당합니다. 화를 내고, 두려움에 사로잡히고, 슬픔에 압도당하고, 죄책감에 짓눌리거나 맹목적인 분노를 느낄 때도 있습니다. 하지만 다행히도 이런 일은 어릴 때보다는 적게 일어납니다(최소한 대부분의 사람에게는). 나이 들어가면서 감정을 통제하는 온갖 방법을 배웠기 때문입니다.

예를 들어 음식, 음악, TV, 책, 게임 등을 통해 불편한 감정에서 잠시 주의를 돌리는 방법을 배웠습니다. 나이 들수록 주의를 다른 데로 돌릴 잠재적 방법이 더 많아집니다. 운동, 일, 공부, 취미 생활, 종교, 컴퓨터 게임, 도박, 섹스, 포르노, 스포츠, 마약, 알코올, 정원 가꾸기, 개 산책시키기, 요리, 춤 등이 그렇습니다.

또 불편한 감정을 느낄 만한 상황을 피하는 법도 배웠지요. 다시 말해 살아가며 어렵고 불편한 사람, 장소, 활동, 일로부터 거리를 두는 방법을 터득해나갑니다.

그 외에 다음과 같은 사고 전략을 활용하기도 합니다.

- 건설적으로 문제 해결하기
- 목록 적기
- 상황을 다른 관점으로 바라보기
- 타인을 비난하거나 비판하기
- 부정적인 생각과 싸우기
- 긍정적으로 생각하기
- 자신의 입장을 적극적으로 방어하기
- 긍정적인 확신 갖기
- '이것 또한 지나가리라' 또는 '나를 파괴하지 않는 것은 나를 더 강하게 만들 뿐이다'처럼 영감을 주는 문장을 자신에게 말하기
- 문제를 경시하거나 중요하지 않은 척하기, 또는 문제에 대해 농담하기
- 상황이 더 안 좋은 사람과 비교하기

그리고 마지막으로 초콜릿, 아이스크림, 피자, 설탕, 차, 커피,

아스피린, 해열 진통제, 술, 담배, 기분을 좋게 해주는 약물이나 약초 또는 합법적으로 처방받은 약 등 고통스러운 감정에서 벗어나 단기적인 위안을 얻을 수 있는 물질을 몸속에 넣는 방법도 발견했지요.

하지만 감정을 통제하기 위한 이 모든 영리한 방법에도 불구하고 우리는 심리적으로 계속 고통을 겪습니다. 감정적 고통에서 오랫동안 자유로울 수는 없습니다. 삶에서 가장 행복했던 날을 떠올려보세요. 걱정, 좌절, 실망 또는 짜증이 일어나기 전에 그 즐겁고 행복한 느낌은 얼마나 오래 머물러 있었나요? 맞아요, 그렇게 오래가지 않았을 겁니다. 그것이 당신 삶에서 가장 행복한 날에 있던 일입니다! 그렇기에 고난의 파도가 밀어닥칠 때 이런 '감정 통제 전략들'은 대부분 비참하게 실패합니다.

사실 '온전한 삶'이란 인간 감정의 모든 영역을 경험하며 사는 것입니다. '좋은 감정'만 느끼며 사는 게 아니라 말이지요. 우리 감정은 날씨와 같습니다. 계속 변합니다. 때로는 매우 쾌적하고 때로는 극도로 불편합니다. 만일 '매일 좋은 날씨여야만 해. 바깥 날씨가 춥거나 비가 오면 틀림없이 뭔가 잘못된 거야'라고 생각하며 살아간다면 어떨까요? 이런 태도를 가진다면 얼마나 현실을 견디기 힘들까요? '날씨가 안 좋으면, 내게 정말 중요한 일을 할 수 없고 내가 원하는 사람이 될 수 없어'라고 믿는다면 우리 삶이 얼마나 위축될까요?

날씨를 두고 이렇게 말하는 건 우스꽝스러운 일입니다. 우리는 날씨를 통제할 수 없다는 것을 알기 때문에 그런 시도를 하지 않습니다. 날씨는 그냥 그대로 내버려두고, 날씨에 적응하기 위해 옷을 갈아입을 뿐입니다. 그런데 감정에 관해서는 우리 대부분이 반대로 행동합니다. 감정을 통제하기 위해 뭐든 합니다! 모두가 기분 좋기를 바라지 누구도 나쁜 기분은 원하지 않기에 이는 매우 자연스러운 일입니다. 그로 인해 우리는 원치 않는 감정을 빨리 없애버리기 위해 앞서 언급했던 것과 같은 임시방편을 사용합니다. 물론 그 방법 중 다수가 고통을 상당 부분 줄여주기도 합니다. 하지만 그게 얼마나 오래가나요? 나쁜 감정이 얼마 만에 다시 찾아오나요? 몇 분? 아니면 운이 좋아서 몇 시간 정도일까요?

삶의 여정을 걷는 동안 우리 모두는 스위치처럼 간단히 딸깍 꺼버릴 수 없는 강렬하고도 불편한 감정을 경험합니다. 그리고 감정을 통제하기 위해 사용하는 전략이 장기적으로는 삶의 질을 손상시키는 경향이 있음을 깨닫게 됩니다. 마약, 알코올, 담배, 초콜릿, 도박의 경우가 가장 명백하지만, 열린 자세로 좀 더 자세히 살펴보면 우리가 과도하거나 엄격하게 사용하는 모든 '감정 조절 전략'도 마찬가지라는 것을 알 수 있습니다.

심지어 운동처럼 건강한 활동도 감정을 통제하기 위해 지나치거나 엄격하게 사용하면 문제가 될 수 있습니다. 거식증으로 힘겨워하는 사람이 매일 열심히 운동을 한다고 해봅시다. 이때 운동은 단기적으로는 체중 증가에 대한 두려움을 밀어내며 감정 조절에 도움을 주기도 하지만 장기적으로는 극단적으로 마른 몸을 만들어 건강을 해칩니다. 이것은 건강과 행복을 위해 적당한 운동을 지혜롭게 하는 것과는 명백하게 다릅니다.

감정을 통제하려다가 실패했을 때 찾아오는 실망과 좌절은 더 열심히 하라고, 감정을 통제할 더 좋은 방법을 찾으라고 채찍질합니다. 언젠가는 궁극의 전략을 찾을 것이고, 감정을 탁월하게 통제할 수 있을 거라는 희망도 줍니다. 하지만 우리는 이내 이것이 승산 없는 시도임을 깨닫게 됩니다. 이 점을 강조하기 위해 워크숍에서나 강의를 할 때마다 나는 청중 가운데 부모인 사람은 손을 들어보라고 합니다. 대개는 청중의 4분의 3이 손을 듭니다. 그러면 묻습니다. "자녀로 인해 엄청나게 삶이 풍요로워지고 사랑, 기쁨, 온화함 그리고 여러분이 결코 상상할 수 없었던 최고로 멋진 감정을 얻었을 겁니다. 하지만 자녀가 여러분에게 주는 감정이 그것뿐인가요?"

모두 머리를 흔들며 말합니다. "말도 안 돼요!"

"그럼 자녀들이 여러분에게 선사하는 감정에는 또 어떤 것이 있나요?"

온갖 감정을 이야기하는 부모들의 불협화음이 들려옵니다. 몇 가지 예를 들어보면 두려움, 분노, 피로, 걱정, 죄책감, 슬픔, 고통,

좌절, 거절감, 지루함, 격노 등입니다.

그렇습니다. 삶을 풍요롭고 의미 있게 만드는 감정은 즐거움과 고통 두 가지 모두를 아우르는 영역에 걸쳐 있습니다. (자녀와의 관계만이 아니라 모든 사랑의 관계에서 그렇습니다. '타인은 지옥'이라는 철학자 장 폴 사르트르Jean-Paul Sartre의 말은 전혀 놀랍지 않지요.)

불행히도 우리가 이를 깨닫는 데는 오랜 시간이 걸립니다. 이 간단한 진실을 깨닫기 위해 100여 권의 자기계발서, 20년간의 심리치료, 다섯 종류의 처방 약, 열두 번의 자기역량 강화 프로그램, 또는 수십 년간 혼자서 견디는 고통의 시간을 경험하기도 하고, 평생 수많은 '전문가'들에게 조언을 구하러 다니기도 합니다. 고통에 관한 한, 우리는 사회에서 제대로 교육받지 못했습니다. 자라면서 우리가 배운 고통에 반응하는 방법은 단 두 가지뿐입니다. 고통을 통제하거나, 고통에 통제당하거나. 만일 이 두 가지가 우리에게 주어진 선택지의 전부라면 우리는 늘 악전고투해야 할 것입니다.

가끔 이러한 생각에 매우 부정적으로 반응하는 내담자가 있습니다. 그들은 현실의 고난에서 회복된다는 것은 고통스러운 생각이나 감정이 없어지는 것이라는 생각에 집착합니다. 그럴 수만 있다면 얼마나 좋을까요! 하지만 상실에서 회복되고, 상처를 치유하는 동안 고통스러운 생각, 감정 그리고 기억은 사라지지 않습니다. 그에 반응하는 새로운 방법을 찾아야 합니다. 다르게 반응하는 방법을 배워야 합니다. 이를테면 그런 생각과 감정이 우리에게 미치는 영향력을 제거해서 그것이 떠올라도 삶을 방해하지 못하도록 말이지요. 우리는 고통 속에서 어떻게 고요를 경험할 수 있는지 배웁니다. 우리 안에 있는 감정이 우리를 괴롭히거나 낙담하게 만들지 않고, 자유롭게 흘러가도록 '공간을 마련하는' 방법을 배웁니다. 나는 이것을 '고군분투 내려놓기'라고 부릅니다.

## 통제하거나 통제당하지 않고

고통스러운 생각과 감정에 대해 '통제하거나 통제당하는' 두 가지 선택만 할 수 있을 때 우리 생은 기진맥진해집니다. 내면세계의 이 쓸데없는 고군분투에 너무나 많은 시간과 에너지를 투자하기 때문입니다. 하지만 이 힘든 내면의 감정에 반응하는 세 번째 방법이 있습니다. 이 방법은 앞의 두 가지와 전적으로 다르고, 이 방법을 이해하기까지는 대개 시간이 걸립니다. 이해를 돕기 위해 다음의 실험을 해보겠습니다.

- 그저 내려놓기 연습
-

이 연습은 3단계로 이루어집니다. 읽는 데 그치지 않고 직접 실행 해보면 훨씬 큰 효과를 거둘 수 있습니다. 이 연습은 다음 장에서 배울 기술의 토대가 되기 때문에 매우 중요합니다.

▶ 1단계: 당신 앞에 온갖 중요한 것들이 있다고 상상해봅니다. 좋아하는 사람, 영화, 음악, 음식, 책, 즐겨 하는 활동 등 즐거운 것도 있고 당신이 해결해야 하는 문제와 과제처럼 힘든 것도 있습니다. 그리고 당신에게 가장 고통을 주는 생각, 느낌, 감정, 감각, 충동, 기억(잠시 시간을 내서 그것들을 떠올려 봅니다)으로 가득한 책이 당신 손에 있다고 상상해봅니다.

▶ 2단계: (만약 목이나 어깨 또는 팔 윗부분에 문제가 있다면 이 단계를 따라 하지 마십시오. 대신 이 단계를 수행하면 어떤 느낌일지 구체적으로 상상해봅니다.) 이 단락의 마지막까지 읽고 나서 이 책을 두 손으로 들고, 모서리 부분을 단단히 잡은 후 두 팔을 최대한 멀리 뻗습니다(어깨가 탈골되지 않도록 주의하세요). 팔꿈치를 완전히 일자가 되게 하고 그 자세를 1분 동안 유지합니다. 어떤 느낌인지 주의를 기울입니다.

이 자세가 불편하고 피곤하다는 걸 알아차렸나요? 하루 종일 이러고 있다고 생각해보세요. 얼마나 지칠까요? 그리고 이 자세로 좋아하는 영화와 TV쇼를 보고, 대화를 하고, 식사를 하고, 사랑을 나눈다고 상상해봅시다. 이 자세가 얼마나 집중을 방해하고 즐거움을 반감시킬까요? 책을 들고 그걸 멀리하려고 팔을 쭉 뻗는 건 감정을 통제하려고 애쓰는 것과 같습니다. 우리의 에너지를 소진시키고, 주의를 빼앗고, 우리를 '지금 여기'에서 끌어당겨 내면의 고통스러운 상태로 끌고 갑니다. 감정을 통제하려고 몸부림치면서 현재를 살고 삶의 과제에 효과적으로 반응하기란 매우 어렵습니다. 이제 다음 단계로 넘어가봅시다.

▶ 3단계: 이 단락의 마지막까지 읽으면(다시 이 책이 당신의 생각과 감정이라고 가정해봅니다) 다시 책을 당신에게서 최대한 멀리 두고 30초에서 60초간 그 자세를 유지합니다. 그런 다음 팔을 내려 책을 무릎 위에 부드럽게 올려놓습니다. 두 동작 간의 차이를 확인해봅니다. 책이 무릎에 놓여 있는 동안 팔을 스트레칭하고 심호흡을 하고, 순수한 호기심으로 주변을 살펴보고, 무엇이 보이는지 무슨 소리가 들리는지 주목합니다.

책을 무릎 위에 내려놓는 것이 훨씬 더 쉽다는 것을 알아차렸나요? 책 속에 휘말리거나 한 팔 길이만큼 멀리하려고 애쓸 때보다 훨씬 덜 산만하다는 것을 느꼈나요? 책에 매여 고군분투하는 것을 멈추고, 책에 있을 자리를 내어줄 때 주변의 세상과 완전히 관계를 맺을 수 있다는 것을 느꼈나요?

이는 고통스러운 내면의 경험에 반응하는 완전히 다른 방법입니다. 바로 '고군분투 내려놓기'입니다. 이 용어에는 우리 생각, 감정, 기억에 마음을 열고 그것을 위해 공간을 마련해준다는 뜻이 담겨 있습니다. 그것이 때에 따라 우리에게 오고, 머물고, 가게 내버려둔다는 의미입니다. 생각, 감정, 기억이 우리를 괴롭히거나 이리저리 잡아채도록 내버려두지 않는 것입니다. 또한 그것과 맞붙어 싸우거나 거기서 도망치기 위해 에너지를 쓰지 않는다는 의미입니다.

샨티는 이 훈련을 하면서 이렇게 말했습니다. "그래요, 하지만 이건 그냥 책일 뿐이잖아요. 내가 실제로 느끼는 감정을 가지고서는 그렇게 할 수 없어요." 그녀의 말이 맞습니다. 책을 무릎 위에 내려놓기는 쉽습니다. 실제 생각과 감정을 가지고 똑같이 하기는 힘들지요. 자, 이제 실제 문제를 가지고 시도해보겠습니다.

# 4

## 감정의 폭풍 앞에서
## 닻 내리기

•       When Storms Arise

큰 상실에는 큰 고통이 따릅니다. 종종 슬픔과 비애도 생겨납니다. 그리고 죄책감과 후회가 뒤따르기도 하지요(특히 일어난 일에 어느 정도 우리가 원인을 제공했을 때, 혹은 스스로 그렇다고 믿을 때). 또한 큰 분노와 두려움도 존재합니다. 크나큰 상실이라면 그게 뭐든 우리에게 위협이 되는 까닭입니다. 상실은 삶의 방식과 안전, 신체적인 건강, 정신적인 건강, 행복, 사랑하는 사람들 또는 우리가 소중하게 여기는 많은 것을 위협합니다. 서장에서 말한 것처럼 중대한 위협에 직면하면 우리는 즉시 '투쟁 또는 도피' 상태로 바뀝니다. 하지만 투쟁과 도피 둘 다 소용없다고 느끼면 '경직' 반응이 시작됩니다. '투쟁' 반응이 나타날 때는 분노, 짜증, 원망, 격노의 감정이 커집니다. '도피' 반응은 두려움, 걱정, 불안, 공포의 감정을 키웁니다. 반면 '경직' 반응은 무감각, 무기력, 무관심 또는 피로를 일으킵니다.

그리고 이 모든 것으로도 충분하지 않다는 듯, 우리 마음은 타오르는 불에 기름을 붓기 시작합니다. 분노와 불안에 더해 온갖 비판, 절망적인 생각 그리고 종종 고통스러운 기억을 들춰냅니다. 우리는 이런 생각에 쉽게 사로잡혀서 미래에 대해 걱정하고, 과거에 머무르고, 자신이나 다른 사람을 비난하고, 우리가 통제할 수 없는 일에 집착합니다.

이는 모두 불안정성과 불확실성으로 가득한 도전적인 상황에서 일반적으로 일어나는 반응입니다. 그렇기에 현실에 따귀를 맞으면 이런 반응이 반복해서 일어나리라고 예상할 수 있습니다. 이렇게 '감정의 폭풍'이 일어나면 강렬한 느낌과 감정이 우리 몸을 채찍질하는 동안 고통스러운 생각이 머릿속을 매섭게 강타합니다. 삶이 부여한 고통스러운 상황 속에서 감정의 폭풍이 휘몰아치면 우리는 효과적으로 대처할 수 없습니다.

그렇다면 감정의 폭풍을 어떻게 대해야 할까요? 현실을 봅시다. 폭풍이 몰아칠 때 항구에 정박한 배들은 닻을 내립니다. 왜 그럴까요? 그러지 않으면 파선되거나 바다로 휩쓸려가기 때문입니다. 물론 배가 닻을 내린다고 마법처럼 폭풍이 사라지지는 않습니다. 닻은 날씨를 통제할 수 없습니다. 하지만 폭풍이 지나갈 때까지 배를 단단히 붙들어주지요. 그런 이유로 우리도 매우 비슷한 일을 해보려고 합니다. 우리 안에 감정의 폭풍이 휘몰아칠 때 '닻 내리는' 방법을 배워봅시다.


## ACE 공식: 인정하고, 연결되고, 집중하기

닻 내리기 연습은 10초간 짧게 할 수도, 10분간 길게 할 수도 있습니다. 그리고 언제 어디서나, 어떤 감정을 느낄 때나 할 수 있습니다. 닻 내리기 방법은 문자 그대로 수백 가지입니다(당신만의 새로운 방법을 얼마든지 쉽게 개발할 수 있습니다). 하지만 그 모든 방법은 간단한 'ACE' 공식을 중심으로 작동합니다.

  A(acknowledge) : 생각과 감정 인정하기
  C(connect) : 몸과 연결되기
  E(engage) : 현재에 집중하기

  이제 ACE를 연습해보겠습니다. 지금 기쁘든 슬프든, 불안하든 화가 났든, 감정을 자제하든 무감각하든, 어떤 감정을 느끼든 이 연습을 할 수 있습니다.

- ACE 공식 연습
-

▶ A: 생각과 감정 인정하기

조용히 그리고 친절하게 당신의 내면에 등장하는 모든 생각, 느낌, 감정, 기억, 감각, 충동을 인정합니다. 한 번도 그것을 경험하지 못한 호기심 많은 어린아이처럼 솔직한 태도로 당신 내면세계에서 어떤 일이 일어나고 있는지 주목합니다.

몸을 재빨리 살펴서 어떤 느낌과 감각이 존재하는지 알아보고, 어떤 생각이 머릿속을 스쳐 지나는지 주목합니다. 당신 안에서 드러나는 것을 '나는 ……을 의식하고 있어' 또는 '여기 ……의 감정이 있어'(맞습니다. 우리가 2장에서 언급했던 그 문장들입니다) 등의 문장으로 묘사하면 도움이 됩니다. 이를테면, 자신에게 나지막하게 다음과 같이 말할 수 있습니다. '나는 걱정을 바라보고 있어' 또는 '나는 슬픔을 느끼고 있어' 또는 '나는 무감각을 주목하고 있어' 또는 '나는 나쁜 사람이라는 생각이 들어.'

이는 당신의 생각이나 감정을 비난하거나 그것과 맞붙어 싸우거나 그걸 없애려고 애쓰지 않고, 있는 그대로 인정하고자 하는 시도입니다. 지금 이 순간, 그것이 거기 있다는 것을 그냥 인정하는 것입니다.

생각과 감정 인정하기를 계속하면서 다음 연습을 합니다.

▶ C: 몸과 연결되기

이제 원래 상태로 돌아와서 몸과 연결되어봅니다. 아래 방법 가운데 일부를 해도 좋고 전부 해도 좋습니다. 아니면 당신만의 방법을 찾아서 시도해도 됩니다.

• 천천히 발을 바닥으로 민다.
• 천천히 등과 척추를 똑바로 편다.
• 천천히 양손의 손끝을 마주 대고 민다.
• 천천히 팔이나 목을 스트레칭하거나 어깨를 으쓱한다.

만약 만성질환이나 부상 때문에 몸을 원활히 움직일 수 없다면, 이 훈련을 적절하게 수정할 수 있습니다. 라다는 섬유근육통과 상체에 느껴지는 강한 통증 때문에 위의 동작 대부분을 하고 싶어 하지 않았습니다. 발을 바닥으로 미는 행동은 할 수 있었지만 다른 동작들은 하기 힘들었습니다. 그래서 우리는 다음과 같은 대안 동작을 했습니다.

• 천천히 부드럽게 심호흡을 한다.
• 천천히 부드럽게 의자에 앉은 자세를 좀 더 편안하게 바꾼다.
• 천천히 부드럽게 눈을 좌우로 움직인다.
• 천천히 부드럽게 눈썹을 올렸다가 내린다.

창의적으로 몸을 움직이십시오. 당신의 몸과 어떤 방식으로든 연결될 수 있다면 그것으로 충분합니다. 이 연습의 목적은 내면에서 일어나는 일로부터 도망치거나 회피하거나 그것에서 주의를 돌리는 것이 아닙니다. 또 고통스러운 생각이나 감정을 제거하는 것도 아닙니다. (기억하세요. 닻을 내린다고 폭풍이 사라지지는 않습니다.) 이는 당신의 생각과 감정을 인정하는 동시에 그 존재를 계속 인식하기 위한 방법입니다. 그리고 몸과 연결되고 몸을 적극적으로 움직이기 위한 활동입니다. 그러면 팔, 손, 다리, 발, 얼굴, 입 등 몸의 반응에 훨씬 더 많은 통제력을 가질 수 있습니다. 생각과 감정을 통제하려고 하면 종종 실패하거나 더 큰 문제가 되어 돌아옵니다. 하지만 움직임을 통제하는 것은 다른 이야기입니다. 몸과 연결되고 움직임을 통제하면 폭풍이 거세질 때도 효과적으로 반응할 수 있습니다.

▶ E: 현재에 집중하기

지금 당신이 있는 곳을 확인하고 지금 하는 일에 다시 집중합니다. 다시 말하지만 그렇게 할 수 있는 당신만의 방법을 찾으십시오. 아래 방법 가운데 일부를 해도 좋고 전부를 해도 좋습니다. 당신에게 효과적이라면 그게 뭐든 다른 방법을 찾으십시오.

• 방을 둘러보고 보이는 것 다섯 가지를 확인한다.
• 들리는 소리 서너 가지를 확인한다.
• 냄새 맡을 수 있거나 맛볼 수 있는 것을 확인한다.
• 당신이 하고 있는 일을 알아차린다.

하고 있는 활동에 온 관심을 집중하는 것으로 훈련을 끝냅니다.

2, 3분 동안 ACE 단계를 천천히 3회에서 4회 실행합니다.

## 닻은 폭풍을 통제하지 못한다

이 연습을 소개하면 사람들은 때로 이렇게 불평합니다. "이건 아무런 효과도 없어요!" 그러면 나는 묻습니다. "효과가 없다는 말이 무슨 의미인가요?" 그러면 대개 이런 대답이 돌아옵니다. "전혀 기분이 나아지지 않아요. 이 연습은 내 감정을 사라지게 하지 않아요." 그러면 나는 이렇게 설명합니다. 닻이 폭풍우를 통제할 수 없듯 이 연습은 당신의 감정을 통제하기 위한 것이 아니라고 말이지요.

닻 내리기 연습의 목적은 다음과 같습니다.

- 신체적 활동에 더 많은 통제력을 갖기 위해. 그러면 고통스러운 생각과 감정이 떠올라도 더 효과적으로 행동할 수 있다.
- 생각과 감정의 영향력과 파급력을 줄이기 위해. 의식적으로 생각과 감정을 인식하면 그것은 우리에 대한 통제력을 잃는다. 반면 생각과 감정이 비행기의 자동조종 모드처럼 그저 흘러가도록 내버려두면 그것은 우리를 마치 줄에 매달린 꼭두각시처럼 이리저리로 휙 잡아챈다.
- 걱정, 곱씹기, 집착 또는 생각 속에서 길을 잃게 만드는 많은 것을 멈추기 위해서.
- 사랑하는 사람들과 다투고 언쟁하고, 그들에게서 거리를 두

고, 숨고, 부적절하게 약물과 알코올을 사용하는 등의 문제
행동을 하지 않기 위해서.

- 생각과 감정이 우리를 잡아챌 때, 다시 하던 일로 돌아가서
집중하기 위해서.

이 연습의 다른 이점에 대해서는 앞으로 더 살펴보겠지만, 지
금 한 가지 확실히 해두고 싶은 것이 있습니다. 바로 닻 내리기는
고통스러운 생각과 감정에서 벗어나려고 애쓰는 연습이 아니라
는 것입니다.

기억하세요. A는 인정하는 것입니다. 지금 우리 앞에 있는 생
각, 느낌, 감정, 감각, 충동, 기억을 인정한다는 것은 거기서 주의
를 돌리는 것과 정반대입니다. 우리 내면의 경험을 생각하지 않
으려고 애쓰고, 그것으로부터 도망치려 하고, 마치 그것이 존재
하지 않는 양 행동한다면 우리는 다시 앞 장에서 논의한 '통제하
거나, 통제당하거나' 하는 고군분투 속으로 곧바로 돌아가게 될
겁니다. 고통스러운 경험을 생각하지 않으려 하고 잊고자 하는
건 잘못도 나쁜 것도 아닙니다. 하지만 당신은 그렇게 하는 방법
을 이미 알고 있고, 또 그 방법이 단기적 위안에 그친다는 것도
잘 압니다. 지금 우리가 하고자 하는 건 그와 완전히 다릅니다.
고군분투를 내려놓고, 생각과 감정을 있는 모습 그대로 그 자리
에 그냥 있도록 하는 것입니다. 생각과 감정이 때에 따라 오고 가

도록 내버려두는 것입니다. 항구에 정박한 배가 닻을 내리는 모습을 다시 떠올려보세요. 닻 내리기는 폭풍우를 사라지게 하거나 폭풍우를 잊어버리기 위한 행동이 아닙니다. 내려진 닻은 폭풍우가 제멋대로 오가는 동안 배를 단단히 잡아줍니다.

극심한 감정의 고통 속에 있을 때, 이를테면 사랑하는 사람이 죽어가거나 공포에 휩싸이거나 외로움에 압도될 때에는 닻을 내려도 고통이 사라지지 않을 겁니다. 그래도 고통이 주는 영향력은 줄어듭니다. 고통의 힘을 빼서 당신을 마음껏 잡아채지 못하게 할 수 있습니다. 몇 분간 연습하면 내면의 폭풍이 계속되어도 보통은 고요함을 느끼기 시작합니다.

한편, 슬픔이 경미하거나 약한 불안을 느끼는 상태라면 닻을 내림으로써 고통을 상당히 줄이거나 심지어 사라지도록 할 수 있습니다. 그렇다면 당연히 그 상태를 즐겨야겠지요. 하지만 그건 보너스지 주된 목표가 아님을 기억하세요. 만약 이 기술을 고통스러운 생각과 감정을 피하거나, 그것으로부터 도망치거나, 없애거나, 생각하지 않으려는 목적으로 사용하면 곧 좌절과 함께 '이건 효과가 없어'라고 불평하게 될 겁니다.

샨티와 함께 이 연습을 처음 했을 때 우리는 5분 동안 천천히 공을 들었고, A-C-E 단계를 수차례 반복했습니다. 그녀의 변화는 엄청났습니다. 구부러진 자세가 곧게 펴졌고, 목소리는 더 강해지고 활기를 띠었으며, 바닥을 뚫어지게 바라보는 대신 나를 똑바로 쳐다볼 수 있게 되었습니다. 나는 그녀에게 이렇게 말했습니다.

"구름이 갈라지고 그 사이로 햇빛이 비치는 그런 순간을 알죠? 지금이 내겐 바로 그 순간처럼 느껴지는군요. 5분 전에 당신은 생각과 감정의 짙은 먹구름 속에서 완전히 길을 잃었었어요. 마치 이 방에서 사라진 것 같았죠. 하지만 샨티, 이제 돌아왔군요."

그녀의 얼굴에 따스한 미소가 스쳤습니다. 샨티의 고통스러운 생각과 감정은 사라지지 않았습니다(닻은 폭풍우를 사라지게 하지 못합니다). 하지만 그것은 영향력을 잃었고 이제 그녀는 상담에 온전히 집중할 수 있게 되었습니다.


## 현재로 돌아오기


닻 내리기의 목적은 지금 하는 일에 집중하고 관심을 기울이는 능력을 훈련하는 것입니다. 우리 대부분은 가장 좋은 상황에서도 그렇게 하기를 어려워합니다. 현실에 따귀를 맞았을 때는 특히 더 그렇습니다. 사랑하는 사람과 함께하는 시간에 온전히 집중하기 힘들었던 적이 있나요? 관심이 자꾸만 이리저리 움직이나요? 계속해서 꾸벅꾸벅 졸거나 잠이 오나요? 반 정도만 집중하고 멍하니 있나요? 자동조종 모드에 스스로를 내맡기거나 그냥 흘러

가는 대로 둘 뿐인가요? 하고 있는 일을 쉽게 놓치나요? 평소에는 훨씬 더 잘할 수 있는 일인데, 집중하지 못해서 제대로 못 하고 있나요? 어떤 일이나 활동에 온전히 집중할 수 없어서 그 일이 예전처럼 즐겁지 않거나 만족스럽지 않나요?

삶이 평범할 때조차 우리는 종종 집중하고 관심을 기울이고 현재에 존재하기를 어려워합니다. 하지만 현실에 따귀를 맞는 상황에서는 그 수준이 완전히 달라집니다. 그리고 다시 말하지만 투쟁 또는 도피 그리고 경직 반응이 이 상황에서 크게 작용합니다. 투쟁 또는 도피 반응에 대해 먼저 이야기해보겠습니다. 고대 조상들은 밖으로 나가서 야생동물을 사냥해야 했지요. 위험한 활동입니다. 그들이 집이라고 부르는 안전하고 익숙한 영역에서 더 멀리 나갈수록 위협의 차원은 더 커집니다. 만일 당신이 밤늦은 시간에 사냥을 한다면 모닥불을 오랫동안 평화롭게 바라보지는 않을 겁니다. 규칙적으로 자리에서 일어나서 늑대나 곰 그리고 경쟁 부족이 오지는 않는지 살피겠지요. 투쟁 또는 도피 반응이 그렇게 만듭니다. 이 반응은 계속해서 주위를 살피게 만들고 그로 인해 집중하기 어렵게 만듭니다.

경직 반응은 어떨까요? 경직 반응이 나타날 때 신경계는 위협이 사라질 때까지 당신이 꼼짝 않고 누워 조용히 있기를 바랍니다. 이로 인해 당신은 일어나는 일에서 관심을 거두고 '졸거나', '잠들게' 됩니다. 최악의 고난을 맞이한 상황에서 이는 공포로부터 도피하는 데 어느 정도 도움이 됩니다. 하지만 같은 반응이 몇 주 또는 몇 달간 계속된다면 현재에 집중하기 어려워집니다. 그렇기에 나는 당신이 닻 내리기의 기본 원칙을 일상에 옮겨 오기를 바랍니다. 어디에 있든 무엇을 하든, 졸거나 잠에 빠지려는 자신을 발견할 수 있는지, 그리고 그 상태를 조심스럽게 인정하고 현재 하고 있는 활동에 다시 집중할 수 있는지 살피는 것이지요.

마음은 우리를 과거로 데려감으로써 현재에 머물지 못하게 끌어내곤 합니다. 내담자 중 한 명인 알리는 이라크 난민이었습니다. 그는 사담 후세인 정권에서 끔찍한 고문을 당했습니다. 감히 공개적으로 정부를 비난했다며 그들은 알리를 몇 달 동안 감옥에 가두었습니다. 수감 기간 동안 간수들은 그의 몸에 너무나도 끔찍한 짓을 저질렀습니다. 2년 후 알리가 내 사무실에 앉았을 때 그는 계속해서 '플래시백flashback' 증상을 보였습니다. 플래시백은 너무나 생생하고 믿을 수 없을 정도로 실재 같은 기억입니다. 마치 그 일이 지금 여기서 정말로 일어나고 있는 것처럼 느껴지지요. 플래시백을 겪어보지 못했다면 그게 얼마나 두려운지 상상조차 할 수 없을 겁니다.

감옥에서 있었던 일을 내게 이야기하려고 할 때마다 당시 기억이 알리를 과거로 끌고 갔습니다. 몸이 굳어지고 눈빛이 흐려졌으며 얼굴은 창백해졌습니다. 기억에 의해 과거로 끌려가서 그는 마치 지금 여기서 고문을 당하는 것처럼 다시 그 시간을 겪었습니다. 그랬기에 그가 겪는 심각한 다른 문제들을 돕기 전에, 우선적으로 그에게 현재로 되돌아오는 방법을 알려주어야만 했습니다.

나는 그에게 닻 내리기 연습을 적어도 하루에 20~30회 정도 수행토록 했습니다. 너무 많다고 생각할 수도 있지만, 그는 외상후 스트레스 장애post-traumatic stress disorder, PTSD를 겪고 있었고, 시시때때로 고통스러운 기억에 사로잡혀 그 악몽을 다시 체험했습니다. 그래서 나는 그가 지금 당장 이곳으로 돌아오는 데 전문가가 되기를 바랐습니다. 그리고 당신도 그와 마찬가지로 연습하기를 바랍니다.

어떤 중대한 상실을 겪은 뒤에는 고통스러운 기억이 반복해서 나타나는 경향이 있습니다. 일어난 사건, 그 사건이 일어나게 된 원인, 그 사건이 일어나기 이전의 삶에 대한 기억이 계속 떠오릅니다. 비탄에 빠져 있을 때는 가장 아름다운 기억도 엄청난 고통을 유발할 수 있습니다. 이제는 세상에 없는(또는 헤어진) 사람과 함께했던 모든 행복한 시간을 기억할 때, 또는 좋아하는 일을 했던 때, 또는 사고나 질병으로 이제는 불가능해진 그 모든 활동을 기억할 때 우리에게는 온갖 고통스러운 감정이 떠오릅니다. 책의 뒷부분에서 이 기억을 처리하고 다루는 방법을 제시하겠지만 지금은 그저 닻 내리기가 목표입니다.

고통스러운 기억이 떠오르면 생각과 감정을 인정하는 A를 시작하십시오. 자신에게 이렇게 말하십시오. '기억이 떠오르는 것을 주목하고 있어' 또는 '지금 고통스러운 기억이 느껴져' 또는 '기억이 떠오르고 있구나'. 그 기억에 구체적인 이름을 붙이면 더 좋습니다. 이를테면 '지금 엄마에 대한 기억이 떠오르고 있어', '장례식에 대한 기억이 떠오르는구나', '자동차 사고에 대한 기억을 주목하고 있어' 하는 식입니다. 기억과 그에 수반되는 모든 고통스러운 감정을 인정하고, 그런 뒤에 몸과 연결되고, 지금 하는 일에 집중하십시오.

안토니오는 이 연습이 자신에게 매우 도움이 된다는 걸 알았습니다. 그는 침대에서 미동도 하지 않은 채 조용하고 창백한 모습으로 누워 있던 아기 소피아에 대한 기억 때문에 몹시 괴로웠습니다. 그 기억이 다시 떠오를 때마다 그는 닻을 내리고 자신에게 말했습니다. '지금 소피아에 대한 기억이 떠오르고 있어.' 그리고 종종 이렇게 덧붙였습니다. '이건 정말 고통스러운 일이야. 나에게 관대하자.' 그는 그 기억을 떨쳐내거나 생각하지 않으려고 애쓰지 않았습니다. 그 기억을 인정하고 그냥 그 자리에 있게 했습니다. 동시에 스트레칭을 하며 몸의 감각을 느끼고, 주변 세계에 집중했습니다. 시간이 지날수록 이 연습은 그에게 큰 변화를 가져다주었습니다. 그 기억이 떠오를 때면 여전히 고통스러웠지만 기억의 영향력은 크게 줄어들었습니다.

## 폭풍이 불어오기 전에

우리는 언제 어디서나 닻 내리기를 할 수 있습니다. 닻 내리기는 우리를 즉시 현재로 다시 데려와서 삶에 집중하고 당면한 일을 할 수 있게 도와줍니다. '감정의 폭풍'이 불어올 때까지 기다리지 말고 하루 중 언제 어디서든 이 연습을 하십시오. 생각과 감정에 '빠져드는' 수많은 순간에 우리는 닻 내리기를 연습할 수 있습니다. 빨간불에 멈춰 있을 때, TV 광고 시간에, 길게 늘어선 줄 뒤에 서서 기다릴 때, 일을 시작하기 전 책상 앞에서, 점심 식사 후 휴식 시간에 또는 아침에 침대에서 일어나자마자 등 언제 어디서나 할 수 있습니다. 기분이 괜찮을 때, 조금 심술이 날 때, 우울할 때, 걱정될 때도 마찬가지입니다. 지루하거나 짜증이 날 때도 스마트폰을 찾는 대신 이 연습을 할 수 있습니다. 생각, 상상, 기억, 감정, 느낌, 감각, 충동, 충격 등 모든 내적인 경험이 일어날 때 그리고 그것들이 섞여서 나타날 때도 그렇습니다.

이 책에 나오는 다른 모든 연습처럼 닻 내리기 역시 당신이 원하는 방식으로 얼마든지 바꿀 수 있습니다. 예를 들어, 몸과 연결되기를 하려면 자리에서 일어나 스트레칭을 하고 그 자세를 유지하면서 근육이 늘어나는 것을 주목할 수 있습니다. 아니면 손바닥을 마주 대고 양손의 손가락 끝을 서로 밀면서 목, 팔, 어깨의 근육이 수축되는 것을 느낄 수도 있습니다. 또 손을 의자의 팔

걸이 아래로 늘어뜨리거나 목 뒷부분과 두피를 꾹꾹 눌러 마사지할 수도 있습니다. 천천히 부드럽게 심호흡을 할 수도 있습니다. 또는 아주 천천히 의자에서 자세를 바꿔 앉고 그렇게 할 때 몸이 어떻게 움직이는지 주목해보십시오. 방을 천천히 둘러보고 당신의 목, 머리, 눈이 어떻게 움직이는지 주목해봅니다. 혹은 자신만의 공간에 있고 방법을 안다면, 요가나 태극권 또는 필라테스 동작을 해보십시오. 발가락 꼼지락거리기, 발로 바닥 두드리기, 어깨 으쓱하기, 엄지손가락 빙빙 돌리기, 두 손 모아서 둥글게 만들기, 엉덩이 바짝 오므리기, 자신을 가볍게 안아주기, 무릎을 따라 양손을 미끄러뜨리기…… 그 외에 수백 가지의 동작을 해볼 수 있습니다.

몸과 충분히 연결되었다면, 이제 현재에 집중하는 E로 넘어갑니다. 무엇이 보이고, 들리고, 만져지고, 어떤 맛이 느껴지고 어떤 냄새가 나는지에 주목하세요. 당신이 어디에서 무엇을 하고 있는지 알아차리고 당신 앞에 있는 일에 집중합니다.

다음과 같을 때 닻 내리기 연습을 하기 바랍니다.

- 감정의 폭풍우가 불어닥칠 때
- 걱정, 집착, 생각 곱씹기 또는 당신을 현재의 삶으로부터 잡아채고 끌어당기는 온갖 생각을 멈추고 싶을 때
- 일에 집중하기 어려울 때, 계속 졸리거나 자동조종 모드로

들어가려고 할 때

- 분노나 두려움에 사로잡혀서 투쟁 또는 도피 반응이 나타 날 때: 닻 내리기는 당신을 고요하게 해주는 훌륭한 방법입니다. 마법처럼 고통스러운 감정을 없애주지는 않지만 감정의 영향력은 분명히 줄여줍니다. 그리고 당신이 행동을 통제할 수 있게 해주어 평소에도 차분하게 행동하도록 돕습니다.

- 경직 반응이 나타날 때: 아무것도 할 수 없고, 주저앉고, 쓰러지고, 멍해지고, 연결이 끊긴(극단적인 경우 문자 그대로 몸이 '얼어붙어서' 움직일 수 없는) 상태일 때, 닻 내리기는 당신을 '깨어나게' 하고, 힘을 주고, 행동을 다시 통제할 수 있게 하고, 지금 하는 일에 집중할 수 있게 해줍니다.

닻 내리기는 자기자비의 행동입니다. 고통을 돌보고 지지하는 반응입니다. 만일 자신과의 친절한 대화가 도움이 됐다면 이 연습과 더불어 적극적으로 활용하면 좋습니다. 이를테면, 고통을 인정하면서 자신에게 이렇게 말할 수 있습니다. '이건 정말 힘든 일이야. 나를 친절하게 대하자.' (자신만의 문구를 활용하면 더 좋습니다.)

닻 내리기 방법은 수없이 많기에 당신의 필요에 맞게 바꿔 사용할 수 있습니다. ACE 공식을 활용하기만 하면 그게 뭐든 닻 내리기를 연습하는 것입니다. 당신의 감정이 어떻든, 원하는 속도로 연습할 수 있고 원하는 만큼 자주 수행할 수 있습니다. 닻 내리기를 규칙적으로 연습하면 더 건강해지고 더 행복해질 것입니다. 시간이 좀 걸려도 인내심을 갖고 계속 연습하세요. 그리고 위대한 스코틀랜드 작가, 로버트 루이스 스티븐슨Robert Louis Stevenson이 한 말을 기억하십시오.

"거둬들인 수확물이 아니라,
심은 씨앗을 보고 하루하루를 판단하라."

5

# 심리적 스모그에서
# 벗어나기

Psychological Smog

머릿속에서 흘러나오는 목소리를 들어본 적 있나요? 그 목소리는 절대로 멈추지 않습니다. 그런 걸 '듣는' 사람은 약간 비정상이라는 오해가 널리 퍼져 있지만, 우리 모두는 최소한 한 가지, 대부분은 몇 가지 소리를 듣습니다! 예를 들어 대부분은 '이성과 논리의 목소리'와 '불행과 우울의 목소리', 또 '복수의 목소리 혹은 용서의 목소리'가 불러일으키는 내면의 정신적인 논쟁에 자주 휘말립니다. 그리고 우리 모두 '내면의 비평가'라고 불리는 스스로를 비판하는 목소리에 익숙합니다 (전에 한 내담자에게 '내면의 비평가'에 대해 들어본 적 있냐고 묻자 "그럼요, 내 안에는 비평가 위원회가 있어요!"라고 말하더군요).

분명 사고력은 믿을 수 없을 만큼 큰 가치를 지니고 있고, 삶의 질을 현격히 높여줍니다. 사고력이 없다면 우리는 책, 영화, 음악, 예술을 이해하지 못하고, 더없이 행복한 공상도 할 수 없으며, 미래를 위한 계획도 세울 수 없을뿐더러 사랑하는 사람들과 감정을 나눌 수도 없을 겁니다. 하지만 생각 중 많은 부분은 딱히 도움이 되지 않기도 합니다. 내가 당신의 마음에 플러그를 꽂고 앞으로 24시간 동안 당신이 하는 모든 생각을 녹음했다가 종이에 옮겨 적는다고 생각해봅시다. 그런 다음 당신에게 옮겨 적은 내용을 읽고 현실의 고난에 효과적으로 반응하는 데 '진정으로 도움이 될 만한' 생각에 형광펜을 칠하라고 합니다. 종이 위의 생각 중 형광펜이 칠해진 생각의 비율은 얼마나 될까요?

대부분은 매우 낮을 겁니다. 심지어 마음이 제멋대로의 생각을 하는 것처럼 보일 정도입니다. 마음은 우리에게 도움이 되는지 안 되는지 상관하지 않고 하루 종일 자기가 하고 싶은 이야기를 하는 것처럼 보입니다. 특히나 과거의 고통 속에 머무르거나, 미래에 대한 걱정 또는 현재의 문제에 집착하는 것을 매우 즐기는 듯합니다. 마음이 하는 말은 썩 도움이 안 되는 것처럼 보이는데도, 마음은 어떻게든 우리를 항상 그 이야기에 빠져들게 만듭니다.

더 나아가기 전에 여기서 말하는 '이야기'가 무엇을 뜻하는지 분명히 해둬야겠습니다. 그 단어를 듣고 화를 내는 사람도 있기 때문입니다. 여기서 '이야기'는 정보를 전달하는 일련의 단어나 이미지를 뜻할 뿐입니다. 더 일반적인 단어인 '생각'을 사용할 수도 있고, '인식'이라는 전문적인 용어를 사용할 수도 있지만, '이야기'라고 부를 때 이를 더욱 효과적으로 다룰 수 있습니다. 마음은 하루 종일 온갖 종류의 이야기를 우리에게 합니다. 그것이 '실제 이야기'라면 '사실'이라고 부르겠지만, 사실은 생각에서 매우 낮은 비율을 차지합니다. 우리 생각에는 '사실'이라고 하기 어려운 온갖 아이디어, 의견, 판단, 이론, 목표, 가정, 공상, 환상, 예상 그리고 믿음이 포함되어 있습니다. '이야기'라는 단어는 그 생각이 거짓이라거나, 부정확하다거나, 유효하지 않음을 암시하지 않습니다. 그저 생각이 무엇인지 설명하는 한 가지 방법일 뿐입니다.

이 책 전체에서 '이야기'라는 단어가 자주 사용될 겁니다. 그러니 만약 이 단어를 좋아하지 않는다면, 이 단어를 마주칠 때마다 머릿속으로 '인식' 또는 '생각'과 같은 다른 단어로 대체하기 바랍니다.

자, 이제 생각해봅시다. 당신 마음이 죄책감, 두려움, 분노, 불안, 슬픔, 실망 또는 절망을 불러일으키는 이야기로 얼마나 자주 당신을 밤에 깨어 있게 하나요, 혹은 하루 가운데 얼마나 자주 그 이야기에 매어 있게 하나요? 마음이 얼마나 자주 당신을 비난, 원망, 걱정 또는 후회로 몰아가나요? 이미 스트레스, 상처, 분노, 걱정으로 힘든데 마음으로 인해 얼마나 빈번하게 더 힘들어지나요?

만약 위 세 가지 질문에 대한 대답이 '매우 자주'라면, 이는 당신 마음이 정상적이라는 뜻입니다. 네, 맞습니다. '정상'이라고 했습니다. 이것이 정상적인 인간의 마음이 원래 하는 일입니다. 동양 철학은 수천 년 전부터 이미 알고 있었지만, 어찌된 일인지 서양에서는 이러한 마음의 작동을 비정상이라고 생각해왔습니다. 매우 불행한 일이 아닐 수 없는데, 이를 비정상이라고 여긴다면 마음을 붙들고 씨름을 하게 되거나(헛된 일이지요), 우리 사고방식을 두고 자신을 가혹하게 판단하게 되기 때문입니다(이 역시 헛된 일입니다).

## 마음은 왜 내게 가혹하게 구는가

대단히 창의적이고 혁신적이며 유용한 '인간의 마음'이라고 불리는 이 놀라운 도구에는 비난하고, 비교하고, 비판하는 경향이 내재되어 있습니다. 마음은 늘 결점을 찾고, 결핍에 집중하고, 보이는 모든 곳에서 문제를 찾으려고 합니다.

인간의 마음이 왜 이런 경향성을 띠는지 궁금하다면 고대 조상들의 상황을 생각해보십시오. 먼 옛날에는 현재 상황의 문제(위험한 동물, 잔인한 날씨, 악랄한 다른 부족)를 분명하게 볼 수 있고, 미래의 문제를 가장 잘 예측하고, 이 문제를 효과적으로 해결할 방법을 아는 사람이 가장 오래 살아남아 장수를 누렸을 것입니다. 만약 우리 조상 가운데 누군가가 모든 상황이 있는 그대로 충분히 좋고, 어떤 문제도 없으며, 앞으로도 문제가 없을 거라 예상하며 끝없이 행복한 상태로 돌아다녔다면 그 남자 또는 여자는 아기를 낳을 나이까지 생존하지 못했을 것입니다. 사춘기에 도달하기 훨씬 전에 위험한 동물, 잔인한 날씨 또는 악랄한 부족에 의해 이 땅에서 사라졌겠지요.

그런 이유로 무수한 세대에 걸쳐 우리 마음은 기가 막힌 문제 해결 기계가 되었습니다. 마음은 보이는 모든 곳에서 있는 그대로는 '충분하지 않은' 문제를 찾아냅니다. (그러므로 만일 누군가가 '부정적인 생각'을 하는 사람은 결함이 있거나 마음이 약하다고 말한다면, 그들은 자신이 무슨 말을 하는지도 모르는 셈입니다. 이는 정상적인 인간의 마음에서 일어나는 정상적인 심리적 과정입니다.)

마음이 이처럼 도움 안 되는 생각을 하는 이유는 역설적이게도 삶을 힘들게 하기 위해서가 아니라 안간힘을 써서 우리를 돕고자 하기 때문입니다. 우리가 원하는 것을 얻을 수 있도록 돕거나 우리가 원하지 않는 것으로부터 우리를 보호하려는 것입니다. 몇 가지 사례를 살펴보겠습니다.

- **최악의 상황을 우려하고 예상하기** 대비하고, 행동할 수 있도록 준비시킵니다. 마음은 말합니다. '조심해. 나쁜 일이 일

어날 것 같아. 상처 입을 수 있어. 고난이 닥칠지 몰라. 준비
해. 대비해서 너 자신을 보호해.'

• **생각을 곱씹으며 과거에 머물기**  과거의 사건으로부터 교
훈을 얻을 수 있도록 돕습니다. 마음은 말합니다. '안 좋은
일이 일어났어. 네가 그 일에서 교훈을 얻지 못한다면 같
은 일이 또 일어날 거야. 그러니까 과거 사건을 잘 이해해야
해. 그 일이 왜 일어났지? 달리 뭘 할 수 있었지? 그 일을 통
해 배워야 해. 그래야 준비할 수 있고, 또 비슷한 일이 일어
나면 무엇을 해야 하는지 알 수 있어.'

• **자기비판, 자기 비난, 자기 판단**  실패, 거절, 실망, 깨진 관
계, 건강 문제 등 수많은 부정적인 결과로부터 당신을 보호
하려고 노력합니다. 마음은 당신이 이미 한 일이나 지금 하
고 있는 일을 두고 당신을 힘들게 합니다. 만약 그 일을 계속
하면 어떤 안 좋은 일이 일어날 거라고 예상합니다. 기본적
으로 마음은 당신이 일을 더 잘 처리해서 더 좋은 결과를 낼
수 있게 돕고자 합니다. 마음이 당신을 '약하고', '결함 있고',
'가치 없고', '이기적이고', '실수투성이고', '사랑스럽지 않은'
사람이라고 판단한다면 그 역시 같은 이유에서입니다. 이는
기본적으로 지금 하고 있는 것을 바꿀 필요가 있다는 말인

데, 왜냐하면 그 방식을 지속하면 거절당하고, 실패하는 등 안 좋은 일이 일어날 것이기 때문입니다.

• **이유 부여** 마음은 당신이 왜 변할 수 없고, 왜 변해서는 안 되며, 왜 변하지 않아야 하는지 온갖 이유를 댑니다. 변화가 너무 어렵고, 너무 고통스럽고, 너무 두렵다고 말할 수도 있습니다. 또는 변화할 능력이 없다고 할 수도 있고, 모든 것이 그저 절망적이어서 아무것도 나아지지 않을 거라고 말하기도 합니다. 마음은 기본적으로 당신이 상처받지 않도록 방어하고자 합니다. 마음은 당신이 안전지대에서 벗어나서 상황을 개선하기 위해 행동하기 시작하면 실패의 위험이 따르고, 실패하면 고통스러우리라는 것을 압니다. 그래서 고통스러운 결과와 역경으로 인해 당신이 고통을 느끼지 않도록 하려고 애씁니다.

• **무가치함, 무의미함** 마음이 말합니다. 삶은 그 자체로 무의미하기 때문에 더 잘해보려는 노력은 무가치하다고. 그냥 포기하고, 아무것도 신경 쓰지 말고 삶을 무의미한 것으로 대하라고 합니다. 이번에도 마음은 고통으로부터 당신을 보호하려는 것입니다. 만약 모든 것이 무가치하고 / 쓸데없고 / 무의미해서 아무것에도 신경 쓰지 않을 수 있다면 진

심으로 마음을 쏟을 때 찾아오는 모든 고통을 느끼지 않을 수 있습니다. 거절과 상실, 실패에서 오는 고통, 안전지대 밖으로 나갈 때의 두려움과 불안, 원하는 것을 얻지 못할 때의 좌절과 실망을 느끼지 않을 수 있습니다. 기본적으로 마음은 이렇게 말합니다. '아무것도 시도하지 마. 지금보다 더 크게 상처 입을 뿐이니까.'

• **자살경향성**  자, 마음은 지금 당신을 고통으로부터 구하고자 합니다. 삶은 견딜 수 없을 만큼 고통스럽기에 목숨을 끊으면 모든 고통이 멈출 거라고 이야기합니다. (주의: 자살 충동은 현실에 강렬한 따귀를 맞았을 때 매우 일반적으로 나타나지만, 이 책은 자살경향성 치료에 대한 책이 아닙니다. 만약 자살 충동이 일어난다면 그 즉시 전문적인 도움을 받으십시오.)

• **비난, 복수, 원망**  마음은 불의, 불공평, 형편없는 대우로부터 당신을 구하고자 합니다. 그래서 타인의 잘못을 지적하거나 그들을 어떻게 벌줄지 생각합니다. 이는 지나간 과거의 사건에서 당신이 뭔가를 배워 미래에 다른 사람들을 대할 때 좀 더 잘 대처하게 하려는 것입니다.

• **자기 회의감, 불안**  우리 대부분은 역경 이후 심각한 자기

회의감과 불안을 경험합니다. 이는 의심, 망설임, 자신에 대한 확신 결여로 이어집니다. '내가 지금 이 일을 제대로 하고 있는 걸까?' '내가 옳은 결정을 내리는 걸까? 옳은 일을 하는 걸까? 아니면 일을 망치고 있는 건가?' '내가 이걸 처리할 수 있을까?' '내가 해낼 수 있을까?' 이번에도 마음은 당신을 보호하는 중입니다. '조심해, 주의해, 이건 새로운 영역이야, 지켜야 할 새로운 규칙이 있어, 다칠 수도 있어.' 이런 의문도 솟아납니다. '직업이 없다면 나는 누구일까?' '배우자가 없다면 나는 누구일까?' '부모님이 없다면 나는 누구일까?' '아이가 없다면 나는 누구일까?' 마음은 지금 당신이 어떤 사람이 되고 싶은지, 어떤 가치에 따라 살고 싶은지, 상실 앞에서 무엇을 위해 살고 싶은지에 대해 깊이 생각할 수 있도록 돕고 있습니다. (이 문제에 대해서는 2부에서 더 깊이 살펴보겠습니다.)

• **취약성** 우리는 쉽게 상처받는 사람이 되기도 합니다. 예전처럼 거칠 것이 없거나 강하다고 느껴지지 않습니다. 세상은 안전하지 않으며, 삶은 예측 불가능합니다. 좋은 사람에게도 나쁜 일이 일어납니다. 자신과 타인 그리고 세상을 전적으로 믿을 수 없습니다. 마음은 이런 생각과 감정을 통해 우리가 때때로 잊어버리는 사실을 일깨워줍니다. 바로 우리

모두 상처받기 쉽다는 것을 말이지요. 마음은 우리에게 스스로를 잘 돌보라고, 자기 돌봄을 연습하라고, 감정에 관심을 가지라고, 자신과 사랑하는 사람들의 신체적, 심리적, 정신적 건강을 잘 돌보라고 말합니다.

- **불길한 예감, 파멸, 죽음의 불안**  현실적 충격이 죽음과 관련된 것일 때나 죽음과 가까운 것일 때는 보통 파멸, 불길한 예감, 아무도 피할 수 없는 죽음의 필연성을 경험하게 됩니다. 지금 마음은 당신에게 이런 이야기를 하고 있습니다. 당신의 삶은 소중하고, 남은 시간이 얼마나 되는지 알지 못하며, 그렇기에 살아 있는 모든 시간을 최대한 잘 사용해야 한다고 말이지요. (3부에서 그 방법을 살펴보겠습니다.)

마음의 작용에 대한 이야기는 이쯤 해두겠지만, 요점을 이해했기를 바랍니다. 마음이 도움이 안 되는 어떤 일을 하든 간에, 그건 기본적으로 고통으로부터 당신을 구하거나 원하는 것을 더 많이 얻도록 돕기 위해서입니다. 물론 '잘못된 시도'이기는 하지만요. 혹시 '지나치게 도움을 주려는 친구'가 있나요? 너무 열심히 당신을 도우려다가 오히려 골칫거리가 된 그런 친구 말이지요. 마음이 앞서 열거한 이야기들을 쏟아낸다면 마음을 그런 친구로 생각해보십시오. 너무나 열심히 당신을 도우려고 하지만 잘못된 방향으로 이끄는 친구 말입니다.


## 이길 수 없는 전쟁

대중 심리학적 접근법은 머릿속 목소리와 싸우라고 권합니다. '부정적인' 생각에 도전하고, 논쟁하고, 무력화하고, 그것을 '긍정적인' 생각으로 대체하라고 합니다. 매혹적인 제안이 아닐 수 없습니다! 이 접근법은 '나쁜' 생각을 짓밟고 '좋은' 생각으로 대체하라며 상식에 호소합니다. 하지만 문제는 생각과 전쟁을 벌이면 결코 우리가 승리하지 못한다는 데 있습니다. 왜냐고요? 이른바 '부정적인' 생각은 끝이 없기 때문입니다. 그리고 모든 부정적인 생각을 제거할 방법은 그 누구도 찾지 못했습니다.

마음수련에 탁월한 참선의 대가들은 이 모든 것을 너무나 잘 알고 있습니다. 답을 간절히 원하며 주지 스님께 "세상에서 가장 위대한 참선의 대가를 만나려면 어떻게 해야 합니까?"라고 묻는 승려에게 주지 스님은 이렇게 대답합니다. "부정적인 생각을 모두 없앴다고 주장하는 사람을 찾거라. 그리고 네가 그 사람을 찾으면…… 그 사람 역시 네가 찾는 사람이 아니라는 걸 알게 될 게다."

그렇습니다. 우리는 더 긍정적으로 생각하는 방법은 배울 수 있지만, 우리 마음이 이 모든 고통스럽고 도움이 안 되는 이야기를 만들어내는 것을 막지는 못합니다. 긍정적으로 생각하는 법을 배우는 것은 마치 새로운 언어를 배우는 것과 같기 때문입니다. 헝가리어를 배운다고 해도 영어로 말하는 법을 갑자기 잊어버리지는 않는 것과 같은 이치입니다.

만약 부정적인 생각을 다루는 유일한 방법이 그것과 맞붙어 싸우는 것이라면, 우리는 그 생각이 진실인지 거짓인지를 따지고, 그것이 틀렸음을 입증하려고 하고, 그것을 떨쳐버리려고 하고, 그것을 압박하고 생각하지 않으려 하고, 더 많은 긍정적인 생각으로 그것을 덮어버리려고 할 것입니다. 그러는 동안 불필요한 고통을 겪을 것입니다. '상식에 입각한' 모든 대중적인 전략을 실행하는 데는 엄청난 시간과 노력과 에너지가 필요하기 때문입니다. 그리고 대부분의 사람에게 그 전략은 장기적으로는 효과가 없습니다. 대개 부정적인 생각은 잠깐 사라졌다가 공포영화 속 좀비처럼 곧 다시 돌아오고 맙니다.


## 짙은 안개 속에서

생각에 '빠져 있는' 모습은 다양하게 표현됩니다. '그는 백만 킬로미터 떨어진 곳에 있어', '그녀의 머리는 저 위 구름 속에 있어'

또는 '그는 생각 속에서 길을 잃었어'처럼 은유적으로 표현할 수도 있고, 아니면 '걱정하고, 곱씹고, 과거 이야기를 반복하고, 스트레스를 받고, 집착하고, 생각에 사로잡혀 있다'고 직접적으로 표현할 수도 있습니다.

생각을 만들어내는 인간의 능력은 기본적으로 믿을 수 없을 정도로 가치 있고 독특한데, 이는 우리를 자욱한 안개 속에서 헤매게 하거나 삶을 놓치게 만들기도 합니다.

물론, 자욱한 안개 속에 있는 게 반드시 나쁜 것만은 아닙니다. 인센스 스틱을 태울 때 나는 연기는 마음을 달래주고 휴식을 줍니다. 모닥불이 연기를 만들어낼 때는 신나고 재미있지요. 하지만 연기가 너무 짙어지면 어떤가요? 기침이 터지고 콧물이 나고 눈물이 고입니다. 그 연기 속에서 계속해서 숨을 쉰다면 결국 폐까지 손상되고 맙니다. 때와 장소에 따라 생각에 잠기면 삶이 풍요로워집니다. 벤치에 앉아서 공상에 잠기고, 중요한 강연을 머릿속으로 미리 연습하고, 프로젝트에 대한 새로운 아이디어를 떠올릴 때가 그렇습니다. 하지만 우리 대부분은 균형을 잘 잡지 못합니다. 너무 많은 시간을 생각하는 데 사용하고, 하루 종일 '심리적인 스모그'가 만들어내는 짙은 안개 속을 헤맵니다.

그리고 현실의 일격은 이 안개를 무엇보다 짙게 만듭니다. 우리가 처한 현실과 원하는 현실 사이의 간극이 크면 클수록 마음은 더 강하게 저항합니다. 이 저항은 현실 부정('이건 있을 수 없는 일이야'), 분노('이런 일은 일어나지 않았어야 해!'), 절망('나는 할 수 없어. 이 일을 이겨내지 못할 거야') 등 다양한 형태로 나타납니다. 마음은 그 모든 불공평함으로 인해 고통받거나, 자기 삶을 다른 사람들의 삶과 비교하며 결핍을 느낍니다. 일어날 수 있는 모든 형태의 끔찍한 시나리오를 떠올리기도 합니다. 마음은 계속해서 돌고 돌며 모든 것을 이해해보려고 합니다. '왜 나여야 하지?' '왜 지금인 거지?' '어떻게 이런 일이 일어난 거지?' '내가 뭘 잘못했기에 이런 일을 겪어야 하는 거지?' 마음은 이런 말도 합니다. '삶은 형편 없는 거야.' '이건 참을 수가 없어.' '난 너무 약해.' '나는 나쁜 사람이야.' '이 일을 극복하려면 오랜 시간이 걸릴 거야.' '내 잘못이야.' '그들 잘못이야.' '그들은 믿지 못할 사람이야.' 그 외에도 이와 비슷한 수천 가지 비판적 의견이 떠오를지 모릅니다.

다시 말하지만 이러한 생각의 패턴은 모두 매우 정상입니다. 단지 도움이 되지 않을 뿐이지요. 이런 생각에 사로잡히면 대개 현실의 고난이 더 심해지고, 이미 느끼고 있는 고통이 증폭될 뿐입니다.

이제 더 나아가기 전에 한 가지 확실히 하고 넘어가려 합니다. 문제는 생각이 아닙니다. 생각은 '심리적인 스모그'를 만들지 않습니다! 우리가 생각에 반응하는 방식이 스모그를 만들어냅니다. 이 말의 의미를 이해하기 위해 이어지는 내용을 깊이 생각해보십시오.

# 생각이란 무엇인가?

본질적으로 생각이란 우리 머릿속에 있는 이미지와 단어입니다. 이 말을 그냥 받아들이지 말고, 직접 확인해보십시오. 책 읽기를 멈추고 1분 동안 눈을 감고 당신의 생각에 주목해보세요. 그 생각이 어디에 위치해 있는 것처럼 느껴지는지, 움직이는지 아니면 가만히 머물러 있는지, 이미지나 단어와 더 비슷한지 아니면 소리와 더 비슷한지 관심을 기울여보세요. (이런 시도를 할 때 당신의 마음은 수줍어지곤 합니다. 생각은 갑자기 사라지고 밖으로 나오기를 거부합니다. 만약 그렇다면 머릿속의 빈 공간과 침묵을 주시하고 인내심을 가지고 기다리십시오. 당신의 마음은 곧 다시 생각하기 시작할 겁니다. 비록 마음이 '나는 아무 생각도 하고 있지 않다고!'라고 말한다고 해도 말이지요.)

무엇을 알아차렸나요? 만약 마음이 처음에 텅 비었다면, 빈 공간과 침묵을 알아차렸을 겁니다. 하지만 결국에는 어떤 생각이 다시 나타납니다. 아마 그 생각은 당신이 보고 듣고 느낄 수 있는 단어거나 이미지일 것입니다. 아니면 그 두 가지의 조합일 겁니다. (만약 몸의 감각이나 느낌을 알아차렸다면, 그건 '감각'이나 '느낌'이지 '생각'이 아닙니다. '생각'과 혼동하지 마세요.)

단어와 이미지가 하늘의 새처럼 우리의 인식을 가볍게 스치고 지나가도록 허용한다면 그것들은 아무런 문제도 일으키지 않을 겁니다. 하지만 그것에 단단히 사로잡힌다면 곧장 안개 속으로 들어가게 되고, 안개는 우리를 삶으로부터 잡아챕니다.

연기 속에서 길을 잃으면 모든 세부적인 것이 희미해지고, 모든 풍요가 사라집니다. 연기 때문에 달콤함도 느낄 수 없습니다. 연기 바깥에서 지상 최대의 쇼가 펼쳐지고 있다고 해도 우리는 알 수 없습니다. 스모그 속에서 잠시라도 시간을 보내봤다면 그게 얼마나 심하게 시야를 차단하는지 알 겁니다. 삶의 질을 높이고 풍요롭게 만들어줄 온갖 기회에 둘러싸여 있대도 우리는 그것을 전혀 볼 수 없습니다.

## 생각에서 벗어나기

심리적 스모그에는 여러 유형이 있는데, 더듬거리며 다녀야 할 정도로 짙은 스모그 속에 있을 때는 방향을 찾을 수도 없고 장애물에 대처할 수도 없습니다. 수용전념치료에서는 이런 상태를 비유적으로 '갈고리에 걸린hooked' 상태라고 부릅니다. 생각의 갈고리에 걸리면 우리는 생각에 지배됩니다. 생각은 우리를 낚싯줄 끝에 매달린 물고기처럼 끌어당기고 줄에 매달린 꼭두각시처럼 이리저리 잡아챕니다. 생각의 갈고리는 막강한 영향력을 행사합니다. 생각은 우리가 반드시 복종해야 하는 명령, 혹은 피해야 하는 위협, 제거해야 하는 장애물, 또는 모든 관심을 쏟아야만 하는 매우 중요한 뭔가로 보입니다.

이와 완전히 대조적으로 생각에서 '벗어나면unhook' 생각은 우리에 대한 영향력을 잃어버립니다. 벗어난다는 것은 생각으로부터 분리되고 그 생각의 실체를 볼 수 있게 된다는 의미입니다. 생각에서 벗어나면 생각은 지배력을 상실하고, 우리는 더 이상 생각을 없애기 위해 애쓰지 않게 됩니다. 대신 생각의 본질을 알아채고 그것이 단어나 이미지일 뿐 아무것도 아니라는 사실을 깨닫게 됩니다. 그리고 생각이 원할 때에 오고 가게 놓아둡니다.

떠오르는 생각이 우리에게 '도움'이 된다면, 즉 자신을 친절하게 대하고, 자신이 되고 싶은 사람처럼 행동하게 하고, 효율적인 계획을 세우게 하고, 현실적인 방법으로 삶을 풍요롭게 하고, 삶의 질을 향상시키는 행동을 하게 돕는다면, 우리는 그 생각을 당연히 잘 활용합니다. 또 생각이 우리를 이리저리 밀치거나 할 일을 지시하는 등 우리를 통제하게 내버려두지 않고 우리를 '안내'하도록 합니다.

생각에 대해 이런 접근법을 채택하면, 우리는 생각이 사실인지 아닌지에 더 이상 신경 쓰지 않게 됩니다. 오직 '그 생각이 우리에게 도움이 되는가?'에 관심을 둘 뿐입니다. 생각에 온 신경을 집중하고 생각이 우리에게 지시하도록 허용하는 것이 현실의 일격을 극복하는 데 도움이 될까요? 생각이 길을 안내하게 하면, 우리가 되고 싶은 사람처럼 효과적으로 행동할 수 있을까요? 아니면 그와 정반대의 행동을 하게 될까요?

라다가 섬유근육통 때문에 생긴 모든 문제와 씨름할 때, 그녀의 생각은 가혹한 자기비판을 반복해서 쏟아냈습니다. '내가 얼마나 한심한지 좀 봐. 춤도 출 수 없고, 요리도 할 수 없고, 사람들과 사귈 수도 없어. 나는 쓸모없는 존재야.' 그녀의 예전 치료사는 이런 그녀의 생각을 바꾸려고 엄청나게 노력했습니다. 잘못된 생각이라는 근거를 찾고 긍정적으로 바꾸기 위해 애썼지요. 하지만 전혀 도움이 되지 않았습니다. 나는 그녀에게 말했습니다.

"당신의 마음은 당신을 정말 힘들게 하는군요. 그렇지 않나요?"

"그럴 만도 하죠. 내가 얼마나 한심한지 한번 보세요."

"당신 마음이 그렇게 당신을 괴롭히는 게 상황에 대처하는 데 도움이 되나요?"

그녀는 잠시 머뭇거리다 나지막이 대답했습니다. "아니요."

"그래요. 그럼 이제 우리, 당신 생각이 사실인지 아닌지, 당신이 그런 가혹한 비난을 받아 마땅한지 아닌지에 대한 논쟁은 그만하도록 해요. 대신 이 두 가지를 인정할 수 있을까요? a) 그 생각은 계속 떠오를 것이고 b) 생각의 갈고리는 당신의 삶을 더 어렵게 만들지 쉽게 해주지 않는다는 것 말이지요."

"네, 알겠어요."

"좋습니다. 이제 주어진 상황을 고려해서 생각에서 벗어나는 기술 몇 가지를 함께 실행해봅시다. 그 생각이 사실인지 아닌지 논쟁하지 말고, 그냥 벗어나는 방법을 배워보는 겁니다."

물론 도움이 되는 생각은 적극적으로 '활용'할 수 있습니다. (삶을 다시 만들어가는 행동에 초점을 맞춘 2부에서 이를 분명히 이해하게 될 것입니다.) 하지만 만약 도움이 되지 않는다면 거기서 벗어나는 것이 최선입니다. 마치 집 옆을 지나가는 차들처럼 생각이 그냥 오고 가게 내버려두십시오.

만약 지금 도로 가까이에 있다면 귀를 기울여 차들이 지나다니는 소리가 들리는지 확인해보세요. 소리를 통해 어떤 때는 교통량이 매우 많다는 것을, 어떤 때는 매우 적다는 것을 알 수 있을 겁니다. 그런데 우리가 차들을 멈춰 세우려고 한다면 무슨 일이 일어날까요? 그렇게 할 수나 있을까요? 마법처럼 모든 차를 사라지게 할 수 있을까요? 그리고 차 때문에 시끄럽다고 화를 내면 무슨 일이 벌어질까요? 이리저리 오가며 불평하고 미친 듯이 악을 쓰면 어떻게 될까요? 그런다고 차 소리와 함께 지내는 데 도움이 되나요? 차들은 그냥 지나다니도록 내버려두고 뭔가 좀 더 유용한 일에 에너지를 쓰는 것이 더 쉽지 않을까요?

낡고 시끄러운 자동차 한 대가 당신 집 옆을 천천히 지나간다고 가정해봅시다. 엔진 소리는 시끄럽고, 배기가스를 뿜어대고, 차 안에서 쿵쿵거리는 시끄러운 음악이 요란하게 흘러나옵니다. 차는 녹슬고 낙서로 뒤덮여 있고, 차창 안을 들여다보니 안에서

한 무리의 젊은이들이 노래를 따라 부르며 소리를 지르고 고래 고래 욕을 하고 있습니다. 어떻게 하는 것이 최선일까요? 집 밖으로 달려 나가서 차에 대고 "당장 꺼져. 너희는 여기 있을 권리가 없어!"라고 고함쳐야 할까요? 밤새도록 거리를 순찰하며 그 차가 다시 돌아오지 못하게 해야 할까요? 앞으로는 그런 차들이 근처에 오지 못하도록 좋은 차들만 당신 집 근처에 오게 해달라고 우주에 빌어야 할까요?

가장 쉽고 간단한 접근 방법은 그 차가 그냥 지나가게 하는 것입니다. 그 차가 지금 존재한다는 것을 인정하고, 그냥 그때 지나가는 것을 허락하는 것입니다. 이를 실행하는 방법을 이해할 수 있도록 돕는 간단한 3단계 실험이 있습니다.

- 지나가게 두기 연습

이 실험은 3장에 나오는, 책을 멀리 들고 있는 연습과 매우 비슷합니다. 하지만 중요한 차이가 있으니 건너뛰지 않기 바랍니다.

▶ 1단계: 삶에서 중요한 모든 것이 지금 당신 앞에 있다고 상상해봅니다. 거기에는 사랑하는 사람들, 영화, 음악, 음식, 책, 당신이 좋아하는 활동 등 모든 즐거운 것들과 더불어 당

신 앞에 놓인 해결해야 하는 과제와 문제처럼 불편한 것도 있습니다. 그리고 손에 들린 이 책에 당신이 가장 힘들어하는 모든 생각과 기억이 가득하다고 상상해봅니다. (잠시 동안 그것들에 이름을 붙여봅니다.)

▶ 2단계 : 이 단락의 끝까지 읽은 후, 책을 펼쳐서 모서리 부분을 단단하게 잡습니다. 그런 다음 책을 들어 올려 거의 코에 닿을 정도로 얼굴 가까이로 가져옵니다. 이때 책은 얼굴을 완전히 감싸서 당신 주변의 것들을 볼 수 없게 시야를 가립니다. 20초 동안 그렇게 책을 들고 그 경험이 어떻게 느껴지는지 살펴봅니다.

무엇을 발견했나요? 생각과 기억에 완전히 '사로잡혀' 있는 동안 당신 삶에 있어 중요한 것들과 단절되고 연결이 끊긴 것을 알아차렸나요? 마치 당신의 생각이 모든 것을 지배하는 것처럼 느껴졌나요?

▶ 3단계 : 이 단락의 끝까지 읽고 (다시 말하지만, 이 책이 당신의 생각과 기억으로 채워졌다고 상상합니다) 책을 무릎 위에 부드럽게 내려놓고 그대로 20초 동안 놓아둡니다. 그리고 책이 무릎 위에 있는 동안 팔을 뻗어 스트레칭을 하고, 심호흡을 하고, 순수한 호기심으로 주변을 둘러보고, 무엇이 보이는지 어떤 소리가 들리는지에 주목합니다.

책이 무릎 위에 놓여 있을 때 훨씬 더 수월하게 다른 것에 집중할 수 있다는 것을 알아차렸나요? 주변 세상에 집중하고 주의를 기울이기가 훨씬 더 쉽다는 것을 알아차렸나요? 물론 책이 아닌 실제 생각을 가지고 그렇게 하기는 훨씬 더 어려울 겁니다. 그럼 다음 장에서 실제로 해봅시다.

# 6

## 알아채고
## 이름 붙이기

Notice and Name


실제 스모그 속을 걸어본 적이 있나요? 숨이 턱 막히고 제대로 볼 수 없고 걷기도 힘듭니다. 뭔가에 걸려서 비틀거리기 십상이죠. 그런데 '심리적인 스모그' 속에서 길을 잃었을 때는 보통 그것을 깨닫지 못합니다. 그러면서도 걱정과 생각을 곱씹거나 집착에 사로잡혀 몇 시간이고 헤매며 보냅니다.

따라서 우리를 사로잡는 생각에서 벗어나는 첫 번째 단계는 사로잡혔다는 사실을 '알아채는' 것입니다. 이는 거울에 비친 자기 모습에 흠칫 놀라는 것, 여행 중에 길을 잘못 들었다는 걸 알고 바로잡아서 올바른 길로 가는 것, 또는 대화를 하다가 상대방의 이야기를 듣고 있지 않았고 무슨 이야기가 오갔는지 모른다

는 것을 갑자기 깨닫는 것과 비슷합니다. 졸다가 퍼뜩 깨어나서
살짝 놀라는 것 같은 '아하'의 순간입니다.

하루 종일 이 연습을 해보십시오. 언제 심리적인 스모그가 찾
아오는지 살펴보세요. 차 안에서, 자전거를 탈 때, 근무 시간에,
침대에서, 저녁 식사 시간에, 아이들과 놀아줄 때, 샤워할 때, 배
우자와 대화할 때, 개를 산책시킬 때 심리적인 스모그가 찾아오
나요? 그리고 무엇이 스모그를 촉발하는지 되짚어보십시오. 논
쟁, 거절, 실패, 불공정하거나 무시하는 행동, 촉박한 마감일, 큰
기회, 누군가의 얼굴에 드러나는 특정한 표정, 도발적인 말, 어떤
좋은 소식, 어떤 나쁜 소식, 특정 인물, 노래, 영화, 사진 또는 사
랑하는 사람…… 무엇이 스모그를 일으키나요?

또 어떤 종류의 스모그가 당신을 사로잡는지에도 주목하세요.
보통은 걱정, 비난, 자기비판, 절망, 강박, 희망사항, 문제에 대한
고민, 과거의 공포를 다시 경험하는 것, 미래에 대한 최악의 상황
예측 등이 포함됩니다.


## 이름 붙이기의 기술

생각에서 벗어나기 위한 두 번째 단계는 문제의 생각이나 사고
과정에 이름을 붙이는 것입니다. 이렇게 하면 생각으로부터 거리

를 두는 데 도움이 됩니다. 악몽을 꾸다가 깨어나는 것과 약간 비슷합니다. 잠에서 깨면 우선 침실에서 자다가 깨어났다는 사실을 알아채게 되지요. 그런 다음 그 경험에 이름을 붙입니다. '이건 단지 꿈일 뿐이야.' 그럼으로써 당신은 더 확실히 깨어나게 됩니다. 꿈은 한 걸음 더 멀어지고 침실이 더 생생하게 느껴집니다.

다행히도 우리는 이미 친절한 자기 대화와 닻 내리기 연습을 하면서 이 방법을 배웠습니다. 이번 장에서는 그 기술을 더 발전시켜서 힘을 키우고 더 많은 '활력'을 갖는 것이 목표입니다. 이제 당신에게 부정적 영향력을 행사하는 생각을 대상으로 이 기술을 시도해보겠습니다. '나는 나쁜 사람이야', '가치 없는 인간이야', '나는 연약해', '나는 손상됐어' 같은 가혹한 자기비판에도 시도해볼 수 있습니다. 아니면 '나는 아파', '나는 결코 회복되지 못할 거야', '계속할 수 없어'와 같은 두려움도 대상이 될 수 있습니다.

- 생각에 이름 붙이기 연습
-

어떤 생각을 대상으로 할지 정했다면 이제 연습을 시작할 준비는 끝났습니다.

▶ 1단계: 그 생각을 자신에게 말하고, 그것이 당신을 사로잡도록 내버려둡니다. 되도록 많이 그 생각을 받아들입니다.

▶ 2단계: 그 생각에 사로잡혔다는 것을 감지했다면 곧장 그에 주목하고 이름을 붙입니다. 아래에 다섯 가지의 이름 붙이기 방법이 있습니다. 다섯 가지를 모두 해보고 무엇이 당신에게 가장 효과적인지 확인해봅니다.

- 나는……라는 생각을 하고 있어.
- 나는……라는 생각을 주목하고 있어.
- 지금 내 마음이……라고 말하고 있어.
- 내 마음이……라고 말하는 것을 알아챘어.
- 나는……라는 생각을 하는 것을 알아챘어.

계속 읽어나가기 전에 지금 바로 시험해봅니다. 예를 들어 마음이 당신에게 계속 쓸모없는 존재라고 말한다면 먼저 몇 초간 그 생각에 사로잡혀봅니다. 자신에게 말합니다. '나는 쓸모없는 존재야.' 그리고 그 생각이 당신을 사로잡고 잡아채도록 둡니다. 그다음에는 자신에게 이렇게 말합니다. "나는 지금 '나는 쓸모없는 존재야'라는 생각을 하고 있어." 적어도 두세 가지의 다른 생각을 대상으로 이 연습을 해봅니다. 적어도 두세 가지의 다른 이름 붙이기 방법을 사용해보고 어떤 결과가 나타나는지 확인합니다.

이 방법이 도움이 되었기를 바랍니다. 어떤 생각을 알아차리고 그에 이름을 붙이면 보통은 그 생각에서 벗어날 수 있습니다. 적어도 조금은 말이지요. 하지만 그 생각이 사라진다는 의미는 아닙니다. 가끔은 사라지고, 가끔은 그렇지 않을 것입니다. 기분이 더 나아진다는 의미도 아닙니다. 때로는 그럴 것이고, 때로는 그렇지 않을 것입니다. 이 방법은 원치 않는 생각을 제거하거나 감정을 통제하려는 시도가 아닙니다. 그렇기에 그걸 바란다면 곧 실망하거나 좌절할 것입니다. 이름 붙이기는 생각이 움켜쥔 통제력을 되찾아오는 연습입니다. 생각이 더 이상 우리를 지배하지 못하게 하고, 우리를 더 이상 자기 패배적인 행동으로 끌어당기지 않게 하고, 우리의 관심을 빼앗지 못하게 하는 기술입니다. 그럴 때 우리는 현재에 집중하고 참여할 수 있습니다.

만약 효과가 곧바로 나타나지 않으면 다음 단계로 닻 내리기를 합니다. ACE 공식을 살펴보고, '인정하기'의 구성요소에 이름을 붙입니다. 지금 존재하는 생각을 인정하면서 '나는 지금 절망에 대한 생각과 슬픔과 자포자기의 감정을 알아차리고 있어'라고 말합니다. 그러고 나서 몸의 움직임을 충분히 느끼고 지금 하는 일에 집중합니다. 그렇게 생각을 씻어내고 필요한 만큼 이 연습을 반복합니다.

## 패턴에 이름 붙이기

머릿속에서는 수많은 생각이 자주 소용돌이치기 때문에 각각의 생각에 일일이 이름을 붙이는 건 실용적이지 않습니다. 그럴 때는 일정한 생각의 패턴에 이름을 붙이는 것이 좋습니다. 예를 들어, 일이 잘못될 것 같다는 생각에 늘 사로잡힌다면 '걱정하기' 또는 '최악의 시나리오 예상하기'라고 이름 붙일 수 있습니다. 불만과 원망 속에 머무른다면 '불평하기' 또는 '원망하기'라고 이름 지을 수 있습니다. 유용한 결과도 없는데 문제에 대해 끝도 없이 생각한다면 '마음 졸이기' 또는 '생각 곱씹기'라고 부를 수 있습니다. 고통스러운 과거의 기억 속에서 헤맨다면 '과거 속으로 끌고 가기'라고 부를 수 있고, 자신을 계속 비난한다면 '판단하기' 또는 '자기비판하기'라고 부를 수 있습니다. 뭐라고 이름 붙여야 할지 모르겠다면, 언제나 사용할 수 있는 두루뭉술한 용어인 '생각하기'라고 부르면 됩니다.

이 개념을 여러 가지 방법으로 시도해보세요. 당신은 어쩌면 이런 문장을 선호할 수도 있습니다. '지금 내 마음이 비판을 하고 있어.' '지금 걱정을 하고 있어.' '비난하는 걸 알아채고 있어.' '마음이 나를 과거 속으로 끌고 가는 걸 주목하고 있어.' '마음이 나를 사로잡고 있어.' 아니면 간단히 '사로잡고 있어'라고 할 수도 있습니다. 핵심은 당신의 마음이 지금 하는 일에 붙일 수 있는 단어나

문장을 신속하게 생각해내는 것입니다. 자, 이렇게 해봅시다.

- 생각에 사로잡혔다는 것을 알아차린다.
- 어떤 생각이 나를 사로잡았는지 주목한다.
- 그 생각의 패턴에 이름을 붙인다. '아하! 여기 걱정이 있구나.'
- 이름을 붙일 때는 생각이 단어와 이미지의 조합이라는 데 주목한다.
- 생각으로부터 도망치거나 회피하려 하지 않으면서 지금 내가 어디에서 무엇을 하고 있는지 알아챈다.

이 과정을 거치는 동안 스모그가 옅어져서 세상이 더 선명하게 보이는 듯한 가벼움을 느낄 수도 있습니다.

그런 결과를 얻지 못했다면 닻 내리기 연습을 다시 해보십시오.

A: 나를 사로잡고 있는 생각을 인정한다.

C: 몸과 연결된다.

E: 현재에 집중한다.

이 간단한 연습은 우리의 진정한 힘이 어디에 있는지 상기시켜주기 때문에 매우 강력합니다. '생각이 만들어내는 이야기'가 떠오르면 멈추려 하지 말고, 맞붙어 싸우려 하지 말고, 한 걸음

물러서서 생각을 있는 그대로 바라보십시오. 그 이야기가 아니라 우리가 마땅히 집중해야 할 곳에 관심을 쏟으십시오.

## 이야기에 이름 붙이기

'이야기에 이름 붙이기'는 패턴에 이름 붙이기를 대체하는 방법입니다. 지금 겪고 있는 삶의 고통스러운 사건에 대해 책을 쓰거나 다큐멘터리 영화를 만든다고 상상해보세요. 마법 같은 방법으로 당신은 고통스러운 생각, 느낌, 기억을 그 안에 고스란히 기록합니다. 그리고 그 책이나 영화에 '그(the)'로 시작해서 '이야기'로 끝나는 제목을 붙일 겁니다. 이를테면, 그 '삶은 끝났다' 이야기 또는 그 '늙고 외로운' 이야기 또는 그 '절대로 이걸 극복할 수 없어' 이야기처럼 부를 수 있습니다. 제목은 다음과 같아야 합니다.

- 중심 주제를 요약한다.
- 그것이 당신 삶에 있어 큰 고통의 원천이라는 것을 인정한다.

문제를 조롱하거나 하찮게 여기거나 놀리는 문장은 제목이 될 수 없습니다. 원한다면 유머러스한 제목을 붙여도 되지만, 주제를 비하해서는 안 됩니다(그러므로 제목 붙이기를 시도하다가 무시당하거나 비하되거나 자신이 틀린 것처럼 느껴진다면 이 방법은 잊고 패턴에 이름을 붙이세요). 일단 제목을 생각해냈다면, 이름 붙이기의 효과를 강화하기 위해 그 제목을 사용하십시오. 당신을 현실에서 멀어지게 만드는 생각, 느낌, 기억이 떠오를 때마다 알아채고 이름을 붙이십시오. 예를 들면, "아하! 그 '삶은 끝났다' 이야기가 또 왔군" 하는 식으로 말이지요.

몇 년 전, 나오미라는 중년의 심리학자가 내가 진행하는 워크숍에 참석했습니다. 오전 휴식 시간에 나오미는 자신에게 악성 뇌종양이 있다고 털어놨습니다. 모든 전통의학 치료법, 명상, 기도, 신앙을 통한 치유, 창의적 영상, 동종요법, 다양한 식이요법과 약초 치료법, 긍정적인 사고, 자기 최면 등 수많은 대체요법을 시도했지만, 슬프게도 종양은 치료가 불가능했고 그녀에게는 남은 날이 많지 않았습니다. 나오미는 두려움에 대처하고 남은 삶에 최선을 다하기 위해 워크숍을 찾았습니다. 하지만 워크숍에 집중하기는 힘들었습니다. 그녀는 죽음에 대한 생각에 계속 사로잡혔습니다. 사랑하는 사람들과 자신이 죽으면 그들이 어떻게 반응할지에 대해 계속 생각했고, MRI 사진과 종양이 뇌 전체에 계속 퍼져나가는 모습을 '보고' 있었습니다. 또한 자신이 점점 마비에서 코마 상태로 그다음은 죽음으로 진행되고 있다는 생각 속에 살고 있었습니다.

확실한 말기 질환을 앓고 있다면 그것이 함축하는 바에 대해 생각해보는 것은 대개 도움이 됩니다. 유언장에 어떤 내용을 쓸지, 어떤 장례식을 원하는지, 사랑하는 사람들에게 뭐라고 말하고 싶은지, 어떤 형태의 의학적인 치료를 받을지 등을 말입니다. 하지만 개인적인 성장을 목표로 워크숍에 참석했다면 그런 생각에 빠져 있는 것은 도움이 되지 않습니다. 워크숍을 따라갈 수 없고 내용을 놓치게 되기 때문입니다. 나는 나오미의 이야기를 연민의 마음으로 들어주었고, 그녀가 얼마나 큰 고통을 겪고 있는지를 인정했습니다. 그녀의 두려움과 그것이 그녀를 얼마나 힘들게 하는지를 인정했습니다. 그런 다음 이야기에 이름 붙이기 기술에 대해 대화를 나누었습니다. (만약 다짜고짜 이 방법을 설명했다면 그녀는 화를 내거나 자신의 감정을 인정받지 못했다고 느꼈을지도 모릅니다. 그녀의 고통이 얼마나 크고 얼마나 힘든 상황에 처해 있는지 제대로 이해하지도 못한 채 그녀를 '고치거나', '구해주려고' 한다고 느꼈을 것입니다.) 나오미는 자신의 생각에 그 '무서운 죽음' 이야기라는 이름을 붙였습니다.

나는 그녀에게 죽음에 대한 생각이 떠오르거나 두려움이 그녀를 사로잡을 때마다 이름 붙이기를 하라고 했습니다. 그녀는 이 기술을 열정적으로 연습했고, 워크숍 둘째 날 점심시간 즈음 병에 대한 모든 생각으로부터 매우 자유로워졌습니다. 그녀는 여전히 자신의 생각이 모두 사실이라는 것을 알지만, 이제는 지나가는 자동차들처럼 그 생각이 오가게 내버려두고 워크숍에 집중할 수 있게 되었습니다.

원한다면 이 방법에 약간의 가벼움과 유머를 가미할 수 있습니다. 이를테면, 장난스럽게 자신에게 이렇게 말하는 것이지요. "쯧쯧쯧! 자격이 겁나게 없다는 이야기구먼!" 또는 "음, 그 '낙오자' 쇼가 또 시작됐군" 하고 말이지요. 또는 "아하! 또네. 그 낡아빠진 '나는 약해' 이야기 말이지. 이미 잘 알고 있어" 할 수도 있지요. (하지만 이 방법을 시도할 때는 주의해야 합니다. 이로 인해 자신이 조금이라도 하찮게 느껴지거나, 무시당하거나 사소하게 느껴진다면 당장 유머를 중지하고 '패턴에 이름 붙이기'로 돌아가십시오.)

## 마음에 감사하기

앞서 마음은 '과도하게 도움을 주려는 친구'와 비슷하다는 이야기를 했습니다. 도와주려고 안간힘을 쓰지만 잘못된 방향으로 안내하는 친구 말이지요. 그 모든 생각 곱씹기, 걱정, 자기비판, 비난, 절망감 등은 당신이 해를 입거나 상처받지 않게 하려는 마음의 시도라는 것을 확인했습니다. 그걸 알면 '마음에 감사하기'를 연습할 때 도움이 됩니다. 예를 들어, 생각이나 패턴 또는 이야기가 떠오르는 것을 알아채고 그것에 이름을 붙인 다음 자신에게 장난스럽게 이렇게 말할 수 있습니다. '마음아, 고마워. 네가 도우려고 애쓰고 있다는 것 알아. 그런데 괜찮아. 내가 할게. 내가 스

스로 할 수 있어.'

　모든 사람에게 이 기술이 효과적이지는 않지만 대부분에게는 효과가 있습니다(개인적으로 나는 이 기술을 좋아합니다). 가끔 사람들은 내게 말합니다. "왜 내가 마음에 고마워해야 하죠? 마음은 내 삶을 비참하게 만들고 있다고요!" 그러면 이렇게 대답합니다. "이건 단지 생각의 영향력을 없애기 위해 가볍게 말하는 방식일 뿐이에요. 마음과 싸우거나 마음을 멀리 밀어내려는 분투를 멈춰서 당신이 생각을 덜 심각하게 받아들이게 하기 위한 거지요." 하지만 그들이 이해하지 못하면 설득하려고 하지 않습니다. 어떤 기술도 모든 사람에게 적합하지는 않으니까요. 그렇기에 이 방법을 시도해보고 자신에게 효과가 있는지 시험해보기를 권합니다. 이 방법은 대개 우리를 사로잡은 생각에서 벗어나도록 도와줍니다. 만약 도움이 되지 않거나 이 방법을 좋아하지 않는다면 안 해도 됩니다.


## 무력화하기


어떤 생각이 우리를 사로잡지 못하게 하려면 그 생각을 알아채고 그것에 이름을 붙이는 것만으로 충분합니다. 부족하다면 닻 내리기 연습이나 마음에 감사하기를 추가하면 보통 효과를 볼 수 있습니다. 그런데 여기서 한 발 더 나아가 '무력화하기'라고 부르는 추가적인 시도를 해야 할 때도 있습니다. 기본적으로 이 방법은 생각의 힘을 '무력화'하고, 그저 단어와 이미지의 조합일 뿐이라는 생각의 본질을 볼 수 있게 해줍니다. 무력화하기 기술에는 인기 있는 노래 곡조에 맞춰 생각을 조용히 노래로 불러보기, 생각을 다른 목소리로 자신에게 말해보기, 말풍선 안에 생각 써보기, 컴퓨터 화면으로 시각화하기, 만화 캐릭터나 역사적 인물이 당신의 생각을 말하는 장면 상상하기 등이 포함됩니다. 부록 A에 이와 비슷한 연습이 수록되어 있으니 더 많은 도움이 필요하다면 이어지는 내용을 읽기 전에 부록으로 넘어가 시도해 보기 바랍니다.

마음이 하는 여러 이야기를 멈출 수는 없습니다. 하지만 마음이 이야기하는 현장을 잡는 방법은 배울 수 있습니다. 그리고 반응을 선택하는 법도 배울 수 있습니다. 도움이 되는 이야기는 안내자로 삼고, 도움이 안 되는 이야기는 지나가는 차들처럼 그냥 오가게 하면 됩니다.

# 7

# 있는 그대로
# 내버려두기

•  Live and Let Be

호흡이 뭐가 그렇게 중요할까요? 왜 그
토록 많은 종교적 의식이 호흡에 열광하는 것일까요?《구약성
서》에는 하느님이 흙으로 남자를 만들고 콧구멍에 숨을 불어넣
어 생명을 주는 내용이 나옵니다. 고대 그리스 신화에서는 프로
메테우스 신이 진흙으로 인간을 창조하고 아테네 여신이 그에게
숨을 불어넣어서 살아나게 합니다. '영혼spirit'이라는 단어는 '혼
soul' 또는 '호흡breath'을 의미하는 라틴어 단어 스피리투스spiritus에
서 유래했습니다. 마찬가지로 히브리어인 루아ruah도 일반적으로
는 '호흡' 또는 '바람'을 의미하지만 '영혼'을 의미하기도 합니다.
마찬가지로 '심리학psychology', '정신의학psychiatry' 같은 단어를 파생

시킨 그리스어 프시케$^{psyche}$는 '영혼', '영', '호흡'처럼 다양한 의미를 지니고 있습니다. 기독교, 이슬람교, 힌두교, 시크교, 불교, 유대교 등 세계에서 가장 대중적인 모든 종교의 '사색적'이거나 '신비적' 영역에는 더 높은 인식 상태 또는 신성한 경험을 위해 고안된 호흡 훈련이 있습니다.

그러면 호흡과 영성 간의 이 강력한 연결을 어떻게 설명할 수 있을까요? 여러 가지 요인이 있는데, 무엇보다 중요한 것은 호흡과 생명이 명백하게 연결되어 있다는 점입니다. 호흡이 있는 한 당신은 살아 있습니다. 살아 있다는 것은 당신이 의미 있는 뭔가를 언제나 할 수 있다는 뜻입니다. 두 번째로는 호흡 연습이 우리를 매우 진정시켜주고 편안하게 해준다는 것입니다. 호흡은 감정의 폭풍 한가운데서도 마음의 평안을 누리고, 안전과 고요의 감각을 느낄 수 있게 해줍니다. 생각과 감정에 사로잡혔을 때 현실감을 되찾고 지금 여기에서 일어나는 일로 돌아오기 위해 우리는 호흡에 집중할 수 있습니다.

이제 두 가지 호흡 연습을 해보려고 합니다. 먼저 주의사항이 몇 가지 있습니다. 대부분은 이 연습에서 많은 유익을 얻습니다. 그렇기에 많은 자기계발서에서 호흡에 관한 다양한 내용을 만날 수 있는 것이지요. 하지만 소수의 사람들은 호흡에 집중하거나 호흡법을 바꾸려 할 때 현기증, 어지러움, 저리는 느낌, 가슴 답답함 또는 불안 등의 불편한 반응을 보입니다. 그럴 가능성은 희박하지만 만약 그렇다면 다음 지침을 따르십시오. a) 주로 호흡에 초점을 맞춘 연습이라면(이 장의 연습 대부분) 그냥 건너뛰십시오. b) 호흡 자체가 목적이 아니고 '~에 숨 불어넣기' 또는 '느리게 호흡하기(이 장의 연습 일부)'처럼 호흡에 관한 몇 가지 지시사항을 따르고 있었다면 생략하고 나머지 연습만 하십시오.

이제 간단한 연습으로 당신을 초대하고자 합니다. 책을 계속 읽으면서 연습할 수도 있고, 안내사항 먼저 읽은 후에 연습을 위해 책을 내려놓아도 됩니다.

● 숨을 들이쉬고 참았다가 내보내기 연습
●

천천히 크게 숨을 들이쉬고 폐에 공기가 가득 차면 숨을 참습니다. 되도록 오래 숨을 참습니다.

몸속에 숨을 가두고 있는 동안 압력이 점점 높아지는 것을 느껴봅니다.
가슴, 몸, 배에 무슨 일이 일어나는지 주목합니다.
점점 높아지는 긴장과 압력을 느껴봅니다. 머리, 목, 어깨, 가슴, 배의 감각이 변하는 것을 느껴봅니다.

계속 숨을 참습니다.

감각이 어떻게 점점 더 강해지고 불편해지는지 주목합니다. 몸이 얼마나 격렬하게 숨을 뱉어내고자 하는지 느껴봅니다.
마치 이를 전에는 한 번도 접해본 적 없는 호기심 많은 아이처럼 신체적 감각을 관찰합니다.

더 이상 숨을 참을 수 없을 때, 천천히 부드럽게 내쉽니다. 숨을 내쉬는 단순한 즐거움에 감사합니다. 숨을 내쉬는 감각을 주목합니다.

긴장이 풀리는 것을 느낍니다.
폐가 수축하고 어깨가 내려오는 것을 주목합니다. 숨을 내쉬는 단순한 즐거움에 감사합니다.

어떻습니까? 감사함을 느꼈나요? 지금 이 순간과 자신에게 집중하는 느낌을 알아차렸나요? 평온함과 고요함을 느꼈나요?

매일의 일상에서 우리는 너무나 자주 뭔가를 고집스럽게 붙들고 놓아주지 않습니다. 도움이 안 되는 태도와 편견, 비난과 불공평에 대한 생각, 자신의 능력을 제한하는 생각과 오래전의 실패와 고통스러운 기억, 자신과 세상 그리고 다른 사람들에 대한 비현실적인 기대까지…… 우리는 실로 많은 것들을 부여잡고 있습니다. 현실 속에서 아무런 결과도 낳지 못할 고군분투로 우리를 이끄는 '옳은', '틀린', '공평한', '불공평한' 이야기들을 말이지요.

안타깝게도 '내버려두다(Let it go)'라는 문장의 뜻은 종종 잘못 이해되고 있습니다. 이 말은 '멀리 보내버리기' 또는 '고통스러운 생각과 느낌을 제거하기'를 의미하지 않습니다. 생각과 감정을 단단히 붙잡는 대신 느슨하게 풀어주라는 뜻이고, 생각과 감정이 자기 멋대로 떠오르거나 머물거나 사라질 때 붙잡지 말고 그냥 두라는 뜻입니다.

'내버려두다'의 진짜 의미는 '그냥 두자(Let it be)'입니다. 다시 말해 현실에 저항하고 투쟁하고 격투를 벌이는 대신 현실을 있는 그대로 인정하는 것입니다. 현실과의 전투에서 빠져나오는 것입니다. 현실이 늘 이긴다는 것을 이미 알기 때문입니다. (삶을 포기한다는 말이 아닙니다. 이 책의 2부는 삶을 적극적으로 재건하는 데 초점을 맞춥니다. 효과적인 조치를 취하고, 삶을 개선하기 위해 할 수 있는 일이라면 뭐든 하도록 돕습니다.) 이는 계속 생각과 감정에 사로잡혀서 곱씹고, 걱정하고, 집착하고 머물면 아무런 도움도 안 된다는 것을 인정한다는 뜻이기도 합니다. 걱정하고 집착하고, 그 안에 머물러도 이미 일어난 일이나 현실은 바뀌지 않습니다. 지금 이 순간 있는 그대로의 삶에 적응하는 데 도움이 되지 않습니다. 우리 앞에 놓인 문제와 과제에 효과적으로 대응할 수 있도록 돕는 그 어떤 일도 하지 않습니다.

좌절, 비판, 판단, 원망 또는 비난에 매달릴 때마다 그런 우리 자신을 포착할 수 있다면 어떨지 상상해보십시오. 그리고 호흡을

이용해 '손아귀에서 힘을 빼자'라고 상기할 수 있다면 어떨지 상
상해보세요. 관계와 건강 그리고 활력에 어떤 변화가 생길까요?

이제 앞의 연습보다 조금 더 쉬운 연습으로 당신을 초대합니다.


## ● 숨 들이쉬고 셋 세기 연습
●

되도록 천천히 그리고 깊게 숨을 들이마십니다. 그 상태를 셋을 셀
동안 유지합니다. 그리고 아주 천천히, 부드럽게 숨을 내쉽니다.
숨이 가능한 한 천천히 그리고 부드럽게 폐에서 나가게 합니다.

숨을 내쉬면서 어깨를 떨어뜨리고 어깨뼈가 등을 따라 미끄러져
내려오는 것을 느껴봅니다.
그리고 다시 한번 이완되는 감각을 느껴봅니다.
숨을 내쉬는 단순한 기쁨에 감사합니다.
그냥 내버려두는 것이 어떤 느낌인지 알아채봅니다.

이제 한 번 더 해보겠습니다.
천천히 숨을 들이쉰 다음 셋을 셉니다. 그런 다음 되도록 천천히
그리고 부드럽게 숨을 내쉽니다.
숨을 내쉬면서 어깨를 떨어뜨립니다.
다시 한번 숨을 내쉬는 단순한 기쁨에 감사합니다.
그리고 그냥 내버려두는 것이 어떤 느낌인지 알아챕니다.

하루 종일 이 연습을 규칙적으로 하고 어떤 변화가 있는지 알아보기 바랍니다. 활력을 끌어내리는 상처, 원망 또는 비난에 단단히 사로잡힐 때 연습하십시오. 당신을 사로잡은 것이 무엇인지 확인하고 그것에 이름을 붙이는 것으로 시작하십시오. '지금 비난을 느끼고 있어' 또는 '분노를 느끼고 있어' 또는 '지금 내 마음이 과거에 머무르고 있어'와 같이 말이지요. 그런 다음 숨을 들이쉬고 내쉬면서 호흡하십시오. '놓아주자'나 '그냥 두자' 같은 말을 나지막이 하면 도움이 됩니다.

배우자와의 다툼을 계속 생각하거나, 직장에서 상사가 한 불친절한 말을 곱씹거나, 자녀에게 화를 낸 데 대해 계속 죄책감을 느끼고, 삶이 당신에게 얼마나 불공평한지를 자꾸만 생각한다고 가정해보십시오. 이는 모두 '단단히 붙잡고 있는' 모습입니다. 굳이 따로 말하지 않아도 그럴 때 스트레스가 커지고 활력이 사라진다는 것을 이미 알 겁니다. 그러므로 일단 뭔가를 단단히 붙잡고 있다는 사실을 알아챘다면 그다음에 할 일은 정말이지 매우 간단합니다. 당신을 사로잡고 있는 것에 이름을 붙이고, 숨을 깊이 들이쉬고 셋을 센 다음, 아주 천천히 그것을 그냥…… 놓아주십시오.

# 8

## 우리 안에 있는
## 협력자와 화해하기

Our Allies Within

어둠 속에서 기괴한 손이 나타납니다. 손가락 중 두 개는 끝부분이 없습니다. 나머지 두 개와 엄지손가락은 닳아서 뭉툭합니다. 조금 더 긴 두 손가락 사이에 연기 나는 시가가 끼워져 있습니다. 그리고 어둠 속에서 이 흡연자의 얼굴이 등장합니다. 온통 혹과 종기로 뒤덮이고 부풀어 오른 끔찍한 얼굴입니다. 그가 묻습니다. "시가 좋아하나?"

〈빠삐용〉이라는 오래된 영화에 나오는 이 장면을 기억할지 모르겠습니다. 주인공이 캄캄한 해자에 빠진 뒤 나병환자와 마주치는 극도로 긴장되는 순간이지요. 어릴 때 이 장면을 보고 정말 두려웠습니다. 나병이 뭔지 전혀 몰랐지만 무서운 병이라는 건 알았고, 그 병에 걸릴까 봐 몹시 무서웠지요. 그리고 몇 년 후 의과 대학에 다닐 때 나병이 어떻게 사람을 그렇게 끔찍한 모습으로 만드는지 알게 되었습니다. 기본적으로 나병은 신체에 많은 악영향을 끼치는 박테리아 감염으로 인해 걸립니다. 그리고 무척 해로운 증상 가운데 하나는 팔다리 신경에 심각한 손상을 입는다는 것입니다. 신경이 손상되면 통증을 느끼는 능력이 사라집니다. 이 능력이 없으면 큰 곤경에 처하고 말지요. 보통은 날카롭고 뾰족한 못이나 뜨거운 금속판에 손이 닿으면 고통을 느끼고 즉시 손을 뗍니다. 그렇게 해서 부상을 줄이는 것이지요. 그런데 만약 고통을 느끼지 못해서 뾰족한 못이나 뜨거운 판에 손을 계속 대고 있다면 얼마나 크고 심각한 부상을 입을지 한번 상상해보세요. 나병은 이처럼 다발성 부상을 유발하고 손과 발, 손가락과 발가락에 끔찍한 손상을 입힙니다. 이것이 이 장의 중심 내용입니다. 바로 고통에는 목적이 있다는 것 말이지요.

우리는 이 책에서 고통에 대해 빈번하게 이야기하고 있습니다. 현실에 따귀를 맞을 때 얼마나 고통스러운지를 생각하면 당연한 일입니다. 이제 다음 질문들에 대해 잠시 생각해보겠습니다. 우리에게 왜 이 모든 고통스러운 생각과 느낌이 찾아오는 걸까요? 단지 우리를 비참하게 만들기 위해서일까요? 그렇지 않다면 어떤 유용한 목적이 있는 걸까요?

5장에서 우리는 고통스러운 생각을 다루면서 이 주제에 대해 논의했습니다. 마음이 하는 걱정, 생각 곱씹기, 자기비판 같은 고통에는 모두 목적이 있다는 것을 살펴보았습니다. 마음은 우리를 보호하고, 구하고, 조심하게 하려고 애쓰는 것입니다. 마찬가지로 서장에서 해로움과 위험으로부터 우리를 보호하기 위해 신경계가 투쟁과 도피 또는 경직 반응을 보인다고도 했습니다. 이제 감정의 세 가지 중요한 목적에 대해 알아보려고 합니다.

## 감정의 목적: 소통, 동기부여, 조명

감정은 기본적으로 중요한 정보를 가지고 우리를 돕기 위해 찾아오는 메신저입니다. 감정에는 세 가지 중요한 목적이 있습니다. 바로 소통하고, 동기를 부여하고, 조명하는 것입니다.

### 소통하기

소통하기부터 살펴보겠습니다. 다른 사람이 우리 감정을 읽을 수 있다면 그건 그들과 우리 모두를 위해 좋은 일입니다(물론, 그들이 우리를 해치려고 하거나 그 정보를 가지고 우리와 대적하는 경우가 아닐 때 말이지요). 감정은 가치 있는 방법으로 서로 소통할 수 있게 합니다. 예를 들어보겠습니다.

- **두려움으로 소통하기**: '조심해, 위험이 도사리고 있어!' '당신이 위협적으로 느껴져.'
- **분노로 소통하기**: '이건 공평하거나 옳지 않아.' '당신은 내 영역을 침범하고 있어.' '나는 내 것을 지키려는 거야.'
- **슬픔으로 소통하기**: '내게 중요한 어떤 것을 잃어버렸어.'
- **죄책감으로 소통하기**: '내가 잘못했고 그걸 제대로 되돌리고 싶어.'
- **사랑으로 소통하기**: '나는 당신에게 감사해.' '당신이 내 곁에 있었으면 해.'

우리를 걱정하고 우리가 신뢰할 수 있는 사람들과 함께 있을 때 이러한 소통은 매우 중요합니다. 예를 들어, 당신이 두려워하거나 슬퍼하는 것을 본다면 당신의 친구는 대개 친절과 지지로 반응할 것입니다. 만약 당신이 친구에게 상처를 주었고 그로 인해 죄책감을 느끼는 모습을 그가 본다면 친구는 조금 더 쉽게 상처에서 회복될 것입니다. 친구가 한 일 때문에 당신이 화난 모습을 본다면 친구는 아마도 한 걸음 물러서서 다시 생각해볼 것입니다. 물론 우리가 잘못된 신호를 보내거나 다른 이들이 감정을 잘못 해석하거나 부정적으로 반응할 때도 있습니다. 어떤 시스템도 완벽하게 작동하지는 않으니까요. 하지만 소통의 도구로서 감정은 대부분 꽤 잘 작동합니다.

## 동기 부여하기

감정은 또한 '동기부여'를 합니다. '감정', '동기부여', '동작', '움직임'은 모두 라틴어 단어인 모베레[movere]에서 유래했는데 '움직이다'라는 뜻입니다. 감정은 우리를 돕고 삶을 개선하는 특정한 방식으로 우리를 움직입니다.

- 두려움은 우리를 보호하기 위해 도망치고, 숨고, 회피 행동을 하도록 동기를 부여한다.
- 걱정은 상처나 피해에 대해 준비하도록 동기를 부여한다.
- 분노는 우리 입장을 분명히 하고 소중한 것을 위해 싸우도록 동기를 부여한다.
- 슬픔은 우리가 속도를 늦추고, 긴장을 풀고, 일상생활의 요구로부터 벗어나 휴식을 취하고, 회복하도록 동기를 부여한다.
- 죄책감은 우리 행동과 그것이 타인에게 어떤 영향을 주는지 반성하게 하고, 그들에게 상처를 줬다면 보상하도록 동기를 부여한다.
- 사랑은 서로를 다정하게 돌보고, 나누고 보살피도록 동기를 부여한다.

다시 말하지만 감정은 불완전한 시스템입니다. 때로는 도움이 되지 않을 때 나타나서 우리를 사로잡고 문제 행동을 일으키지요. 하지만 대개 이 시스템은 대단히 잘 작동합니다. 우리가 감정과 싸우며 고군분투하지 않는다면 말입니다. 만일 감정과 싸우거나 감정으로부터 도망치려 한다면 우리 스스로 큰 문제를 만드는 셈입니다. 3장에서 했던 '그저 내려놓기 연습'을 기억하나요? 온 힘을 다해 책을 떨어뜨려 들고 있으려 하면 에너지가 전부 소진되고, 집중력이 떨어지고, 효과적으로 행동하기 어려워집니다. 그것이 바로 감정과 싸우거나 감정으로부터 도망치려고 할 때 일어나는 일입니다. 하지만 고군분투를 내려놓고 감정에 공간을 마련해주고 자유로이 오가게 하면, 삶을 개선하기 위해 감정을 사용하는 방법을 발견할 수 있을 것입니다. (2부에 해당 내용이 나옵니다.)

## 조명하기

마지막으로, 감정은 우리에게 중요한 것을 조명합니다. 중요하고 주의를 기울여야 하는 어떤 일이 일어나고 있다고 우리에게 경고합니다. 마음 깊은 곳에서 가장 필요로 하고, 원하는 것에 빛을 비춥니다. 예를 들면 다음과 같은 것들 말이지요.

- 두려움은 안전과 보호의 중요성을 조명한다.
- 분노는 우리 영역을 지키고, 경계를 보호하고, 입장을 취하고, 우리 것을 지키기 위해 싸우는 일의 중요성을 조명한다.

- 슬픔은 상실을 겪은 뒤 휴식과 회복의 중요성을 조명한다.
- 죄책감은 다른 사람들을 대하는 방식과 사회적인 관계 회복의 중요성을 조명한다.
- 사랑은 연결, 친밀감, 유대, 보살핌, 나눔의 중요성을 조명한다.

다시 말해, 감정에는 지혜가 들어 있습니다. 감정과 싸우거나 감정에 관심을 갖지 않으면 이 지혜에 접근할 수 없습니다. 반면, 감정에 마음을 열고, 감정을 위한 공간을 마련하면(다음 장에 나오는 것처럼) 그때부터는 완전히 다른 이야기가 펼쳐집니다. 2부에서 우리는 생각과 감정 둘 다로부터 이 지혜를 얻는 방법을 살펴보고 삶을 재건하기 위해 이를 실제로 사용해볼 것입니다.

감정을 적이 아닌 협력자로 볼 수 있기를 바랍니다. 감정을 외면하면 할수록 우리는 더 많은 것을 놓치고 맙니다.


## 감정을 차단할 때 놓치는 소중한 것

"더피 씨는 자신의 몸과 얼마간 거리를 두고 살았다."

— 제임스 조이스James Joyce, 《더블린 사람들》 중에서


나는 이 인용문을 정말 좋아합니다. 솔직히 아직 《더블린 사람

들》을 읽지 않아서 더피 씨가 왜 그의 몸과 거리를 두고 살았는지 모르지만, 그렇게 사는 사람이 더피 씨 한 사람만은 아니라는 건 확실합니다. 우리 모두는 몸과 마음의 분리를 겪곤 합니다. 특히 우리 몸이 고통의 감정으로 가득할 때 더욱 그렇습니다. 이해할 수 있는 일입니다. 물속에 무서운 백상아리가 있다는 걸 알면 우리는 물에서 멀리 떨어져 있을 겁니다. 마찬가지로 우리 몸에 있는 고통스러운 감정을 마주치리라는 것을 알면 몸으로부터 거리를 두고 싶을 수밖에 없습니다.

때로 자율신경계는 우리를 위해 감정을 '차단'하고 무감각하게 만드는 결정을 내립니다. 우리 스스로도 약물이나 마약, 알코올로 자신을 마비시키는 선택을 흔히 합니다. 그리고 무엇보다도 우리는 '산만함'을 통해 우리 몸과 분리됩니다. '정신을 집중하지 못하게 하다distraction'라는 단어는 '갈라지다apart'를 의미하는 라틴어 단어 디스dis와 '끌어당기다draw'를 의미하는 라틴어 단어 트라헤레trahere에서 왔습니다. 스스로 정신을 집중하지 못하게 한다는 것은, 뭔가 불쾌하고 원하지 않는 것으로부터 우리를 '분리'시킨다는 의미입니다. 자신을 고통스러운 감정에서 분리한다는 것은 '그 감정을 담고 있는 집인 몸으로부터' 분리된다는 뜻입니다. 어떤 물질을 이용하든, 정신을 집중하지 못하게 하든, 미주 신경 세포에 의해 비자발적으로 무감각해지든, 몸과 더 많이 분리될수록 더 많은 문제가 생깁니다. 아마도 가장 흔한 문제는 점점 더 활력이 사라지는 끔찍함일 것입니다. 사람들은 다양한 표현으로 이 상태를 묘사합니다. 무감각, 텅 빈, 공허한, 내면이 죽은, 빈 껍질, 껍데기, 좀비, 걸어 다니는 시체, 아무것도 느끼지 못하는, 반만 살아 있는, 간신히 숨만 쉬는, 죽은 듯한 등의 표현을 사용하지요. 이런 표현은 '활력'의 정반대 상태를 묘사합니다.

활력이라는 단어는 '생명$^{life}$'을 의미하는 라틴어 단어 비타$^{vita}$에서 왔습니다. 활력은 우리 안에 있는 에너지, 동력, 열정, 삶에 대한 감사, 완전히 살아 있음을 느끼고 세상에 온전히 집중할 수 있는 능력, 즉 삶을 살아가는 힘을 말합니다. 몸은 우리를 살아 있게 하고, 감정은 우리가 살아 있음을 일깨워줍니다. 따라서 몸에서 분리되면 활력을 잃는 건 전혀 놀라운 일이 아닙니다.

하지만 문제는 거기서 그치지 않습니다. 수많은 과학 연구는 몸과 분리되면 앞서 설명한 감정이 담고 있는 지혜를 얻을 수 없고, 그로써 여러 면에서 고통스러운 결과가 초래된다고 말합니다. 예를 들면 다음과 같습니다.

- 충동과 욕구에 대한 통제력이 떨어져 공격성, 마약, 알코올 남용, 과식 같은 행동에 더 빠져든다.
- 자기 인식이 부족해지고 판단력이 손상되며 종종 나중에 후회할 '나쁜 결정'을 한다.
- 타인의 감정을 읽는 데 어려움을 겪는다. 이는 자기 인식 부

족과 결합되어 관계에 갈등과 긴장감을 유발한다.

- 타인과 친밀해지기 어렵고, 이로 인해 단절과 외로움을 겪는다.

감정에서 분리될 때 발생하는 이러한 부작용을 듣고 많은 사람이 놀랍니다. 자, 그렇다면 왜 이런 일이 일어나는 걸까요?

## 감정을 인식하지 못한다면

어린 시절, 선생님이 교실에서 나갔던 때를 기억하나요? 무슨 일이 일어나나요? 난리가 납니다. 네, 우리 감정에도 똑같은 일이 벌어집니다. 인식은 선생님이고, 감정은 아이들입니다. 우리가 감정을 인식하지 못할 때 그들은 마구 소란을 피우고, 대혼란과 폭동을 일으킵니다. 감정을 인식하지 못할수록 감정이 우리 행동을 더 강하게 조종합니다. 줄에 매달린 꼭두각시처럼 홱 잡아채고, 문제를 악화시키는 행동 패턴으로 쉽게 끌고 갑니다. 선생님이 교실로 돌아오면 아이들은 곧바로 조용해집니다. 우리가 감정을 인식할 때도 같은 일이 일어납니다. 감정은 우리를 골치 아프게 하는 영향력을 잃어버립니다.

교실 밖에 있는 선생님은 아이들이 교실에서 어떻게 하고 있는지 전혀 모릅니다. 우리가 감정으로부터 분리되어 있을 때도 마찬가지입니다. 이것을 '자기 인식의 결핍'이라고 합니다. 친한 누군가가 당신에게 이런 말을 한 적이 있나요? '기분이 안 좋아 보이는데.' '왜 짜증이 났어?' '좀 처져 보이는데.' '괜찮아?' 그 말에 당신은 어떻게 반응했나요? 깜짝 놀랐나요? '기분 안 나빠', '아니, 나 괜찮아!'라고 대답했나요? 자신도 모르게 목소리 톤이 올라가거나 왜 그런지도 모르면서 통명스럽게 대답한 적이 있나요? 아니면 뚜렷한 이유 없이 과식하거나 과음하거나 오래 울어 본 적이 있나요? 아니면 나중에 '바보 같은' 짓이었다고 생각할 결정이나 '내가 왜 그랬을까?' 하고 의아해할 결정을 내린 적이 있나요? 이는 모두 감정을 제대로 인식하지 못해서 흔하게 일어나는 상황입니다.

다른 사람과 상호작용을 하며 하루를 보낼 때 우리 몸은 일어나는 일을 기반으로 감정을 계속 만들어냅니다. 그리고 이 감정은 그것에 접근할 수 있는 한 정보의 노다지입니다. 비유를 들어 설명하겠습니다. 소리를 켜지 않고 영화를 본 적이 있나요(만약 없다면 잠시 그렇게 해보십시오)? 영화를 보는 즐거움이 얼마나 줄어드나요? 화면은 멋집니다. 하지만 음악, 대사, 효과음이 없다면 많은 것을 잃어버릴 수밖에 없습니다. 내용을 어느 정도는 따라갈 수 있지만, 만족감이 현저히 줄어들고 잘못 해석하거나 무슨 일이 일어나고 있는지 놓칠 수 있습니다. 이것이 감정에서 분리된

채로 다른 사람들과 소통할 때 일어나는 일입니다. 이럴 때 우리는 상대방의 의도나 감정을 잘못 읽거나, 그들이 원하거나 원하지 않는 것을 파악하지 못하거나, 우리의 말과 행동이 그들에게 어떤 영향을 미치는지 알지 못합니다. 그럼으로써 관계에 어려움을 겪습니다.

마지막으로 사랑과 친밀감을 생각해보십시오. 사랑하고 서로 보살피는 관계는 보통 즐거운 감정을 낳지만, 몸에서 분리되면 그러한 즐거움을 누릴 수 없습니다. 대신 그 상황에서 무감각과 공허함을 느낄 겁니다. 이것은 내밀한 기쁨을 불쾌한 경험으로 만들고 단절과 외로움을 초래하며, 종종 친밀함을 피하게 만듭니다.

몸과 더 '거리를 둘수록' 감정을 파악하기 어려워지고, 이는 엄청난 불이익으로 다가옵니다. 현실에 따귀를 맞고 생긴 문제들은 점점 더 커집니다. 수많은 과학 연구가 '몸과 다시 연결'될 때 건강과 행복에 큰 변화가 찾아온다고(그리고 트라우마에서 회복되는 데 이것이 중심 역할을 한다고) 말하는데 이는 전혀 놀라운 일이 아닙니다. 바로 이런 이유로 닻 내리기 연습에서 반복해서 '감정을 인정하고' '몸과 연결되는' 훈련을 한 것입니다. 움직이고, 스트레칭을 하고, 호흡을 하고, 자세를 바꾸는 이 모든 동작은 단순하면서도 하루 종일 몸과 연결될 수 있는 실제적인 방법입니다(이 간단한 동작들은 시작에 불과합니다. 뒤에서 살펴보겠지만 훨씬 더 많은 동작을 할 수 있습니다).

## 몸과 마음의 연결

요약하겠습니다. 마음이 이 모든 고통스러운 생각과 느낌을 만들어낼 때 그건 사실 당신을 돕기 위해서입니다. 마음이 만들어내는 모든 불편함, 그러니까 힘든 생각, 투쟁 또는 도피 반응, 고통스러운 감정과 느낌, 무감각과 공허함은 하나의 중요한 목적에 복무합니다. 몸과 마음이 당신을 보호하기 위해, 상처받거나 해를 당하지 않게 하려고 열심히 일하는 것입니다.

'잘 알겠어요. 하지만 난 여전히 그것을 좋아하지 않아요'라고 생각할 수 있습니다. 동의합니다. 누구도 고통과 불편함을 좋아하지 않습니다. 누구도 그걸 원하거나 선택하지 않습니다. 단지 현실에 고난이 찾아왔고, 당신의 마음과 몸은 자신들이 아는 최선의 방법으로 반응할 뿐입니다. 당신은 이 모든 고난을 요청하지 않았습니다. 삶이 당신에게 부여했을 뿐이지요. 정말 고통스럽기 짝이 없는 일입니다. 삶이 이토록 심하게 상처를 줄 때 우리에게는 친절이 필요합니다. 감정으로부터의 도피는 결코 친절한 방법이 아닙니다. 장기적으로 수많은 문제를 일으키기 때문입니다. 우리는 이 힘든 감정에 근본적으로 다르게 반응할 필요가 있습니다. 다음 장에서 이에 대해 집중적으로 살펴볼 것입니다.

이번 장을 통해 감정을 다른 시각으로 볼 수 있게 되었기를 바랍니다. 계속해서 감정을 알아채고 그것에 이름을 붙이세요. '여기 슬픔이 있어', '분노가 느껴져', '죄책감을 가지고 있어'와 같이 말이지요. 동시에 어떤 감정이 정확하게 무엇인지 완전히 이해되지 않아도 그 감정 역시 당신을 위하고자 한다는 것을 인정하십시오. 자신에게 나지막하게 이렇게 말할 수도 있습니다. '이 감정은 나를 괴롭히려는 게 아니야. 나를 돕기 위해 지금 여기에 있는 거야.'

# 9

# 호기심으로
# 관찰하기

a Curious Look

메스꺼움의 물결이 당신을 덮칩니다. 시야가 가물가물해지고 안개가 낀 것처럼 희미해지다가 몇 초 만에 완전히 캄캄해집니다. 목구멍은 거의 마비되어 말하거나 삼킬 수 없게 됩니다. 그리고 이어지는 2~3분 내에 더 이상 숨을 쉴 수 없을 만큼 몸 전체가 마비되어갑니다. 테니스공보다도 작은 생물인 맹독성 파란고리문어의 작은 새 부리 같은 입에 물리면 당신의 삶은 이렇게 마감될 것입니다.

내 친구 패디 스프루스는 이런 질문을 즐겨 합니다. "만약 수영을 하다가 파란고리문어를 발견했다면 어떻게 할래? 그걸 집어 들어 멀리 쫓아버리거나, 무시할 거야? 아니면 그냥 관찰할 거야?" 우리는 이 중 무엇이든 선택할 수 있습니다. 하지만 처음 두 가지 선택은 치명적입니다. 파란고리문어는 원래 공격적이지 않지만 집어 들거나 위협을 가하면 당신을 물 것이기 때문입니다 (공격하기 전에 문어 촉수에 있는 파란 고리가 갑자기 빛나는 걸 보게 될 겁니다). 두 번째 선택인 무시하기는 그 문어가 얼마나 치명적인지를 안다면 하기 힘든 선택입니다. 게다가 문어가 어디에 있는지 주의를 기울이지 않는다면 우연찮게 문어 쪽으로 헤엄을 칠 수도 있습니다.

그렇다면 확실히 세 번째인 관찰하기가 가장 좋은 선택지입니다. '잠깐만요, 다른 선택지도 있는 것 같은데요. 문어로부터 멀리 헤엄쳐서 벗어날 수도 있잖아요'라고 생각할 수도 있습니다. 네, 그럴 수도 있습니다. 하지만 파란고리문어는 개방된 공간에서 헤엄치기보다 바위 밑에 숨어 있는 걸 더 좋아하기 때문에 가만히 지켜보기만 한다면 금방 당신을 남겨두고 지나갈 겁니다. 그리고 집어 들거나 위협하지만 않으면 완벽하게 안전하다는 것을 안다면 당신 역시 헤엄쳐서 멀리 도망가기보다 우선 문어를 잘 살펴보고 싶지 않을까요?

이 작은 바다 생물은 '고통스러운 감정'의 훌륭한 은유입니다. 만약 그걸 붙잡거나 쫓아버리거나 무시하면 결과는 대개 좋지 않습니다. 불행히도 우리 대부분은 감정을 마치 이 위험한 문어처럼 대합니다. 가까이 있으면 편안하지 않기에 어떻게 하면 쫓

아버릴 수 있는지 알아내려고 안간힘을 씁니다. 이런 태도는 에너지를 소진시키고 활력을 빼앗습니다. 하지만 우리 감정은 문어와 달리 위험하지 않습니다. 호기심을 갖고 가만히 관찰하면 감정은 절대 우리를 상처 입히거나 해칠 수 없습니다. 파란고리문어처럼 곧 지나가버립니다.

이제 당신이 해양생물학자고 파란고리문어를 천연의 환경에서 관찰하기 위해 약간의 비용을 지불했다고 가정해봅시다. 안전하다는 것을 알면 그것에 완전히 매료되어 관찰할 것입니다. 문어의 모든 움직임이 궁금할 것입니다. 리듬감 있게 움직이는 촉수를 바라보고, 문어 몸에 있는 아름다운 패턴과 색채를 발견할 것입니다. 그것을 놀라운 자연의 예술작품으로 바라보고 감탄할 겁니다. 감정의 영향력을 없애려면 바로 이처럼 열린 마음과 호기심 가득한 관심을 가져야 합니다.

다시 말해, 고통스러운 감정이 일어나면 그에 휘말리거나 맞서 싸우거나 그것으로부터 도망칠 필요가 없습니다. 대신 그것을 관찰하고, 그것을 위한 공간을 마련하고, 그것이 때에 따라 오가고 머무는 것을 허락하면 됩니다. 만약 당신의 마음이 관찰이 도움이 되지 않는다며 항의, 위협, 걱정, 판단 또는 여타 형태의 저항을 하고자 한다면 그렇게 말하도록 내버려두고 계속 책을 읽어나가기 바랍니다.

## 느낌, 감정, 감각

많은 사람이 느낌, 감정, 감각의 차이를 혼동합니다. '느낌'은 매우 다양한 방식으로 사용되는 단어라 가장 설명하기 어렵습니다. 느낌은 감정을 표현하는 용어로도 사용되는데, 슬픔 또는 분노(이 책에서는 이 방식을 자주 사용했습니다) 등의 단어로 표현됩니다. 목이 마른 느낌, 배가 고픈 느낌, 아픈 느낌, 피곤한 느낌처럼 생리적 상태를 표현할 때도 사용됩니다. 가장 흔하게는 '감각'의 동의어로 사용됩니다. 이를테면 걱정할 때 가슴이 답답해지거나, 뜨거운 난로에 실수로 손을 댔을 때 손가락이 불붙는 것 같거나, 얼어붙는 상태가 되어 무감각해지는 것처럼 우리 몸이 감각하는 모든 것을 가리킬 때 사용됩니다.

'감정'이라는 용어 역시 규정하기 어려운데 전문가들도 완전히 일치된 의견으로 정의 내리기를 어려워합니다. 그래도 모두가 동의하는 정의는 분명 있습니다. 예를 들어, 거의 모든 전문가가 감정이 소통과 동기부여 그리고 조명하기에 사용된다는 데 동의합니다. 또한 신체적인 차원에서 감정은 신경계(뇌, 신경 시스템 등)의 변화, 심혈관계(심장과 혈관계 등)의 변화, 호르몬(혈액의 '화학적 전달물질')의 변화를 포함합니다. 이런 변화는 과학적인 도구로 측정할 수 있지만, 이는 우리가 일상적으로 감정을 경험하는 방법은 아닙니다. 열린 자세와 호기심을 가지고 감정을 대면할 때, 우리가 마주하는 모든 것이 생각과 감각입니다. (기억하세요. '생각'은 우리 머릿속에 있는 단어와 이미지고, '감각'은 우리가 몸으로 느끼는 것입니다.)

감정을 이해하는 가장 좋은 방법은 스스로 확인해보는 것입니다. 호기심을 갖고 당신의 감정을 관찰해보세요. 그러면 감각으로 구성된 뭔가, 혹은 단어와 이미지로 구성된 뭔가를 발견할 것입니다. 그도 아니면, 이미지와 단어, 감각이 복잡하게 서로 얽혀 있는 다층적인 태피스트리(여러 가지 색실로 그림을 짜 넣은 직물-옮긴이)를 발견하게 될 것입니다. 그리고 특정한 생각이나 감각을 확대하거나 축소해가면서 전체적인 모습을 살펴볼 수 있습니다.

좀 더 명확히 이해하기 위해 좋아하는 영화 한 편을 생각해보세요. 1초간 영화를 본다면 그때 확인할 수 있는 건 소리와 이미지뿐입니다. 우리는 그 소리와 이미지를 영화라고 부르지 않습니다. 소리와 이미지를 두고 영화의 전부라고 하지 않습니다. 감정도 이와 비슷한 방식으로 생각할 수 있습니다. 감정은 수많은 감각과 생각을 엮은 풍부하고, 강렬하며, 다층적인 창조물입니다.

우리 안에 있는, 보통은 멀리 쫓아버리고 싶은 위협적이고 불쾌하고 고통스러운 감정을 호기심을 갖고 열린 자세로 기꺼이 정직하게 관찰한다면 그로부터 뭔가 도움이 되는 것을 발견할 수 있을 것입니다. 감정이 생각처럼 크지 않다는 것과 여유를 갖고 감정을 대할 수 있다는 것을 알게 될 겁니다. 불쾌하긴 하지만 감정이 우리를 해칠 수 없다는 걸 알게 될 겁니다. 우리를 떨리게는 해도 우리 팔다리를 통제하지는 못한다는 것을 알게 될 겁니다. 감정으로부터 도망치거나 숨을 필요가 없고 그것과 싸우거나 몸부림칠 필요도 없다는 것을 알게 될 겁니다. 그러면 감정으로부터 자유로워지고 감정을 통제하는 대신 삶을 개선하는 데 시간과 에너지를 사용할 수 있습니다. 진정한 호기심 없이는 이 사실을 결코 알 수 없습니다.

고통스러운 감정이 떠오르면 보통 우리는 그에 대해 궁금해하지 않습니다. 가까이서 그 감정을 연구하고, 감정이 무엇으로 이뤄졌는지 관찰하고자 하는 마음이 없습니다. 감정에서 배우겠다는 생각도 전혀 들지 않습니다. 대부분은 고통스러운 감정에 대해 전혀 알고 싶어 하지 않습니다. 그 감정을 잊어버리고 싶고, 신경쓰고 싶지 않고, 가능한 한 빨리 없애버리고 싶어 합니다. 자세히 살펴보는 대신, 본능적으로 거부합니다. 병들거나 기형이 된 신체를 봤을 때 자동적으로 움츠러들고 외면하는 것과 매우 비슷합니다. 자동적인 반응이지만 연습을 통해 변화할 수 있습니다.

의사로 일하면서 나는 인간의 신체가 엄청나게 다양한 방식으로 변형된 모습을 봤습니다. 수포성 피부병, 끔찍한 화상 흉터, 무자비한 암과 에이즈, 면역 이상으로 뒤틀리고 부어오른 관절, 외과적 절단으로 인한 사지 상실, 기형인 머리와 희귀한 유전병으로 인해 뒤틀린 척추, 터질 듯 부푼 배, 간 질환으로 인해 노랗게 된 피부 그리고 노화, 질병, 죽음으로 인해 신체 상태가 악화된 모습을 무수히 목격했습니다.

의사가 되기 전에는 이런 상태에 있는 사람들을 보면 충격과 두려움 그리고 혐오감을 느꼈습니다. 하지만 몇 년 동안 점차 불편한 몸 너머에 연결되어 있는 인간의 내면을 보는 법을 배웠습니다. 따뜻함과 호기심, 열린 자세로 관심을 갖는 방법을 배웠고, 시간이 지날수록 혐오감과 두려움이 사라졌습니다. 그리고 그 자리에 친절과 연민이 자리를 잡았습니다. 하지만 이는 내가 기꺼이 그렇게 하기로 했고, 열린 자세를 가졌기에 일어난 일입니다. 자동적으로 일어나는 감정적 반응을 위한 공간을 만들고 그것들이 나를 조종하지 않게 했기 때문입니다. 하려고만 하면 우리 모두 이러한 변화를 이룰 수 있습니다.

이 지점에서 매우 다른 두 가지 유형의 호기심이 있다는 데 주목해봅시다. 우선 냉담하고 초연하고 무신경한 호기심이 있습니다. 연구실의 과학자가 쥐나 원숭이를 대상으로 실험할 때 가질 법한 호기심입니다. 다음은 보살피기 위한 따뜻한 호기심입니다. 친절한 수의사가 아픈 동물을 치료해주려고 애쓸 때 갖는 호기심입니다. 아마 차갑고, 공감능력이 없고, 오직 병에만 관심을 보이고, 진단과 치료에만 신경 쓰는 의사를 만난 적이 있을 겁니다. 그들은 아픈 환자의 몸속에 있는 내면의 인간에게는 거의 관심이 없습니다. 그리고 정반대의 의사도 만나봤을 겁니다. 그들은 따뜻하고, 친절하고, 보살피기 위한 호기심을 가졌습니다. 그들은 인간을 첫 번째로 그리고 가장 중요하게 생각하고, 전체적인 한 인간을 다루지 병의 상태만을 다루지 않습니다. 어떤 의사에게 치료를 받고 싶은가요?

'호기심'이라는 단어는 '주의 깊은' 또는 '부지런한'을 의미하는 라틴어 단어 큐리오수스<sup>curiósus</sup>에서 유래했습니다. 이 단어는 또 '보살핌'을 의미하는 라틴어 단어 쿠라<sup>cūra</sup>에서 왔습니다. 내게는 매우 흥미로운 발견입니다. 자기자비를 연습할 때 우리는 자신을 보살핍니다. 자신의 느낌에 관심을 갖고, 느낌에 대한 반응에 관심을 갖습니다. 반면 감정 회피는 대개 무신경한 행동입니다. 우리는 감정을 없애려는 시도에 너무나 집중해서 결국 자신에게 해를 끼치거나 그 과정에서 삶을 위축시킵니다. '쿠라'는 '치료<sup>cure</sup>'의 유래이기도 한데, 이는 매우 적절해 보입니다. 호기심은 감정 치유에서 매우 본질적인 역할을 하기 때문입니다. 바로 고통으로부터 도망치려고 하는 대신, 다가가서 조사하고 탐험하고 궁극적으로 고통에 공간을 마련해주는 역할을 말이지요. 이것이 진정한 보살핌과 치유의 행동입니다.

자, 다음번에 외로움, 원망, 걱정, 죄책감, 슬픔, 분노 또는 공포가 느껴진다면, 그 감정에 진정한 호기심을 가져보면 어떨까요? 그 감정에 빛을 비추고 전시회에 전시된 작품인 양 연구해보면 어떨까요?

좀 더 호기심을 갖고 극심한 스트레스와 불편을 들여다보면 그것이 두 가지 중요한 요소로 이루어졌음을 발견할 수 있습니다. 하나는 우리 머릿속에 있는 모든 단어와 이미지, 즉 믿음, 생각, 가정, 이유, 규칙, 판단, 인상, 해석, 기억으로 이루어진 이야기의 줄거리입니다. 그리고 다른 하나는 신체 감각입니다. 우리 몸 안에 있는 모든 느낌과 감각이죠. 이것이 우리가 다음에 초점을 맞출 내용입니다.


## 감정을 위한 공간 마련하기

그렇습니다. 예상하다시피 또 다른 연습을 할 시간입니다. 이제 분노, 슬픔, 죄책감, 두려움, 외로움, 무감각, 공허함 같은 힘든 감정에 어떻게 마음을 열고 그것을 위한 공간을 마련할 수 있을지 배울 것입니다. 하지만 먼저 잠시 멈추고 당신의 마음이 이를 어떻게 느끼는지 살펴보기 바랍니다. 마음이 이 연습에 열정적이고, 호기심에 차 있고, 기대하고 있나요? 아니면 방어적인 태도로 이렇게 말하고 있나요? '싫어요! 나는 이 감정을 없애고 싶지, 이 감정을 위한 공간을 마련하고 싶지 않아요!'

만약 후자라면 아마도 당신의 마음은 우리가 왜 이 중요한 일을 하려는지 잊고 있을 것입니다. 이 감정을 피하기 위해 하는 모든 일이 단기적으로는 효과가 있지만 장기적으로는 그렇지 않다는 것을 살펴보았던 3장을 떠올려보세요. 감정을 피하고 없애기 위해 노력과 에너지를 쏟으면 쏟을수록 더 피곤하고 지치게 되고, 직면한 모든 고난 속에서 효율적으로 행동하기 힘들어지고, 삶의 모든 영역에 관여하기 어려워집니다. 그리고 이전 장에서 감정을 분리할 때 치르는 대가에 대해서도 살펴보았습니다. 감정과의 씨름을 멈추고 감정이 자유롭게 당신에게 흘러왔다가 흘러가게 내버려두는 방법을 배우는 것이 자기자비의 행동입니다. 이는 '감정 자체를 위해서'가 아닙니다. 삶을 다시 만들어가기 위해서입니다.

연습을 시작하기 전에 몇 가지 알릴 내용이 있습니다. 첫째, 연습을 하면서 호흡과 관련해서 힘든 부분이 있다면 모든 지시사항을 무시해도 됩니다.

둘째, 이 연습은 닻 내리기로 시작됩니다. 필수적인 사항이니 건너뛰지 않기 바랍니다. 그리고 어느 지점에서 너무 힘들어지면, 연습을 멈추세요. 그리고 현실감을 되찾을 때까지 닻 내리기를 하세요.

셋째, 처음에는 걸음마를 하듯이 연습해도 괜찮습니다. 누구도 처음부터 당신이 걷잡을 수 없이 번지는 건물의 화재를 진압하는 소방관이 되리라고 기대하지 않습니다. 소방관 훈련생은 특별히 설계된 훈련장 안에서 주의 깊게 통제된 조건 아래, 작고 안전한 불을 끄는 훈련부터 시작합니다. 수많은 훈련을 거듭하고 자신의 장비 안팎을 모두 파악하고, 모든 기술과 동작을 숙지한 후에만 실제 화재 진압을 위해 출동합니다.

힘든 감정을 위해 공간을 마련할 때도 비슷한 접근법을 이용하는 것이 좋습니다. 따라서 전에 이와 비슷한 연습을 해본 적이 없다면 가장 고통스러운 감정을 가지고 연습을 시작하지 마십시오. 일상의 일부인 수백 가지의 조바심, 좌절, 실망, 슬픔, 불안 등 더 작고 덜 힘든 감정에서부터 시작하십시오. 몸 어딘가에 느껴지는 작은 감각 하나로 시작해도 좋습니다. 이후 시간이 지나면 점차 더 큰 것을 대상으로 연습할 수 있습니다.

- 감정 알아채기 연습

잠시 닻 내리기를 합니다. 당신의 감정을 인정하고, 몸과 연결되고, 주변 세계에 집중하면서 현실감을 느낄 때까지 자신만의 방식으로 연습합니다.
그런 뒤에 잠시 멈춥니다.

이제 당신은 발견을 위한 항해를 시작하려고 합니다. 힘든 감정을 탐색하고 새로운 눈으로 그것을 바라볼 겁니다. 지금 그런 감정이 일어나지 않는다면, 그 감정을 끄집어낼 수 있는지 살펴봅니다. 현실의 고난과 그것이 지금의 당신에게 어떠한 영향을 미치고 있는지 생각해봅니다. 이제 힘든 감정이 떠오를 겁니다.

천천히, 부드럽게 숨을 쉬고 몸에 관심을 집중합니다.
머리부터 시작해서 천천히 아래로 내려갑니다. 몸 어느 부분에서
그 감정이 가장 강하게 느껴지는지 살펴봅니다. 이마, 눈, 턱, 입,
목구멍, 목, 어깨, 가슴, 복부, 골반, 엉덩이, 팔, 다리 중 어디인가
요? (만약 무감각하다면, 무감각이 가장 크게 느껴지는 곳이 어디인지에 집중합니
다. 대개는 가슴과 복부에서 느낍니다.)

힘든 감정이 어디에서 느껴지는지 확인했다면, 매혹적인 심해생
물을 발견한 해양생물학자가 된 것처럼 눈을 크게 뜨고 호기심을
갖고 관찰합니다. 그것이 어디에 있는지, 어떤 느낌인지, 어떻게
행동하는지, 새로운 사실을 발견할 수 있는지 살펴봅니다.

감정의 에너지 파동 또는 진동에 주목합니다. 그 안에 있는 겹겹의
'층위'에 주목합니다.
그것이 어디에서 시작되고 어디에서 끝나는지 살펴봅니다.

감정이 당신 안 깊은 곳에 있습니까? 아니면 표면에 있습니까? 움
직이고 있습니까? 아니면 멈춰 있습니까?

이 느낌을 당신 안에 있는 물체라고 상상해봅니다. 그것의 모양과
크기는 어떻습니까? 가벼운가요, 아니면 무거운가요?
온도는 어떻습니까? 뜨거운 부분이나 차가운 부분이 느껴지나요?
색깔은 어떤가요? 투명한가요, 아니면 불투명한가요?

그 물체의 표면을 만져보면 어떤 느낌일까요? 뜨거운가요? 아니면 차가운가요? 부드러운가요? 아니면 딱딱한가요? 거친가요? 아니면 매끈한가요?

그 감정에 어떤 저항감을 가지고 있습니까? 몸이 그것 옆에서 긴장합니까? 당신 마음이 항의하거나 조바심을 치고 있나요?

▶ 감정에 이름 붙이기
감정을 확인했다면 이제 이름을 붙입니다. 조용히 자신에게 이렇게 말합니다. '지금 두려움이 느껴져.' '분노가 느껴져.' '죄책감을 느끼고 있어.' (정확한 이름을 붙이기 어렵다면 '지금 고통이 있어', '지금 스트레스가 있어', '지금 무감각이 있어'라고 말합니다.)

그리고 그 감정이 매혹적인 심해생물인 것처럼 계속해서 관찰합니다. 이전과의 가장 큰 차이는 그것이 이름을 가졌다는 것입니다. 당신은 지금 당신이 다루는 것이 무엇인지 압니다.

▶ 감정에 숨 불어넣기
천천히 그리고 깊이 숨을 들이쉬고, 당신의 숨이 그 감정 주변으로 흘러 들어간다고 상상합니다.
숨이 흘러 들어갈 때면 마치 당신이 확장되는 것 같습니다. 당신 안에 하나의 공간이 열리는 것 같습니다.

이 공간은 인식의 공간입니다.

대양이 그 속에 사는 모든 생물을 위해 공간을 제공하는 것처럼, 당신의 넓은 인식은 당신의 모든 감정을 쉽게 품을 수 있습니다.

자, 감정에 숨을 불어넣고 그 주변에서 자신을 엽니다. 거기 머물며 긴장을 풉니다. 감정에 공간을 마련해줍니다.

긴장감, 뻣뻣한 근육, 진통 등 몸 안에 느껴지는 모든 저항에도 숨을 불어넣습니다. 그리고 그것들을 위한 공간도 마련해줍니다.

'아니', '나빠', '가버려'처럼 뿌연 안개 같은 생각 속 모든 저항에도 숨을 불어넣습니다.
그리고 숨을 내쉴 때 생각도 함께 풀어줍니다. 생각을 꼭 붙들고 있는 대신 그것들이 바람에 흔들리는 나뭇잎처럼 오가도록 허락합니다.

▶ 감정 허락하기
그 감정을 좋아하거나 원하거나 그것에 찬성할 필요는 없습니다. 그저 당신이 그 감정을 허락할 수 있는지 잘 살펴봅니다.

기억하십시오. 이 감정에는 목적이 있습니다. 몸이 당신을 돕기 위해 노력하는 것입니다.
그 감정은 당신에게 뭔가 중요한 것을 말하고 있습니다.
당신이 염려하고 있고, 당신에게 심장이 있고, 당신에게 정말로 중요한 뭔가가 있다는 것을 이야기하고 있습니다.

감정은 나약함이나 정신병의 징후가 아닙니다. 당신이 정상적이고, 살아 있고, 배려하는 사람이라는 표시입니다.

살아 있고, 배려하는 모든 사람은 공통적으로 감정을 가집니다. 우리 모두 현실에 따귀를 맞습니다. 그리고 그런 일이 일어날 때면 누구나 고통스러운 감정을 경험합니다.

이제 고군분투를 멈추고 감정과 화해할 수 있겠습니까?

감정은 당신의 일부입니다. 손과 발, 눈과 귀처럼 당신의 일부분입니다.

자신의 일부와 전쟁을 벌여서 얻을 게 무엇입니까? 이 전쟁을 멈추고 화해할 수 있겠습니까?

감정을 계속 관찰하면서 그 아래 무엇이 있는지 살펴봅니다. 예를 들어, 분노 또는 무감각이 표면에 드러날 때 그 기저에는 두려움, 슬픔, 수치가 있을 수 있습니다. 하지만 새로운 감정을 확인하려고 굳이 애쓰지는 않습니다. 그저 지금 이 순간 있는 그대로의 감정을 허락합니다. 만일 새로운 감정이 '깊은 내면으로부터 떠오른다면' 괜찮습니다. 그리고 만약 그렇지 않다면 그 또한 괜찮습니다.

지금 이 순간 어떤 감정이 존재하든 감정에 공간을 허락합니다. 그 감정이 움직일 수 있도록 넓은 공간을 마련해줍니다. 그리고 마음대로 오가도록 허락합니다.

▶ 인식 확장하기

해양생물학자는 파란고리문어에게 주의를 집중할 수도 있지만,

문어 주변의 물과 아래에 있는 바위를 살피며 관심 영역을 넓혀갈 수도 있습니다.

우리도 이와 비슷한 방식으로 초점을 넓혀갈 수 있습니다. 그러므로 감정을 위한 공간을 마련했다면, 그 목적은 당신의 인식 확장입니다. 감정을 계속해서 알아차리는 동시에, 그것이 지금 여기에 속한 일부일 뿐이라는 것을 인정합니다.

감정 주위에 당신의 몸이 있고, 그 몸을 통해 당신은 보고, 듣고, 만지고, 맛보고, 냄새를 맡습니다.

그러니 한 걸음 물러서서 주변을 감상합니다. 감정에만 관심을 기울이지 말고, 보고 듣고 만질 수 있는 것에도 주목합니다.

당신의 인식을 어둠 속에 숨어 있는 것들을 비추는 강력한 플래시로 생각합니다. 모든 방향으로 플래시를 비춰보고 당신이 지금 어디에 있는지 분명히 인식합니다.

그러는 가운데 감정을 생각하지 않으려고 애쓰지 않습니다. 감정을 무시하려 하지 않습니다. 감정을 계속 인식하면서 주변 세상과 연결되도록 합니다.

다른 모든 것들과 함께 감정이 거기 존재하도록 허락합니다. 당신이 느끼고 생각하는 것을 주목합니다.

지금 하고 있는 일과 당신의 호흡에 주목합니다. 두 가지 모두를 주목합니다. 그것을 모두 받아들입니다.

당신 안에 있는 세계와 당신 밖에 있는 세계 둘 다를 거닙니다. 의식적으로 두 세계 모두를 비춥니다.

그리고 지금 이 순간 삶에 완전히 집중합니다.

　이 책에 나오는 모든 연습처럼 이 연습도 언제 어디서나 원하는 만큼 할 수 있습니다. 예를 들어, 힘든 감정을 위한 공간을 마련하는 힘을 키우고 싶다면 연습 시간을 10~15분 정도로 늘릴 수 있습니다. 반면, 10~15초 정도로 짧게 연습할 수도 있습니다. 단순하게 감정을 확인하고 그것에 이름을 붙이고, 감정을 향해 숨을 내쉬고 그것이 거기 있도록 허락하고, 당신을 주변 세계와 연결하기 위해 인식을 확장하십시오. 또한 '공간 마련하기'를 다른 연습과 함께 할 수도 있습니다. 예를 들면, 감정을 확인하고, 이름 붙이고, 거기 있는 것을 허락하고, 자신과 약간의 친절한 대화를 하거나 닻 내리기로 끝내는 것은 훌륭한 방법입니다.

　이쯤 되면 아마도 궁금할 것입니다. '다음은 무엇인가요? 이 연습을 끝낸 후에는 무엇을 해야 합니까?' 그 질문에 대한 대답은 "당신이 삶의 목적을 가지고 있고 삶을 향상시키는 뭔가를 하고 있다면 그것을 지속하고 그에 완전히 집중하십시오"입니다. 모든 주의를 당면한 과제에 집중시키고 철저하게 몰두하세요. 그리고 만약 삶의 목적이 없고 삶의 질을 향상시키기 위해 그 무엇도 하고 있지 않다면, 지금 하는 일을 멈추고 좀 더 의미 있는 일로 전환해보십시오. (의미 있는 활동이 하나도 생각나지 않는다 해도 걱정하지 마세요. 2부에서 살펴볼 것입니다.)

이 지점에서 중요하게 기억할 것이 있습니다. 감정조절 전략, 즉 원치 않는 모든 감정에서 도망치고 회피하고 감정을 제거하는 전략은 단기적으로는 위안을 줍니다. 하지만 장기적으로는 삶을 손상시키는 문제를 일으킬 수 있습니다. 만약 그 전략이 상황에 대처하는 데 도움이 되고 장기적으로도 삶에 부정적인 영향을 끼치지 않는다면 계속 사용하는 것이 타당합니다. 지금 우리는 당신이 사용할 수 있는 도구를 늘려서 더 많은 선택권을 부여하고자 하고 있습니다. 그래서 감정과 싸우거나 감정으로부터 도망치거나 또 감정으로부터 벗어나느라 당신의 몸과 마음이 분리되지 않게 하고자 합니다.

하루에 적어도 대여섯 차례 자신의 감정을 호기심을 갖고 살펴보려는 노력을 하십시오. 감정을 자세히 살피고 그것의 패턴을 발견하십시오. 그 감정이 언제 생기나요? 무엇이 그 감정을 일으키나요? 당신의 몸 어느 부분을 힘들게 하나요? 당신의 몸은 감정에 어떻게 반응하나요? 몸의 어느 부분에서 저항, 긴장, 투쟁을 느끼나요?

다큐멘터리 영화에서 상어, 악어 또는 긴 꼬리 끝에 맹독성 가

시가 있는 노랑가오리를 보면 전율이 입니다. 치명적이고 잔인한 이 생물들은 우리를 경외감과 감탄으로 가득 채웁니다. 감정을 살펴보는 우리의 도전도 이와 비슷합니다. 비록 위험해 보일지라도 감정은 실제로는 어떤 식으로도 우리에게 해를 끼칠 수 없습니다. 상어나 악어와 달리 우리를 잡아먹을 수 없습니다. 노랑가오리와 달리 독으로 우리를 죽일 수 없습니다. 열린 자세와 호기심으로 살핀다면 감정은 야생동물 다큐멘터리를 보는 것보다 더 위험하지 않습니다. 그러니 할 수 있을 때마다 호기심을 갖고 감정을 살펴보세요. 오랫동안 쳐다보지 않아도 됩니다. 단지 호기심 어린 시선이기만 하면 됩니다.

# 10

## 친절한 손으로
## 안아주기

a Kind Hand

당신에게는 애완용 당나귀가 있습니다. 그렇죠? 매주 주말, 당나귀는 당신이 시장에 내다 팔 물건들을 나릅니다. 아니라고요? 아, 그래도 뭐, 괜찮습니다. 당신에게 당나귀가 없어도 당나귀들이 고집 세기로 유명하다는 건 알고 있겠지요. 그러니 당나귀가 당신에게 협조하기 바란다면, 당나귀에게 동기를 부여하는 방법을 알아야 합니다. 도대체 현실의 고난과 당나귀 이야기가 무슨 관계인지 궁금하다면 조금만 기다리세요.

현실에 따귀를 맞는 상황은 보통 죽음, 질병, 재난 등으로 우리를 찾아옵니다. 때로는 자멸적인 행동으로 그런 상황을 자초하기도 합니다. 우리 모두는 일을 망치고, 오해하고, 바보 같은 실수를 저지릅니다. 줄에 매달린 꼭두각시처럼 감정에 이리저리 휩쓸려 자기 패배적인 행동을 하기도 합니다. 생각에 얽매이고 감정과 씨름할 때, 우리는 우리가 정말 되고 싶은 모습에서 완전히 동떨어진 사람이 되고 맙니다. 가장 사랑하는 사람들에게 상처를 주거나 그들을 피하기도 합니다. 그들의 사랑을 받을 자격이 없다고 느끼기 때문입니다.

이 책에 나오는 원칙을 연습하고 적용하면, 그런 일이 덜 일어난다는 것을 알게 될 것입니다. 하지만 안타깝게도 우리는 결코 완벽하지 않습니다. 우리는 반복해서 실수할 겁니다. 이는 우리가 인간이라는 것을 보여주는 하나의 예입니다.

자, 당신이 일을 망칠 때 당신 마음은 대개 어떻게 하나요? 만약 내 마음과 비슷하다면, 당신의 마음은 커다란 막대기를 꺼내 당신을 때리기 시작할 겁니다. 자격 없는 사람이라고, 그 일을 할 수 없다고, 뭔가 문제가 있다고 할 것입니다. 아니면 더 열심히 노력하라고, 더 잘해야 한다고, 스스로를 향상시켜야 한다고 일장 연설을 할 것입니다. 이는 전혀 놀라운 일이 아닙니다. 자라는 동안 어른들은 우리 행동을 변화시키기 위해 종종 우리를 비난했습니다. 그러니 우리가 스스로에게 똑같이 하면서 성장하는 것은 당연합니다.

다시 당나귀 이야기로 돌아가봅시다. 아마 '당근이냐, 채찍이냐' 하는 표현을 들어봤겠지요. 당나귀에게 짐을 싣고자 할 때 당신은 당근 또는 채찍을 사용해서 당나귀에게 동기를 부여할 수 있습니다. 두 가지 모두 당나귀를 움직이게 할 수 있습니다. 하지만 채찍을 더 많이 사용하면 시간이 갈수록 당나귀는 성질이 나빠지고 쇠약해질 것입니다. 반면 당신이 원하는 행동을 할 때마다 상으로 당근을 준다면 시간이 갈수록 당나귀가 훨씬 더 건강해지는(야간 시력도 매우 좋아지는!) 결과를 얻을 겁니다. 몹시 자책하고, 자신을 모질게 대하고, 스스로를 자기 안에 가두는 것은 당나귀를 채찍으로 때리는 것처럼 비효율적인 일입니다. 물론, 가혹한 자기비판이 때로는 당신을 올바른 방향으로 이끌기도 합니다. 하지만 습관이 되면 당신은 더 비참해지고 더 병약해질 겁니다. 자기비판이 행동 변화에 도움이 될 가능성은 거의 없습니다. 오히려 당신을 꼼짝 못 하게 하고 비참하게 만들 가능성이 훨씬 높습니다.

그러므로 현실의 고난이 순수하게 불운에서 비롯됐든, 우리가 일정 부분 그 상황에 원인을 제공했든 간에 자기자비 연습은 꼭 필요합니다. (평생을 매 맞는 당나귀처럼 살고 싶지 않다면 말이지요.)

그런데 앞의 여러 장에서 배운 기술, 즉 닻 내리기, 도움 되지 않는 생각에서 벗어나기, 힘든 감정에 공간 마련해주기 등은 엄밀히 따지면 모두 '마음챙김 기술'입니다. '마음챙김'이 수용전념치료 모델에서 큰 부분을 차지한다는 것을 고려하면, 왜 지금껏 이 용어를 언급하지 않았는지 궁금할 것입니다. 이유는 간단합니다. 마음챙김에 대한 잘못된 정의가 너무나 많기 때문입니다. 사람들은 마음챙김을 종교적 활동이나 명상의 한 형태, 긴장 완화를 위한 기술, 긍정적인 사고의 한 가지 유형으로 생각합니다. 지금쯤이면 이 중 그 어떤 것도 옳지 않다는 것을 알 수 있을 겁니다. '마음챙김'은 다양하게 정의되고, 어떤 정의가 최선인지에 대한 보편적인 합의는 없습니다.

나는 '마음챙김'을 '효과적인 삶을 위한 일련의 심리적 기술로, 그 모든 기술은 열린 마음, 호기심, 유연성을 갖고 삶에 집중하기와 관련되어 있다'라고 정의합니다. 닻을 내리고, 도움이 안 되는 이야기에서 벗어나고, 힘든 감정을 위한 공간을 마련할 때 우리는 삶의 경험에 유연하게 대응하고, 열린 마음과 호기심을 갖고, 지금 하는 일에 집중할 수 있습니다. 다시 말해, 지금까지 함께한 연습은 모두 마음챙김 연습입니다.

물론 어떤 사람들은 다른 사람들보다 훨씬 더 삶에 주의를 기울입니다. 현재에 훨씬 더 잘 집중하고, 참여하고, 마음을 열고, 감정을 위한 공간을 마련하고, 얽매인 생각에서 자유로워집니다. 이는 상당 부분 그들이 하는 연습 덕분입니다. 지금까지 이 책에서는 비공식적인 연습에 대해서만 이야기했습니다. 하루 중 언제어디서나 할 수 있는 빠르고 간단한 마음챙김 연습이지요. 하지만 만일 정말로 마음챙김 능력을 계발하고 싶다면 '마음챙김 명상'이나 '하타요가 Hatha yoga (몸은 인간의 참자아를 담고 있는 그릇으로 무한한 가치를 지니고 있다고 보는 심신훈련법-옮긴이) 또는 태극권 같은 공식적인 연습을 해볼 수 있습니다.

매우 도움이 되는 공식적인 훈련이 있는데, 바로 호흡을 통한 마음챙김입니다. 호흡에 집중하고, 마음이 다른 곳으로 가려고 할 때 반복해서 다시 호흡으로 돌아오는 훈련인데 강력하게 추천합니다. 부록 B에 이 훈련에 대한 상세한 설명이 실려 있습니다. 한 가지 경고하자면, 전에 이런 훈련을 해보지 않았다면 매우 어려울 수 있습니다. 관심이 다른 곳으로 옮겨 가기 전에 단 10초 동안이라도 호흡에 집중할 수 있다면 매우 잘하는 편입니다.

이제껏 다룬 모든 마음챙김 기술은 자기자비의 중요한 요소이고, 모두 현실적 고난을 맞이했을 때 자신에게 친절하게 반응하는 방법입니다. 고통스러운 생각, 감정, 기억을 다루는 친절한 방식입니다. 이제 우리는 이러한 마음챙김 기술을 섞어서 연습해보려 합니다. 친절한 말과 친절한 행동을 함께 함으로써 자기자비에 대한 완전한 경험으로 이끌고자 합니다. 내담자 중 몇몇, 특히 남성 내담자들은 이 연습을 내켜하지 않았습니다. 그들은 이 훈련이 '어리석고', '너무 복잡하고', '감정 표현이 너무 적나라하다'고 저항했습니다. 하지만 일단 그 편견을 극복하고 시도한 다음에는 이것이 도움이 된다는 사실을 깨달았습니다. (안토니오는 확실히 그랬습니다.)

중심을 잡고 맑은 정신으로 편안한 자세를 취합니다. 만약 의자에 앉아 있다면 몸을 약간 앞쪽으로 숙이고 등을 펴고 어깨를 내리고 발은 바닥 위에 부드럽게 올려놓습니다.

잠시 나름의 방식대로 닻 내리기를 합니다. 현실감이 느껴질 때까지 내면의 경험을 인정하고, 몸을 감각하고, 주변 세계에 집중합니다.

이제 마음속으로 현실에 따귀를 맞은 상황을 떠올립니다. 잠시 일어난 일을 돌아보고, 어떤 생각과 느낌이 떠오르는지 살펴봅니다. 현재에 머무르십시오.
잠시 멈춥니다.
그것이 당신이 할 일의 전부입니다. 그저 잠시 멈춥니다.
몇 초간 멈추고 마음이 당신에게 무슨 말을 하는지 살핍니다.
마음이 어떤 말을 선택했는지, 어떤 속도와 높이로 말하는지에 주목합니다.

호기심을 가집니다. 이 이야기는 오래되고 친숙한가요, 아니면 새로운 것인가요? 마음이 당신을 어떤 시간대로 데려가고 있나요? 과거, 현재, 아니면 미래인가요? 마음이 어떤 비난을 하고 있나요? 어떤 이름을 사용하고 있나요?

마음과 논쟁하거나 마음을 침묵시키려고 하지 않습니다. 이는 마음을 더 들쑤시는 행동일 뿐입니다.

그저 마음이 당신에게 하는 이야기에 귀를 기울입니다.

호기심을 갖고 당신 안에 떠오르는 다른 모든 감정을 살핍니다. 무엇을 발견했나요? 죄책감, 슬픔, 분노, 두려움, 아니면 당황스러움? 원망, 절망, 고뇌, 분노 또는 불안? 혹은 무감각, 공허함, 무관심? 호기심 많은 아이처럼 당신 안에 일어나는 일에 주의를 기울입니다.

그 감정들이 떠오를 때 이름을 붙입니다. '지금 두려움이 있어.' '지금 슬픔이 있어.' '지금 무감각이 있어.'

당신에게 연민 어린 말을 건넵니다. 당신의 고통을 인정하고 친절하게 반응합니다. 무슨 말을 할지 모르겠다면 이렇게 말해봅니다. '이건 힘든 일이야. 너를 친절하게 안아줘.'

▶ 마음 열기

이제 당신을 가장 괴롭히는 감정을 찾아서 그것을 호기심 많은 아이처럼 관찰합니다.

그것은 어디에 있나요? 표면인가요, 아니면 내면 깊숙한 곳인가요?

크기와 모양은 어떤가요? 그 경계선은 잘 구분되어 있나요, 아니면 모호하고 흐릿한가요?

온도는 어떤가요? 그 안에서 뜨거운 부분이나 차가운 부분을 느낄 수 있나요?

움직이나요, 아니면 멈춰 있나요?

가벼운가요, 무거운가요? 아니면 무게감이 없나요?

그 안에서 또 다른 감각이 느껴지나요? 떨리거나, 따끔거리거나, 두근거리나요? 압박감이나 소진되는 느낌, 단절되는 느낌이 있나요?

이제 따뜻하고 친절한 태도로 천천히 그 감정에 숨을 불어넣습니다.

당신의 숨이 흘러들어 고통 또는 무감각을 둘러싸고 흐르는 모습을 상상해봅니다.

마법처럼 당신 안에 넓은 공간이 열리고, 고통스러운 감정에 넓은 공간을 마련해주는 모습을 상상해봅니다.

아무리 원치 않는 감정이라 해도 그것과 맞붙어 싸우지 않습니다.

싸움을 멈추고 화해합니다.

감정을 있는 모습 그대로 둡니다. 밀쳐내는 대신 충분한 공간을 마련해줍니다.

옥죄임, 수축, 긴장 등 몸에서 어떤 저항이 생긴다면, 그것에도 숨을 불어넣습니다. 그것을 위한 공간을 만듭니다.

생각, 감정, 저항 등 떠오르는 모든 것을 위한 공간을 마련합니다.

▶ 자신을 친절하게 안아주기

이제 당신의 양손 중 한 손을 선택합니다.

그 손이 매우 친절하고 너그러운 어떤 이의 손이라고 상상해봅니다. 그 손을 천천히 그리고 부드럽게 당신의 심장 또는 감정이 느껴지는 부위에 올려놓습니다. 몸을 만지고 싶지 않다면 감정이 느껴지는 곳 위, 허공에 손을 둡니다.

아마 당신은 가슴에서 감정을 느낄 겁니다. 또는 머리, 목, 손일 수도 있습니다. 어디든 가장 불편한 곳에 손을 올려놓습니다. (어디인지 잘 모르겠다면 심장이나 심장 위 허공에 둡니다.)

손을 거기 그대로 가볍고 부드럽게 둡니다.
그리고 당신 몸으로 흘러 들어가는 온기를 느낍니다.
당신의 몸이 고통 주변에서 부드러워지고, 느슨해지고, 공간을 만드는 상상을 해봅니다.
당신의 고통 또는 무감각을 부드럽게 안습니다. 마치 아기인 것처럼, 칭얼대는 강아지나 깨지기 쉬운 예술작품인 것처럼 안아줍니다.

마치 사랑하는 사람을 응원하는 것처럼 이 부드러운 행동에 보살핌과 따뜻함을 불어넣습니다.
당신의 손가락에서 친절이 흘러나오게 합니다.

이제 양손을 사용합니다. 한 손은 가슴에, 다른 한 손은 배에 얹고, 그 위에 조용히 머물게 합니다. 자신을 친절하고도 부드럽게 안아줍니다. 당신 자신과 연결되고, 스스로를 돌보고, 위로와 지지를 전합니다.

이제 다시, 당신에게 몇 마디 친절한 말을 합니다.

뭐라고 해야 할지 모르겠다면 '이건 힘든 일이야. 너를 친절하게 안아주렴'이라고 말합니다.

아니면 '이건 힘든 거야, 그리고 난 이걸 해낼 수 있어'라고 말합니다.

당신이 실패했거나 실수했다면 자신에게 이렇게 말해줍니다. '그래, 나는 인간이야. 지구 위 모든 사람처럼 나는 실패했고 실수했어.'

그리고 고통이 당신에게 뭔가 대단히 중요한 것을 말해주고 있다는 것을 인정합니다. 고통은 당신에게 심장이 있고, 배려심이 있고, 정말 중요한 뭔가 또는 누군가를 잃었다는 사실을 말해주고 있습니다.

모든 인간이 엄청난 상실을 겪은 후에는 고통을 느낍니다.

이는 나약함이나 당신에게 뭔가 문제가 있다는 표시가 아닙니다. 당신이 살아 있고, 배려하는 존재라는 표시입니다. 지구 위 모든 살아 있고 배려하는 사람은 공통적으로 고통을 겪습니다.

안토니오가 나와 함께 이 훈련을 할 때, 그의 목 뒤에서 낮은 고뇌의 신음이 흘러나왔습니다. 몸이 들썩였고 눈물이 얼굴을 타고 흘러내렸습니다. 나는 그에게 계속 친절함을 유지하면서 손을 몸 위에 부드럽게 올려놓으라고 했습니다. 그러는 10분 동안 그는 흐느끼고 떨면서 자신을 다정하게 안아주었습니다. 마침내 그의 울음이 그치고 고요함이 그에게 찾아왔습니다. 그는 순한 양처럼 나를 바라보며 조용한 목소리로 말했습니다.

"이제까지 이 감정을 느끼지 않으려고 미친 듯이 노력했어요."

"지금 느낌이 어떤가요?"

"방금 쓸모없는 게 열 가지는 몸에서 빠져나간 느낌이에요!"

"훨씬 차분해 보여요."

상담 시간에 그가 느꼈던 불안과 긴장이 사라지고 이제 평화로워 보였습니다.

"네, 그런 것 같군요." 그가 미소를 지으며 말했습니다.


친절한 손 훈련이 가져온 안토니오의 반응은 극적이었습니다. 대부분의 사람에게 이런 일은 일어나지 않습니다. 보통은 따뜻함과 위안을 느끼는 정도에서 그칩니다. 이 훈련은 당신을 달래주고, 차분하게 해주며, 당신을 중심으로 데려오고, 고요하게 만들어주곤 합니다.

강한 고통의 감정에 다가갔다면 이제 두 가지 선택을 할 수 있습니다. 하나는 이 연습을 멈추고 닻 내리기를 하는 것입니다. 그리고 다른 하나는 연습을 계속하면서 '폭풍에 올라타는 것'입니다. 폭풍이 마침내 가라앉고 나면 안토니오와 비슷한 상태에 이를 가능성이 큽니다. 흔들리거나 상처받기 쉬운 상태가 될 수 있지만, 고요함과 위로 또한 얻게 될 것입니다.

반복해서 이 연습을 하기를 바랍니다. 적어도 하루에 한 번(일주일에 한 번도 도움이 됩니다)은 하십시오. 만약 이 연습이 너무 길게 느껴진다면 간단하게 줄여서 2분짜리 연습으로 만드십시오.

업무 회의 중간에는 당연히 이 연습을 잘 할 수 없을 겁니다. 개인적인 시간을 이용하는 것이 가장 좋습니다. 또한 잠이 안 올 때 침대에서 해도 아주 좋습니다. 그리고 이 연습에서 별로 얻은 게 없다면, 적어도 한 번은 더 시도해보기 바랍니다. 반복을 통해 많은 사람이 도움을 얻었습니다. (하지만 이 연습을 하고 싶지 않거나, 이것이 아무런 도움이 안 되거나, 당신이 감당하기 힘든 부정적인 반응을 불러 온다면 안 해도 괜찮습니다.)

또한 이 연습을 자유롭게 수정해서 적용해도 됩니다. 예를 들어, 위에서 제시한 손을 얹는 행동을 좋아하지 않는다면 목이나 어깨를 문지르거나 관자놀이나 눈꺼풀을 마사지하는 등 친절함을 표현하는 다른 행동으로 대체해도 됩니다.


## 소중한 친구를 대하듯

이 연습 외에 자신을 위해 어떤 친절한 행동을 하고 있나요? 좋아하는 운동하기, 차 수리하며 시간 보내기, 책 읽기, 체육관에서 운동하기 등 좋아하는 일을 해보면 어떨까요? 심신을 달래는 따뜻한 목욕, 마사지, 맛있고 건강한 음식, 산책, 나만을 위한 시간, 좋아하는 음악 듣기는 어떤가요?

판단하지 않으면서 당신의 이야기를 들어주고, 당신이 얼마나 고통스러운지 인정해줄 수 있나요? 당신을 부드럽게 대하고 스스로를 좋게 해석할 수 있나요? 당신이 실수할 수 있는 인간이라는 걸 인정하고, 실수를 받아줄 수 있나요? 당신의 좋은 점을 찾아볼 수 있나요? (당신의 마음이 아무리 강하게 부정해도, 당신 안에는 분명 좋은 점이 있습니다.)

자신과의 친절한 대화에 대해서는 이미 몇 차례 언급했지만, 조금 더 탐구해봅시다. 알다시피 우리 뇌에는 삭제 버튼이 없습니다. 우리는 모든 가혹한 자기 판단을 마법처럼 제거할 수 없습니다. 하지만 그런 생각이 들 때 그 존재를 인정하고 알아차리고 이름을 붙일 수는 있습니다. 생각이 우리를 못 살게 굴지 않으면서 그 자리에 머물게 할 수 있습니다. 또 우리를 지지하기 위해 친절하고 도움이 되는 생각을 할 수 있습니다. 하지만 수용전념 치료에서의 이 방법은 대부분의 다른 심리적 접근 방법과 매우 다릅니다. 우리는 자기비판적인 생각에 도전하고, 논쟁하고, 인정하지 않고, 제거하려고 하지 않습니다. '부정적인 생각'을 '긍정적인 생각'으로 바꾸려 하지 않습니다. 대신 자신을 판단하는 생각을 인정하고 그 자리에 있게 허락합니다. 그리고 친절한 자기 대화를 합니다. 도움이 필요한 소중한 친구를 대하듯 우리 자신을 대합니다.

예를 들어, 당신의 마음이 이렇게 말하고 있다고 가정해봅시다. '나는 너무 약해. 왜 더 강해지지 못할까? 왜 다른 사람들처럼 이걸 해내지 못하는 걸까?' 그러면 당신은 이렇게 대답할 수 있습니다. '나는 나약한 생각을 알아차리고 있어. 사실 이건 정말 아프고 힘들지만, 나는 이 문제를 잘 다룰 수 있어. 내가 통제할 수 있는 것에 하루하루 집중할 거야.'

또는 마음이 당신에게 나쁜 엄마 / 아빠 / 아들 / 딸 / 친구라고 말한다고 해봅시다. 그들이 당신의 도움을 필요로 할 때 당신은 그 자리에 있어주지 않았거나 나쁜 일로부터 그들을 구해내지 못했거나 어떤 식으로든 그들에게 심하게 굴었습니다. 이런 말은 당신을 온갖 끔찍한 자기 판단 속에 가둡니다. 이때 당신은 이렇게 대답할 수 있습니다. "여기 그 '내가 망쳤어' 이야기가 있군. 진실은 내가 많이 후회한다는 것과 그 시간으로 되돌아가서 다르게 행동할 수 있었으면 한다는 거야. 그럴 수 없다는 사실이 견디기 힘들 만큼 아파. 하지만 심하게 자책한다고 해서 달라지는 건 없어. 내가 할 수 있는 건 이 일로부터 배우는 거야. 나중에 만에 하나 비슷한 일이 또 일어난다면 다르게 행동할 수 있도록 말이지.'

이런 반응에 자기연민은 들어 있지 않다는 데 주목하세요. 그리고 매우 실제적인 당신의 고통을 부인하거나 무시하려는 시도도 없습니다. '만약 삶이 당신에게 레몬을 준다면 그것으로 레모네이드를 만드세요', '유리컵에 물이 반이나 차 있어요' 같은 진부한 긍정적인 생각도 없습니다. 이는 고통을 인정하고 친절하게 반응한다는 기본적인 2단계 공식을 정교하게 만든 것입니다.

물론 말은 실행보다 훨씬 쉽지요. 예상하다시피 모든 새로운 기술과 마찬가지로 자기자비도 연습이 필요합니다. 하루 중에 연습할 수 있는 기회가 있는지 살펴보세요. 가혹하고 자기 판단적인 당신의 생각을 알아채고, 그것에 이름을 붙이고, 그것이 그 자리에 있도록 허락하십시오. 그런 뒤에 생각해보세요. 만약 당신과 비슷한 일을 겪는 소중한 사람들을 지지해주고 싶을 때 당신은 뭐라고 말할 건가요?

## 가장 작은 것이 만드는 큰 차이

자기자비 능력을 계발하기 위해 뭔가 크고 극적인 일을 할 필요는 없습니다. 가장 작은 친절한 행동이 차이를 만듭니다. 예를 들어 나는 오늘 아침에 몇 가지 친절한 행동을 했습니다. 등과 목을 스트레칭하고 따뜻한 물로 샤워를 했습니다. 개와 놀아주었고 아들과 농담을 주고받았습니다. 건강한 재료로 아침 식사를 했고 창문 밖에서 새들이 지저귀는 소리를 들었습니다. 이렇게 작은 배려의 행동은 시간이 지날수록 지지하고 배려하는 당신과의 관계를 만들어냅니다. 이런 행동을 상상하기만 해도 자기자비의 감각이 생겨납니다.

책의 초반에 자기자비 분야의 세계 최고 연구원인 크리스틴 네프 이야기를 했습니다. 네프는 자기자비의 세 가지 핵심 요소를 마음챙김, 친절 그리고 '보편적 인간성'으로 봅니다. 네프가 말하는 보편적 인간성이란 인간 조건과 고통의 보편성을 가리킵니다. 아프고 고통스럽다면 그것이 모든 인간의 보편적인 경험이라는 사실을 자신에게 상기시키십시오. 지금 이 순간 지구 위 수백만 명이 당신과 매우 비슷한 방식으로 힘들어하고 있다는 것을 말이지요. 고통을 무시하거나 사소한 것으로 만들기 위해서가 아닙니다. 고통이 인간 존재의 한 부분이라는 것을 인정하기 위해서입니다. 다른 모든 사람과 공통적으로 가지고 있기에, 다른 사람의 고통을 이해하고 그들에게 연민을 느낄 수 있습니다.

고난을 겪을 때 마음은 그것이 우리만의 일이라고 자주 이야기합니다. 다른 이들은 죄다 우리보다 더 행복하다고요. 그들은 우리처럼 고통을 느끼지 않는다고 말합니다. 다른 이들은 중대한 상실을 경험하지 않는다고 말합니다. 적어도 우리가 겪고 있는 만큼은 아니라고 말합니다. 만일 마음의 이야기를 믿는다면 고통이 한층 더 강렬해질 겁니다. 사실 모든 인간은 고통을 겪습니다. 모든 인간의 삶에는 상실과 고난이 있습니다. 모든 인간이 현실에 따귀를 맞습니다. 오래 살수록 더 많이 맞을 겁니다. 친절한 자기 대화 시간에 이 사실을 상기하면 대개 도움이 됩니다.

나는 아들에게 고함을 치는 상황에서 자기자비를 발휘하기가 어렵습니다. 다른 모든 부모처럼 때로 나도 이성을 잃고 화를 냅니다. 마음이 하는 비판적인 이야기에 사로잡혀서 인내와 차분함의 가치를 놓치고 미끼를 덥석 물고는 거친 말을 내뱉습니다. 그리고 다음 순간 마음은 곧바로 커다란 막대기를 들고 와서 나를 때리기 시작합니다. '나쁜 아버지!' '이렇게 형편없이 굴다니!' '그 애는 아직 아이일 뿐인데, 좀 살살 해. 왜 그렇게 화를 내는 거지?' '네가 수용전념치료 전문가라고? 이런 위선자 같으니!' '네 책을 읽은 독자들이 지금 이 상황을 본다면 뭐라고 할까?' 인식하지 못한 채 죄책감, 당혹감, 좌절의 폭풍 속에서 스스로를 마구 때립니다.

그러고 나면 잠시 뒤, 무슨 일이 일어나고 있는지 알아차립니다. 이제 발을 바닥에 올려놓고, 심호흡을 하고, 지금 보고 듣고 만질 수 있고 맛볼 수 있고 냄새 맡을 수 있는 것에 주목합니다. 나를 세상과 연결하고 현재에 집중합니다. 그리고 내 마음이 아프다는 것을 인정합니다. 그런 다음 손을 부드럽게 가슴이나 배 또는 가장 아픔이 느껴지는 곳에 올려놓습니다. 심호흡을 합니다. 스스로에게 다음 사실을 상기시킵니다. '너는 인간이야. 지구

상의 다른 모든 부모처럼, 가끔 너도 일을 그르칠 수 있어. 이건 네가 정말 좋은 부모가 되고 싶은데, 그 기대에 부응하지 못할 때 느끼는 감정이야.'

그런 뒤에 그 모든 죄책감의 이면에 무엇이 있는지 들여다봅니다. 거기에는 '사랑'이 있습니다. 순수하고 무한한 사랑. 결국 내가 아들을 사랑하지 않는다면 아이에게 고함을 지른 데 대해 아무런 죄책감도 느끼지 않았을 겁니다.

조용히 앉아서 자신을 친절하고 부드럽게 대하고, 마음의 고통을 호기심 어린 시선으로 들여다보는 시간을 갖는다면, 당신 안에서 나와 비슷한 뭔가를 발견할 것입니다. 분노, 두려움, 슬픔, 죄책감 등 어떤 감정이든 간에 부드럽게 포용하고 자신에게 이렇게 질문해보십시오. '이 감정은 내 마음에 대해 무엇을 드러내고 있는 것일까? 내가 인정해야 하거나 감당해야 하는 것, 달라져야 하는 것이 뭐라고 말하고 있는 걸까?'

이 질문들은 당신이 '나쁜' 사람이 아니라는 것을 기억하게 해줍니다. 비록 당신 마음은 그렇게 말하지 않는다고 해도 말이지요.

그렇기 때문에 현실이 우리를 뒤흔들고, 삶을 뒤집어놓을 때 보통은 닻을 내리고 자신을 친절하게 안아주는 것이 다시 시작하기 위한 가장 좋은 출발점입니다. 이는 삶의 일격 이후에 다시 일어나서 마음을 재정비할 수 있도록 도와줍니다. 그렇게 할 때 우리는 훨씬 더 효과적으로 전략을 세우고 문제를 해결할 수 있습니다. 우리 가치에 따라 행동하고 고통스러운 삶을 다시 일으켜세울 수 있습니다. 그러니 하루 종일 반복해서 닻 내리기와 자신을 친절하게 대하는 작은 자기 친절의 행동을 연습하십시오. 그 연습 하나하나가 차이를 만듭니다.

# 11 기억이
## 아픔이 될 때

●　　　When Memories Hurt

　　　　　　　가장 달콤하고 행복했던 기억이 가장 고
통스러운 감정을 불러일으키기도 합니다. 특히 죽음이나 이별 또
는 관계의 파국으로 인해 사랑하는 사람을 잃었을 때 그렇지요.
사랑, 유희, 친밀감, 연결, 나눔과 보살핌으로 가득했던 그 모든
행복했던 시간을 기억할 때, 상실은 실로 엄청난 고통으로 우리
를 공격합니다. 달콤하고 즐거웠던 기억이 갑자기 슬픔, 불안, 외
로움 그리고 100가지도 넘는 또 다른 고통으로 가득 찹니다. 그
것이 행복한 추억이기 때문입니다. 나쁜 기억이 떠오르면 더욱
고통스러워집니다. 거기에는 사랑도 달콤함도 없고, 단지 더 많
은 고통만이 있기 때문입니다.

이 장에서는 서로 다르지만 어떤 면에서는 연결된 두 가지 전략을 살펴볼 것입니다. 먼저, 행복한 추억으로 인한 고통을 다루는 '상실 인정하기' 연습을 살펴볼 것입니다. 그다음으로는 나쁜 기억에 대처하는 '지지해주기' 연습을 할 것입니다.

좋은 소식은 당신이 이미 이어지는 내용에 대한 준비 작업을 마쳤다는 것입니다. 당신은 고통스러운 기억이 떠오를 때 닻 내리기를 했습니다. 닻 내리기는 모든 고통스러운 기억에 대처하는 훌륭한 첫걸음이지요. 또한 고통을 인식하고 그에 이름 붙이는 연습을 했습니다. '나는 장례식 기억을 주목하고 있어', '자동차 사고가 떠오르고 있어', '지금 내 상사가 나를 해고했던 기억이 떠오르고 있어'처럼 말이지요.

또한 친절한 자기 대화도 했습니다. 이를 적용하면 기억이 얼마나 고통스러운지 인정하고 친절하게 반응하면 됩니다. 또한 고통스러운 기억이 떠오를 때 고통을 위해 공간을 마련하는 연습도 했습니다. 그 모든 자기비판적인 이야기에서 벗어나는 연습도 했고요. '나는 지금 내가 전부 엉망으로 만들었다는 생각을 하고 있어', '지금 내 마음이 나를 나약하다고 말하고 있어', '나는 그 '손상된 물건' 이야기를 주목하고 있어'처럼 말입니다.

이 연습은 이미 큰 변화를 가져왔습니다. 당신은 이로써 현재에 집중하는 가운데 그 기억을 인정하고 그 기억이 그 자리에 있도록 허락할 수 있습니다. 감정의 폭풍을 일으키는 다른 모든 요인처럼 기억도 제멋대로 오고 머물고 또 사라집니다. 이제 이러한 연습의 기반 위에서 다음 내용을 살펴보겠습니다.


## 상실 인정하기

사랑하는 누군가가 죽었을 때, '상실 인정하기' 연습은 일반적으로 매우 중요한 가치를 지니고 있습니다. (직장을 잃거나 건강을 잃거나, 관계가 깨졌을 때 어떻게 이 연습을 수정해서 적용할지도 곧 살펴보겠지만, 지금은 먼저 가족의 죽음으로 인한 상실에 초점을 맞추겠습니다.) 정기적인 활동이나 의식을 만드는 이 연습은 시간이 지날수록 상실을 받아들이도록 도와줍니다. 얼마나 오랫동안 해야 하는지, 얼마나 자주 해야 하는지 등 반드시 따라야 할 규칙은 없습니다. 방법은 모두 당신에게 달려 있습니다. 많은 사람이 다음과 같은 요소를 포함하면 도움이 된다고 말합니다.


### 일정한 시간과 장소
같은 시간, 같은 장소에서 규칙적으로 이 연습을 하면 매우 큰 위안을 얻을 수 있습니다. 묘지나 해변, 숲속 또는 예배를 위한 장소를 방문할 수도 있고, 당신 집에 있는 방 하나를 이용할 수도 있습니다. 이를 매일, 매주 또는 매달 할 수도 있습니다. 5분, 한 시간 또는 반나절 동안 할 수도 있습니다. 규칙은 없습니다. 일단 해보고 당신에게 효과적인 방법을 찾으십시오.

### 강력한 기억의 매개체

사진, 그림, 사랑하는 사람의 옷, 그들이 좋아했던 장난감, 테디 베어 인형처럼 사랑하는 사람을 강하게 기억나게 하는 물건들은 종종 도움이 됩니다.

### 상징적인 행동

그 사람에 대한 당신의 사랑을 상징하는 행동을 하는 것입니다. 예를 들어 촛불을 켜거나, 무덤 앞에 꽃을 놓거나, 특정한 곡을 연주하거나, 시를 읽거나, 기도하거나, 일기를 쓸 수 있습니다. 만약 누군가와 함께 이 행동을 한다면 그들과 손을 잡거나 서로 안아주고, 함께 노래하거나 기도할 수 있습니다.

### 기억하고, 감정 허락하기

연습의 목표는 사랑하는 사람을 기억하고, 당신의 감정을 있는 그대로 인정하는 것입니다. 사랑과 슬픔, 기쁨과 두려움, 웃음과 외로움 등 떠오르는 모든 생각과 감정을 위한 공간을 마련하세요. 얼마나 아픈지 인정하고 당신을 친절하게 대하세요. 많은 사람이 이 연습을 할 때 앞 장에서 소개한 '친절한 손' 연습을 함께

하면 위로가 된다고 말합니다.

원치 않는 기억이 떠오를 수도 있습니다. 만약 그렇다면 기억을 밀어내려고 하지 않는 것이 중요합니다. 밀어내면 대개 그 기억이 다시 튀어 오르기 때문입니다. 원치 않는 기억은 잠시 사라졌다가 이내 되돌아와서 복수합니다. 따라서 만약 그런 기억이 떠오른다면 그걸 인식하고, 그것에 이름을 붙이고, 떠오르도록 내버려두세요. 그리고 당신을 친절하게 안아주세요.

## 기억 선택하기

우리는 기억에 대한 통제력이 거의 없습니다. 기억은 대개 내키는 대로 오고 갑니다. 기억은 종종 원치 않을 때 찾아옵니다. 평소에는 아무리 노력해도 찾아온 기억을 없앨 수 없지만, 애도 의식을 하면서는 소중히 간직하고 싶은 특정한 기억을 선택해서 그에 집중할 수 있습니다. 그 사람을 어떻게 기억하고 싶은지 생각하는 시간은 가치 있습니다. 예를 들어, 정말 특별했던 구체적인 상황이나 사건이 있었나요? 그들의 말이나 행동 가운데 당신에게 정말로 중요한 것이 있었나요? 그들에게 사랑스럽게 느껴지는 별난 성격이 있나요? 아니면 당신이 존경하는 그들의 개인적인 성품이 있나요? 그렇다면 그 아름다운 시간을 의식적으로 되새기고 그 안의 달콤함을 음미하고 싶을 것입니다.

## 사랑했던 사람과 대화하기

마지막으로, 사랑했던 사람과 나누는 대화도 도움이 됩니다. 이전에 한 번도 해본 적 없다면 이상한 말로 들릴 수도 있습니다. 어쨌든 당신이 사랑했던 사람은 세상을 떠났으니까요. 하지만 이 상상 속 대화는 크나큰 치유를 선사하곤 합니다. 치유를 경험하고 싶다면 소리 내 말하거나 머릿속으로 말하는 것 가운데 하나를 선택하세요. 사랑하는 사람에게 과거에 대해 말할 수도 있고, 그들이 죽기 전에 해주고 싶던 말을 할 수도 있고, 아니면 당신의 삶에 지금 일어나고 있는 일에 대해 말할 수도 있습니다. 원한다면 그들이 당신에게 대답하는 모습을 상상할 수도 있습니다.

빼소니차 사고로 아들을 잃은 나탈리는 신앙심이 매우 깊었습니다. 그녀는 일주일에 두 번 아들의 묘지를 방문했고, 방문할 때마다 기도하고, 아들과 대화하고, 비석 앞에 꽃다발을 놓았습니다. 또 매일 밤 아들 방에 촛불을 밝히고 아들이 입었던 옷 한 벌을 집어 들곤 했습니다. 친절한 손 연습을 하면서는 옷 위에 손을 대고 눈물을 흘렸습니다. 그런 다음 기도로 연습을 마쳤습니다.

안토니오와 캐시는 일주일에 한 번씩 아기 소피아의 방에 들어가 아기 침대 앞에 서서 손을 맞잡는 애도 연습을 합니다. 촛불을 밝히고, 조용한 음악을 틀어놓고 아름다운 딸아이에 대한 가장 좋은 추억을 번갈아가며 나눕니다. 보통은 흐느끼며 서로 꼭 껴안는 것으로 연습이 끝납니다.

'상실 인정하기' 연습('애도 의식'이라고도 알려져 있습니다)의 힘을 과대평가할 수는 없습니다. 모든 사람에게 효과적이지는 않습니다(따라서 건너뛰고 싶다면 그래도 괜찮습니다). 하지만 이 연습은 매우 고통스러울지라도 많은 사람에게 큰 위안이 되는 것으로 확인됐습니다. 이 연습을 하는 동안 어떤 결과가 나타날지 알기 어렵기 때문에 닻 내리기로 시작하는 것이 좋습니다. 그리고 필요할 때마다 연습을 반복하십시오. 이는 여타 다른 연습처럼 당신에게 어떤 것이 효과가 있는지 알아보기 위해서입니다.

이 연습은 사랑하는 사람의 죽음뿐 아니라 직장, 건강, 중요한 관계 등 다른 유형의 상실에도 도움이 됩니다. 다만 그런 경우에는 보통 연습 내용이 훨씬 더 가볍습니다. 예를 들어, 샨티는 결혼 생활이 망가진 이후 매일 밤 10분간 앉아서 마음의 고통을 인정하고, 떠오르는 모든 기억을 위한 공간을 마련하고 친절한 손 연습을 합니다. 라다는 만성질환 때문에 일어난 모든 결과를 받아들이는 연습을 하는데 방법은 샨티와 거의 같습니다. 밤이 아니라 아침에 침대에서 일어나기 전에 하는 것을 더 좋아한다는 것만 제외하면 말이지요.

## 자신을 지지해주기

정말 끔찍한 기억을 어떻게 다룰 수 있을까요? 위협, 위험, 폭력, 죽음, 재난과 함께 오는 기억 말이지요. 글쎄요, 가장 중요한 것을 제일 먼저 해야 합니다. 이 장의 앞부분에서 논의했던 모든 기술은 매우 중요합니다. 그것들을 연습했다면 아마도 이미 끔찍한 기억의 영향력이 줄어들었다는 것을 알아차렸을지 모릅니다. '자신을 지지해주기' 연습은 기억의 영향력을 더욱 줄여줍니다. 이는 본질적으로 상상 속에서 하는 연습입니다. 안 좋은 일이 일어난 직후의 시간으로 되돌아간 당신을 상상해보십시오. 그런 뒤에 그때는 얻을 수 없었던 지지를 자신에게 건네는 상상을 합니다.

예를 들어, 안토니오가 처음 이 연습을 했을 때 그는 아기 소피아가 죽던 날로 돌아간 자신을 상상했습니다. 상상 속에서 지금의 안토니오가 그때의 안토니오 옆에 서서 어깨에 팔을 두르고 친절하게 위로합니다.

에밀리는 끔찍한 자동차 사고로 골반이 부러지고 다리에 상처를 입었습니다. 지금의 에밀리는 4개월 전 사고가 났을 당시의 에밀리에게로 돌아가서 도움을 주려고 합니다. 그때로 돌아가서 심하게 훼손된 차에서 그녀를 꺼내어 앰뷸런스를 타고 병원으로 가는 동안, 그때의 에밀리 옆에서 손을 잡아줍니다.

이 연습에서는 '실제 끔찍한 사건 당시로 돌아가지 않는 것'이 중요합니다. 왜냐하면 그걸 혼자 하기에는 너무 벅차기 때문입니다. 만약 계속해서 지금 일어나고 있는 것처럼 생생히 떠오르는 고통이나 극도로 괴로운 기억이 있다면 가장 현명한 방법은 '노출exposure'이라는 과정에 숙련된 전문 치료사와 함께 연습하는 것입니다. 이 연습에서는 전문 치료사의 안내와 지원을 받아 그 기억을 직접 다룹니다.

우리는 실제 사건 자체가 아니라 그 사건이 일어난 '후'의 어느 시점으로 돌아갑니다. 그 시간으로 돌아갔다면 당신이 원하는 방식으로 스스로를 지지해주면 됩니다. 많은 사람이 자신을 가엾게 여기는 말과 행동을 합니다. 하지만 친절하고 지지하는 내용이 담기기만 한다면 어떤 방식으로든 표현할 수 있습니다.

이제 당신과 함께 지지하기 연습을 해보려고 합니다. 당신이 지금 겪고 있는 현실의 고통으로 연습하지 않도록 주의하세요. 당신은 아직 그렇게 할 준비가 되지 않았습니다. 이 시점에서의 목표는 오래전 기억을 가지고 연습하는 것입니다. 그런 다음에 좀 더 최근의 기억으로 시도해볼 수 있습니다.

늘 그렇듯 연습은 닻 내리기와 함께 시작합니다. 그리고 기억에 압도된다면 언제든 바로 연습을 멈추고 닻 내리기를 하십시오.

## ● '어린 시절의 나' 지지하기 연습
●

당신은 지금 상상력 연습을 하려고 합니다. 어떤 사람은 TV 화면에 나오는 것처럼 선명하고 다채로운 색상의 이미지를 상상합니다. 어떤 사람들은 흐릿하고 모호하고 불분명한 이미지를 상상합니다. 반면, 이미지는 전혀 사용하지 않고 단어와 생각에만 의지하는 사람도 있습니다. 당신이 무엇을 상상하든 다 괜찮습니다.

이제 어린 시절의 당신에게로 돌아가는 상상을 할 것입니다. 그때 당신은 힘들어하고 있었는데 이런저런 이유로 주위 사람들은 당신에게 필요했던 보살핌과 지지를 주지 못했습니다. 당신의 어린 시절 또는 청소년 시절 중 언제로 돌아가도 괜찮습니다.

편안한 자세를 취하고 잠시 닻 내리기를 합니다. 당신의 내면에서 일어나는 일을 인정하고, 움직이거나 스트레칭을 하거나 호흡을 하면서 몸을 감각하고, 보고 듣고 만질 수 있는 것들을 알아차리면서 당신 주변의 세상에 관여합니다.

일단 현실감이 생기면 눈을 감거나 한 지점을 응시하고 상상을 시작합니다.
타임머신으로 들어가는 상상을 합니다. 들어갔다면 어린 시절의 자신을 방문합니다. 주변 어른들은 여러 이유로 당신을 보살피거나 지지해주지 못했고, 당신은 힘들었던 삶의 어느 시점 속 '어린 당신'을 찾아갑니다.

이제 타임머신에서 나와서 어린 당신과의 조우합니다. 어린아이 또는 청소년인 그 아이를 잘 살펴보고 지금 어떤 일을 겪고 있는지 알아봅니다. 아이는 울고 있나요? 화가 났거나 두려워하고 있나요? 죄책감을 느끼거나 수치심을 느끼나요? 아이가 정말 필요로 하는 것은 무엇인가요? 사랑, 친절, 이해, 용서, 수용?

친절하고 차분하고 부드러운 목소리로 아이에게 무슨 일이 일어났는지, 네가 어떤 일을 겪었는지 안다고 말해줍니다. 얼마나 아픈지 안다고 말해줍니다.

어린 당신에게 '당신'이 알고 있으니 다른 누군가가 그걸 알아주지 않아도 된다고 말해줍니다.
어린 당신에게 당신은 삶의 힘든 시기를 겪었고, 그것은 이제 먼 추억이 되었다고 말해줍니다.
어린 당신에게 당신이 여기 있다고, 그 사건이 얼마나 큰 상처를 줬는지 알고 있으며, 할 수 있는 모든 방법으로 돕고 싶다고 말합니다.

어린 당신에게 필요한 것이나 당신이 해줬으면 하는 것이 있는지 물어봅니다. 그리고 원하는 것은 뭐든 줍니다. 만약 특정 장소에 데려가달라고 하면 그렇게 합니다. 안아주고, 입을 맞추고, 친절한 말을 해주고 선물을 줍니다. 상상 속 연습이기 때문에 당신은 아이가 원하면 뭐든 줄 수 있습니다.

만약 아이가 자신이 무엇을 원하는지 모르거나 당신을 믿지 않는다면 그래도 괜찮다는 것을 알려줍니다. 아이는 아무 말이나 행동도 하지 않아도 괜찮습니다.

아이에게 필요하다고 생각되는 말을 해주고, 무슨 일이 일어났는지 아이가 이해할 수 있도록 이야기해줍니다. 만약 스스로를 비난하고 있다면 그러지 않도록 돕습니다.

당신이 그를 위해 여기 있다고 말해줍니다. 당신이 그를 보살피고 이 힘든 시간을 견뎌낼 수 있도록 할 수 있는 모든 일을 할 거라고 말해줍니다.

어린 당신을 당신이 생각할 수 있는 모든 보살핌과 친절로 대합니다. 말과 동작, 행동 또는 원한다면 마법이나 텔레파시를 이용할 수도 있습니다.

어린 당신이 당신의 보살핌과 친절을 받아들였다고 느끼면 이제는 작별을 고할 시간입니다. 당신과 아이가 연결되었음을 상징하는 일종의 선물을 아이에게 줍니다. 어린 당신에게는 장난감이나 테디베어 인형을 줄 수 있고, 좀 더 성장한 당신이라면 옷, 책, 마법의 물건 등 마음속에 떠오르는 건 뭐든 줄 수 있습니다.

아이에게 이제 작별 인사를 하고 다시 만나러 오겠다고 합니다. 그런 다음 다시 타임머신을 타고 현재로 돌아옵니다.

이제 잠시 닻 내리기를 합니다. 당신 안에 떠오르는 감정을 인정합 당신에게 이 연습이 도움이 되었기를 바랍니다. 이제 방법을 이해했으니, 가장 최근의 고난에 이를 적용해보십시오. 안토니오와 에밀리처럼, 그 사건이 일어난 뒤 몇 시간, 며칠, 몇 주, 몇 달 (심지어 몇 년) 후의 당신을 방문할 수 있습니다. 애도 연습과 마찬가지로 정기적으로 이 연습을 하면 도움이 됩니다. 연습을 할 때마다 각기 다른 과거의 시점을 방문할 수도 있습니다.

이 연습을 당신이 원하는 대로 변형하고 당신의 고유한 상황에 맞게 수정해 적용하십시오. 물론 도움이 안 된다면 건너뛰면 됩니다. 대신 고통스러운 기억이 떠오르면 그때마다 계속 알아차리고 이름을 붙이고 닻 내리기를 하십시오. 뇌에는 '삭제 버튼'이 없습니다. 고통스러운 기억을 제거할 방법은 없습니다. 하지만 지속적으로 자신을 친절하게 대하고 기억과 씨름하지 않고 그냥 머물도록 허락한다면 다음의 두 가지를 발견할 가능성이 큽니다. 하나는 기억이 전보다 적게 떠오른다는 것이고, 다른 하나는 기억의 영향력이 점점 사라진다는 것입니다.

이제 책의 1부를 마무리합니다. 2부를 시작하기 전에 지금까지 우리가 함께 살펴본 다음 기술을 몇 주간 실제로 시도해보기 바랍니다.

- 감정의 폭풍 가운데서 닻 내리기
- 마음을 열고 고통의 감정을 위해 공간 마련하기
- 가혹한 자기 대화에서 벗어나기
- 고통을 인정하고 친절하게 반응하기

현실에 따귀를 맞은 후 마음을 재정비하는 과정은 보통 빠르고 간단하게 이뤄지지 않습니다. 현실의 고난이 클수록 더 세게 넘어지고 더 깊은 상처를 입을 수밖에 없습니다. 깊은 상처는 빨리 낫지 않습니다. 감정의 폭풍은 계속 일어날 것입니다. 마음은 계속해서 당신에게 도움이 안 되는 이야기를 할 겁니다. 그리고 당신은 지금까지 이 책에서 다룬 모든 내용을 자주 잊을 것입니다. 하지만 당신은 분명 더 잘 기억해낼 수 있을 겁니다. 그리고 기억하는 순간 선택할 수 있습니다. 원한다면 닻 내리기를 하고, 당신의 고통을 인정하고, 당신을 친절하게 대할 수 있습니다. 그리고 그러한 선택을 할 때마다 매번 작은 치유가 일어납니다.

2부
파도가 지나간 후 다시 일어서기

삶이 당신에게 차려준 것을
마법처럼 바꿀 수는 없습니다.
하지만 식탁 위에 뭔가를 더할 수는 있습니다.
그러면 이미 그 자리에 있던 음식도 변화합니다.

# 12

## 삶을
## 의미 있게 만들기

●  Making Life Meaningful

　　의미를 못 느낄 때 우리 삶은 다채로움
과 풍요를 잃어버립니다. 그건 마치 흑백 세상에 사는 것과 같습
니다. 기쁨이나 만족감은 거의 혹은 전혀 없습니다. 현실의 고난
은 이상하게도 정말로 중요한 것을 일깨우고 마음 깊은 곳을 들
여다보게 해서 우리 삶을 의미로 가득 채우거나, 아니면 모든 의
미를 잃게 만들어 삶을 텅 비고 불만족한 상태로 이끕니다. 보통
전자보다는 후자의 경우가 많은데 적어도 즉각적인 여파를 겪는
동안에는 그렇습니다. 이제 이 상태를 어떻게 바꿀 수 있을지 살
펴볼 차례입니다. 당신의 마음이 불가능한 일이라고 소리친다면
완전히 자연스러운 반응입니다. 현실에 따귀를 맞은 후 삶을 다

시 일으켜세우고 만들어가려면 사실 시간, 노력, 용기 그리고 엄청난 인내가 필요하기 때문입니다.

문제는 현실의 고난이 클수록 삶을 재건한다는 생각을 하기 힘들 정도로 우리가 삶의 동기를 잃어버린다는 데 있습니다. 종종 너무 지치고, 완전히 녹초가 되어서 다시 일어나야 한다는 생각만 해도 불안과 두려움이 찾아옵니다. 그러므로 천천히 움직이고 작게 생각하는 것이 중요합니다. 아기가 걸음마를 떼는 것처럼요. 혹시 벽돌을 쌓아본 적이 있나요? 없다고요? 그래도 벽돌 쌓는 장면을 본 적은 있을 겁니다. 그리고 한 번에 벽돌을 스무 개씩 쌓을 수 없다는 것도 알 겁니다. 벽돌은 한 번에 한 개씩 얹습니다. 하나를 얹고 그 위에 또 하나를 얹고, 그다음 또 하나를 얹습니다. 계속 그렇게 쌓아갑니다.

삶을 일으켜 다시 만들어갈 때도 같은 원칙이 적용됩니다. 삶의 모든 영역을 동시에 작업할 수는 없습니다. 그러면 그 무게에 압도되어서 희망을 잃고 맙니다. 비결은 한 번에 한 가지씩 작은 영역에 집중하는 것입니다. 이제 아주 중요한 질문과 함께 탐험을 시작해보겠습니다.

# 가치에 따라 살기

우리의 모든 행동에는 목적이 있습니다. 세탁하기, 아이스크림 먹기, 결혼하기, 세금 환급 신청서 작성하기, 늦은 밤 TV 앞에서 잠들기, 아침 일찍 조깅하기 등 모든 행동의 이면에는 항상 어떤 목적이 있습니다. 우리는 어떤 일이 일어나게 하려고 어떤 행동을 합니다. 하지만 이 목적을 얼마나 자주 의식하나요? 우리 행동이 개인적으로 중요한 목적을 성취하는 데 어떤 도움이 되는지 얼마나 자주 의식하나요?

이 두 가지 질문에 대해 대부분은 '별로 자주 의식하지 않는다'고 대답합니다. 우리는 삶을 자동조종 모드로 놓고 살아가는 경향이 있습니다. 안타깝게도 그러면 하루 중 대부분의 시간을 성취감을 느끼지 못한 채 보내게 됩니다. 하지만 중요하게 여기는 것과 우리의 행동이 일치되도록 의식하며 살아간다면 모든 것이 변합니다. 삶은 의미로 가득 채워지고, 우리는 우리가 되고 싶은 사람처럼 행동할 것입니다. 또한 자동조종 모드로 사는 삶 속에서는 전혀 찾아볼 수 없는 활력을 경험하게 될 것입니다.

수용전념치료에서는 삶을 의미 있게 만드는 이 과정을 '가치에 따라 살기'라고 부릅니다. 가치는 기본적으로 인간으로서 어떻게 행동하고 싶은지에 대한 마음 깊은 곳의 갈망입니다. 가치는 어떤 사람이 되고 싶은지, 자신과 타인을 어떻게 대하고자 하는지, 자신을 둘러싼 세상을 어떻게 대하고 싶은지를 설명합니다. 길고 꼬불꼬불한 인생길에서 가치는 당신을 안내하는 내면의 나침반 역할을 합니다. 또한 내키지 않을 때도 중요한 일을 하도록 동기를 부여하고 영감을 주는 에너지원이기도 합니다.

중요한 가치를 생각할 수 있도록 돕는 간단한 연습을 아래에 제시합니다. 하지만 시작하기 전에 '옳은 가치' 또는 '틀린 가치'는 없다는 것을 분명히 해두고자 합니다. 가치란 당신이 어떤 맛 아이스크림을 좋아하는가와 같습니다. 당신은 초코 아이스크림을 더 좋아하는데 다른 누군가는 바닐라 아이스크림을 더 좋아한다면, 그들의 아이스크림 취향은 옳고 당신의 취향은 틀렸다거나 그 반대의 경우를 의미하지 않습니다. 단지 서로 취향이 다를 뿐입니다. 이처럼 우리 모두가 중요하게 생각하는 가치는 서로 다릅니다.

- 가치 생각해보기 연습
-

다음에 나열된 40가지의 일반적인 가치 목록을 읽습니다. 옳거나 틀린 것은 없고, 그저 많은 사람이 공유하는 가치일 뿐입니다. 목록 전체를 읽고 어떤 가치가 당신에게 울림을 주는지 살핍니다.

(모든 가치가 울림을 줄 수도 있고, 아무것도 울림을 주지 않을 수도 있습니다. 테스트가 아니라 그저 가치에 대해 생각해보는 연습임을 명심하세요.) 아래 목록을 천천히 읽은 다음 한 단어에 2초씩 멈춰서 그 단어가 당신이 자신과 다른 사람들 그리고 주변 세상을 대하고 싶은 태도인지 생각해봅니다.

나는 다음의 가치에 따라 행동하기 원합니다.

| | | |
|---|---|---|
| 수용하는 | 모험적인 | 확신에 찬 |
| 진정성 있는 | 세심한 | 배려하는 |
| 헌신적인 | 인정 많은 | 협동하는 |
| 용기 있는 | 창의적인 | 호기심 있는 |
| 참여하는 | 공정한 | 집중하는 |
| 다정한 | 용서하는 | 재미를 추구하는 |
| 관대한 | 진심의 | 감사하는 |
| 돕는 | 정직한 | 유머 있는 |
| 친절한 | 사랑하는 | 조심스러운 |
| 열린 | 장난스러운 | 믿음직한 |
| 존중하는 | 책임감 있는 | 자신을 돌보는 |
| 자기방어의 | 자기 힘으로 살아가는 | 성실한 |
| 지지하는 | 사람을 믿는 | 신뢰할 수 있는 |
| 이해심 있는 | | |

목록 가운데 당신이 자신과 타인 또는 주변 세상을 대하고 싶은 가치를 설명하는 단어가 있다면, 수용전념치료 모델에서는 그것을 당신의 '가치'라고 부릅니다. (목록 가운데 당신이 행동하고 싶은 방식을 설명하는 단어가 없다면, 여기에는 당신이 중요하게 생각하는 가치가 없는 것입니다. 그래도 괜찮습니다.)

우리 삶의 광대한 식탁에는 수많은 요리가 있습니다. 어떤 음식은 절묘한 즐거움을 주고, 어떤 음식은 강렬한 고통을 줍니다. 현실의 고난이 닥칠 때 즐거움을 주는 음식은 사라지고 고통을 주는 음식이 그 자리를 대신합니다. 물론 우리는 그 반대의 경우를 원합니다. 지금의 모든 어려운 문제, 감당해야 하는 괴로운 생각, 감정, 기억 등 고통을 주는 모든 음식을 제거하고 싶어 합니다. 그것들을 식탁 위에서 싹 쓸어버리고 우리가 잃어버린 소중한 음식들을 다시 가져오기를 원합니다. 하지만 불행히도 그렇게 할 수가 없습니다. 그러면 어떻게 해야 할까요?

바로 이때 가치가 도움이 됩니다. 삶의 식탁 위로 당신이 중요하게 생각하는 가치를 가져올 수 있습니다. 당신이 식탁 위에 놓기를 원하는 것이 사랑, 용기, 친절인가요? 장난스러움, 열린 자세, 호기심인가요? 정직, 유머, 도움 되기인가요? 당신은 그것을 당신의 언어와 행동 그리고 몸짓으로 식탁 위로 가져올 수 있습니다. 삶이 당신에게 차려준 것을 마법처럼 바꿀 수는 없습니다. 하지만 식탁 위에 뭔가를 더할 수는 있습니다. 그러면 이미 그 자리를 차지하고 있는 음식도 변화합니다.

　우리는 1부에서 이미 그것을 경험했습니다. 삶은 당신에게 고통스러운 생각, 감정, 기억을 차려주었고, 당신은 그 식탁에 친절, 돌봄, 연민을 더했습니다. 이 단어가 당신 마음 깊은 곳에 있는, 자신과 타인을 대하고 싶은 방식을 설명하고 있나요? 그렇다면 이것을 당신을 '가치'로 생각할 수 있습니다.

## 가치와 목표의 차이

가치는 목표와 확연히 다릅니다. 이 말이 혼란스럽게 들릴지 모르지만 걱정하지 마세요. 거의 모든 사람이 그렇게 느끼니까요. 왜냐하면 우리가 가치에 집중하는 사회가 아니라 목표에 집중하는 사회에 살기 때문입니다. 사실, 실제로는 '규칙'이나 '목표'를 말하면서도 '가치'라는 단어를 자주 사용하곤 합니다. 이제 그 차이를 명확히 정리해보겠습니다. 가치는 '당신이 행동하는 방식'인 반면, 목표는 '당신이 얻기 원하는 것'입니다. 대단한 직장을 얻고, 큰 집을 사고, 배우자를 만나고, 결혼하고 아이를 갖기 원한다면 그것은 모두 목표입니다. 전부 잠재적 '할 일' 목록에서 '완료!' 표시를 할 수 있는 것들입니다. 이와 대조적으로 가치는 목표를 향해 가는 모든 걸음을 걸을 때 어떻게 행동하고 싶은지,

목표를 성취했을 때 어떻게 행동하고 싶은지, 그리고 목표를 성취하지 못했을 때 어떻게 행동하고 싶은지를 설명합니다.

예를 들어, 당신의 가치가 다정하고, 친절하고, 돌보는 것이라면 지금 그리고 영원히 그렇게 할 수 있습니다. 비록 배우자를 얻거나 아이를 갖겠다는 목표를 이루지 못했을 때도 말이지요. (물론 결혼을 하고 아이를 갖는다는 목표는 달성했지만, 친절과 사랑과 배려의 가치는 무시하는 사람도 있습니다.) 비슷하게 만약 일터에서 당신이 중요하게 생각하는 가치가 생산적이고, 효율적이고, 사회적이고, 배려하고, 책임감을 갖는 것이라면, 비록 직장이 완전히 형편없는 곳일지라도 그 가치대로 행동할 수 있습니다. (어떤 사람은 훌륭한 직장에 다니면서도 이 모든 가치를 무시합니다.)

이제 당신이 사랑받거나 존경받기 원한다고 가정해보겠습니다. 그건 가치일까요? 아닙니다. 목표입니다. 목표는 뭔가를 얻기 위해 애쓰는 것입니다. 이 경우에는 다른 사람들로부터 사랑과 존경을 얻으려는 것이지요. 가치는 그러한 목표를 추구할 때 '당신이' 어떻게 행동하고 싶은지를 말합니다. 그 목표를 성취하든, 성취하지 못하든 말이지요. 만약 당신이 사랑하고 존경하는 사람이 되고자 한다면 그건 가치입니다. 그것이 당신이 원하는 행동 방식이고 그렇게 하기로 선택했다면 사랑하고 존경하는 태도로 행동할 수 있습니다. 하지만 사랑받거나 존경받는 것은 목표이고 (어떤 이들은 이를 '필요'라고 부르기도 합니다), 그건 우리의 통제 범위

밖에 있습니다. 우리는 누군가가 우리를 사랑하거나 존경하게 만들 수 없습니다. 사실, 누군가로 하여금 우리를 사랑하거나 존경하게 만들려고 애쓸수록 이를 얻을 가능성이 더 줄어듭니다! 하지만 자신과 타인을 사랑과 존경의 태도로 대하면 우리 역시 사랑받고 존경받을 가능성이 커집니다(물론 보장할 수는 없지만요).

가치와 목표는 둘 다 중요합니다. 하지만 우리는 이 두 가지를 다른 방식으로 사용하므로 둘의 차이점에 유의해야 합니다. 차이를 기억하는 가장 쉬운 방법은 다음과 같습니다. 목표는 내가 갖거나 성취하고 싶은 것이고, 가치는 내가 자신과 다른 사람 또는 주변 세상을 대하고 싶은 방식입니다. 그런데 이것이 현실의 고난과 무슨 관계일까요? 일단 닻 내리기와 자기자비를 통해 마음을 재정비했다면, 이제 행동을 취할 차례입니다. 그 모든 고통 속에서도 소중하게 생각하는 것을 지키기 위해 입장을 정해야 합니다. (때로 우리 대부분은 삶을 포기하려고도 하지만 그렇게 해서는 아무런 만족도 얻을 수 없습니다.) 삶이 '이 모든 고난 속에서 무엇을 옹호할 것인가?'라고 물을 때 우리는 가치에서 그 대답을 찾을 수 있습니다. '내가 원하는 사람이 되는 것을 옹호할 것입니다. 내 마음 깊은 곳에 있는 중요한 가치에 따라 행동하는 것을 옹호할 것입니다.' 그리고 이 대답을 통해 우리는 자신에게 살아갈 이유를 제공할 수 있습니다. 가치는 우리에게 살아갈 목적과 의미를 줍니다. 말 그대로 삶에 의미를 부여합니다.

만약 여전히 이 개념이 이해되지 않거나, 자신에게 중요한 가치가 무엇인지 확실치 않다면…… 네, 짐작했겠지만 정상입니다. 보통 의미, 목적, 가치에 대한 이야기를 처음 접하면 사람들은 대개 불안해하거나, 혼란스러워하거나 아무 생각이 없어집니다. 그래서 좀 더 잘 이해할 수 있도록 몇 가지 연습을 제시합니다. 첫 번째 연습에는 가혹한 자기 판단 아래 묻힌 '숨은 지혜' 끌어내기가 포함됩니다.

- ● 숨은 지혜 찾기 연습
- ●

잠시 닻 내리기를 하는 것으로 이 연습을 시작합니다.

이제 마음이 계속 당신에게 말하는 가혹한 자기 판단을 떠올려봅니다.
그 이야기나 패턴에 이름을 붙입니다. 아마도 '자기 판단' 또는 "그 '난 그럴 자격이 없는 사람이야' 이야기"; 또는 '내면의 비평가' 같은 이름을 붙일 수 있을 겁니다.

자, 이제 생각해봅니다. 마음이 계속해서 시끄럽게 떠들어댈 때, 당신 마음은 당신을 어떻게 도우려는 걸까요?
과거로부터 배우게 하려는 건가요?

문제를 해결하고, 당신을 뭔가로부터 보호하고, 미래를 준비하도록 하려는 건가요?
당신 또는 다른 누군가를 돌봐야 한다고 상기시켜주는 건가요?
당신에게 중요한 사람이나 물건을 떠올리게 하는 건가요?
당신이 뭔가를 더 잘하거나 다르게 하도록 돕는 건가요?
어떤 개인적인 자질을 갖추게 하려는 건가요?

나탈리의 마음은 수백 가지 다른 방식으로 그녀를 '나쁜 엄마'라고 부르며 질책했습니다. 아들이 사고를 당하던 날 아침, 그들은 심한 언쟁을 했고 나탈리는 아들에게 이기적이고 게으르다고 심하게 말했습니다. 그리고 그 말이 그녀가 아들에게 한 마지막 말이 되어버렸습니다. 그녀는 오랜 시간 동안 다양한 모습의 '나쁜 엄마' 이야기로 자신을 괴롭혔고, 그녀의 마음은 몹시 무자비한 평가로 그녀를 힘들게 하고 있습니다. 아들을 낙담시키고 불친절하게 대하며 했던 모든 대화를 마음은 계속해서 다시 불러왔습니다. 그녀는 닻 내리기를 하고, 그 이야기에 이름을 붙이고, 고통스러운 감정을 위해 공간을 마련하고, 친절한 자기 대화를 연습하고, 친절한 손 연습을 하고, 정기적으로 애도 의식을 했습니다. 이 모두가 매우 도움이 됐지만, 여전히 그녀의 마음은 그녀를 무자비하게 때립니다. 나탈리에게 앞서 설명한 연습을 하게 했을 때, 그녀는 질문에 몇 가지 흥미로운 대답을 했습니다. 그녀의 마음은 명백하게 그녀가 아들을 깊이 사랑한다고 말하고 있었고, 그녀가 '나쁜 엄마'가 아닌 '좋은 엄마'가 되고 싶어 한다고 말했습니다. 내가 물었습니다.

"그러니까 당신의 마음에 의하면, '좋은 엄마'의 자질은 무엇인가요?"

조금의 망설임 끝에 나탈리는 '다정하고, 친절하고, 용서하고, 지지해주고, 신뢰할 수 있는 사람'이라고 대답했습니다.

"그것이 당신에게 중요한가요? 당신 마음 깊은 곳에서 원하는, 당신이 되고 싶은 엄마의 모습인가요?"

"맞아요! 하지만 이젠 너무 늦었어요! 내 아들은 죽었어요." 그녀가 울음을 터뜨리며 대답했습니다.

위 질문을 숙고하는 동안 나탈리는 매우 중요한 가치에 다가갔습니다. 물론 그녀의 말이 맞습니다. 그녀의 아들은 죽었고 일어난 과거를 바꿀 방법은 없습니다. 나는 그녀에게 물었습니다.

"다정하고, 친절하고, 용서하고, 지지해주고, 신뢰할 수 있는 사람이 되고 싶은 당신의 가치를 아들 리처드와의 관계에만 적용하기를 원하나요? 아니면, 그 가치를 적용하고 싶은 다른 사람이 당신 삶에 있나요?"

"물론 있죠. 남편과 딸 그리고 부모님과 친구들……"

"그렇다면 아마도 당신의 마음이 도우려는 게 그것 아닐까요? 그 가치들을 당신의 다른 인간관계에도 적용하는 것 말이에요. 그런다고 해서 과거를 바꾸거나 당신의 고통을 없앨 수는 없습니다. 그래도 그 가치 속에 당신에게 의미 있는 뭔가가 있지 않을까요?"

나탈리의 얼굴에 희망의 빛이 스쳤습니다.


라다에게는 이 과정이 더 복잡했습니다. 그녀는 만성질환(섬유근육통) 때문에 전에 좋아했던 라틴 댄스나 에어로빅 등 많은 활동을 포기해야 했습니다. 그녀는 취미활동을 하지 못한다는 데 가장 큰 상실감을 느끼고 있었습니다. 그녀는 주말에 나무, 진흙, 철로 추상적인 조각품 만들기를 즐겼습니다(이 일로 생활비를 벌고자 했지만 그다지 성공적이지는 않았습니다). 불행히도 조각은 신체적으로 많은 힘이 필요한 작업이고 팔과 등, 목의 통증은 이 모든 활동을 불가능하게 만들었습니다. 라다의 마음은 계속해서 그녀를 두고 '한심한', '나약한', '쓸모없는', '가치 없는' 존재라고 말했습니다. 그녀는 이렇게 말했습니다.

"내 마음이 날 어떻게 도우려는 건지 난 모르겠어요."

앞서 당나귀에게 동기를 부여하는 두 가지 방식인 당근과 채찍에 대해 이야기했지요? 나는 이렇게 말했습니다.

"내 생각에 당신의 마음은 커다란 채찍을 사용하고 있는 것 같아요. 당신에게 채찍을 휘둘러서 뭔가를 하게 하려는 듯해요.

당신의 마음은 당신이 무엇을 하고 싶어 한다고 생각하나요?"

"춤추고, 조각하고, 내가 전에 했던 모든 것을 다시 하는 거요."

"네, 내 생각도 그래요."

"하지만 나는 더 이상 그걸 할 수가 없어요." 라다는 울음을 터뜨렸습니다.

"맞아요. 적어도 지금은 할 수 없지요. 그러니까 마음은 당신을 돕고 싶어 하지만, 그게 실제로는 방해를 하고 있는 거죠. 첫 번째로 당신의 마음은 지금 채찍을 사용하고 있고, 두 번째로 지금 불가능한 것들을 하라고 합니다. 이제 그 채찍을 내려놓고 당신의 건강상태가 허용하는 범위 안에서 무엇을 할 수 있을지 한번 살펴봅시다."

라다는 내 말에 동의했고 그다음에 우리는 춤추고, 조각하는 활동에 담긴 그녀의 가치를 알아내고자 했습니다. 지금은 비록 그 활동을 할 수 없지만, 여전히 그 활동 속에 담긴 가치에 따라 살아갈 수 있음을 깨닫도록 돕고 싶었습니다.

"만약 누군가가 조각을 정말 즐기고 이해하고 잘하기를 원한다면, 어떤 자질이 도움이 된다고 생각하나요?"

"음, 글쎄요, 내 생각에는 헌신…… 새로운 시도…… 집중……, 인내…… 창의성, 계속 성장하고 향상되기 위한 노력, 진실함, 실수하고 그로부터 배우는 것을 허락하기…… 이런 것들이 도움이 될 것 같아요."

"그런 자질이 당신에게 중요한가요? 그게 당신이 조각을 할 때 원하는 자질인가요?"

"네! 하지만 난 더 이상 그렇게 할 수 없어요!"

"그래요, 물론 그건 너무 고통스러운 일일 거예요."

이 지점에서 라다는 슬픔과 분노의 눈물을 펑펑 쏟았습니다. 그래서 우리는 닻 내리기를 하고 친절한 손 연습을 했습니다. (삶을 다시 만들어가는 고통스러운 작업을 할 때는 계속해서 감정의 폭풍이 밀려옵니다. 그렇기에 1부에서 다루었던 모든 마음챙김과 자기자비 기술을 계속 사용하는 것은 매우 중요합니다.) 그리고 그 후 다시 대화로 돌아왔습니다.

"당신이 이야기한 인내, 창의성, 헌신, 집중, 성장 등은 매우 중요한 가치로 들리는군요."

"네, 중요해요."

"그렇다면 궁금하군요. 그 가치들이 오직 조각이라는 활동 하나만을 위한 건가요? 아니면 병으로 인해 제약이 생긴 지금 할 수 있는 다른 활동에도 적용할 수 있는 건가요? 분명 그 활동은 조각과는 다를 테고, 당신의 고통을 없앨 수도 없겠지만 말이에요. 그래도 당신에게 의미 있는 어떤 활동이 있나요?"

라다는 오랫동안 매우 주의 깊게 생각했습니다. 그런 다음 아주 천천히 고개를 끄덕였습니다.

만약 '당신 마음은 당신을 어떻게 도우려는 걸까요?'라는 질문의 답변을 생각하지 않고 그냥 지나쳤다면 시간을 내서 앞의 내용과 그것으로부터 당신이 어떤 가치를 발견할 수 있는지 살펴보기 바랍니다.

그리고 만약 라다의 경우처럼 마음이 비현실적이거나 불가능한 활동을 하도록 당신을 밀어붙인다면, 그 활동의 근간을 이루는 가치를 찾으십시오. 자신에게 이렇게 질문하면 됩니다. "만약 어떤 사람이 이 활동을 즐기고, 이해하고, 잘하고 싶어 한다면 그에게 어떤 자질이 필요할까?"

어쩌면 5장에서 다룬, 큰 상실을 겪은 후에 사람들이 자신에게 건네는 '나는 누구인가?'라는 질문이 떠오를지도 모릅니다. '직업이 없다면 나는 누구일까?' '배우자가 없다면 나는 누구일까?' '건강을 잃은 나는 누구일까?' '부모님이 없다면 나는 누구일까?' '아이가 없다면 나는 누구일까?' 만약 그렇다면 당신의 마음은 기본적으로 당신이 어떤 사람이 되고 싶은지, 어떤 가치에 따라 살고 싶은지, 큰 상실 앞에서 무엇을 위해 살고 싶은지를 생각하도록 돕는 것입니다. 이 장에 나오는 연습들이 그 질문에 답하는 데 도움이 되기를 바랍니다.

기억하세요. 지금 우리의 목표는 그저 우리가 중요하게 생각하는 가치가 무엇인지 알아내는 것입니다. 다음 장에서는 그것을 어떻게 행동으로 바꿀 수 있는지 살펴볼 것입니다(그리고 나탈리와 라다가 다음에 어떻게 했는지도요). 이제 당신의 가치를 좀 더 분명하게 알아내기 위해 '연결하고 깊이 생각하기'라는 연습을 해보겠습니다. 이 연습은 나의 멘토 중 한 명인 켈리 윌슨<sup>Kelly Wilson</sup>이 만든 '스위트스폿<sup>The sweet spot</sup>' 연습에서 영감을 얻었습니다.

## ● 연결하고 깊이 생각하기 연습
　●

### ▶ 1. 연결하기
먼저 닻 내리기로 이 연습을 시작합니다.

이제, 현재 당신 삶에서 중요한 누군가를 생각합니다. 당신이 아끼고 정기적으로 만나고, 함께 즐거운 시간을 보내는 사람 말입니다. 그리고 최근에 그 사람과 함께하면서 정말 좋아하는 어떤 활동을 했던 기억을 떠올려봅니다.

마치 지금 이 자리에서 일어나는 일처럼 그 기억을 되도록 생생하게 떠올립니다.
그 시간을 다시 경험합니다. 그 감정을 다시 느껴봅니다.

당신의 눈 뒤에서 그 장면을 바라봅니다. 당신이 어디에 있는지, 하루 중 시간은 언제인지, 실내인지, 실외인지, 날씨는 어떤지, 주변 경관은 어떤지, 온도는 어떤지, 공기는 어떤지, 무엇이 보이는지, 무엇이 들리는지, 무엇을 만지고, 맛보고, 냄새 맡을 수 있는지 살펴봅니다.

상대방에게도 주목합니다. 그 또는 그녀는 어떤 모습인지, 무슨 말을 하고, 무엇을 하고 있는지, 목소리 톤은 어떤지, 얼굴 표정과 동작은 어떤지, 어떻게 움직이는지 살펴봅니다.

이 기억 속에서 당신은 무슨 생각을 하나요? 기분은 어떤가요? 무슨 일을 하고 있나요? 당신의 팔과 다리와 입으로 무엇을 하고 있나요? 움직이고 있나요? 가만히 있나요? 이제 당신의 몸속으로 들어갑니다(기억 속에서). 무엇이 느껴지나요?

이 기억 속의 감정을 느낄 수 있나요? 어떤 느낌인가요? 그 감정을 흡수해 당신 안에 흘러들게 합니다. 마음을 열고 감정을 위한 공간을 마련합니다. 그럴 때 당신은 슬픔, 그리움 또는 후회와 대면할 수 있습니다. 놀라운 일이 아닙니다. 우리가 소중하게 여기는 것은 대개 우리에게 고통을 주기 때문입니다. 그러니 이 기억과 맞물릴 때는 마음을 열고 즐거움과 고통을 비롯한 모든 감정을 위한 공간을 만드십시오.

그 순간을 간직합니다. 그것을 최대한 음미합니다. 그것에 정말로 감사합니다.

이 연습이 어떻게 느껴졌나요? 즐거웠나요? 슬픔 또는 다른 고통스러운 감정이 떠올랐나요? 마음을 열고 그 감정을 위한 공간을 마련하고 자기자비를 실행했나요? 이제 연습의 첫 번째 단계를 마쳤습니다. 그 기억 속으로 돌아가서 당신을 제대로 살펴보고 깊이 생각하는 2단계로 넘어가겠습니다.

▶ 2. 깊이 생각하기
이제 한 걸음 물러서서 마치 TV 화면을 보듯 기억을 바라봅니다.

자신에게 집중합니다. 당신은 무슨 말을 하고, 무엇을 하고 있나요? 상대방과 어떻게 상호작용을 하고 있나요? 그를 어떻게 대하고 있나요? 그에게 어떻게 대답하고 있나요?

기억 속에서 당신은 어떤 태도를 보이나요? 예를 들어, 열려 있고, 호기심 많고, 다정하고, 친절하고, 재미를 추구하고, 장난스럽고, 일관되고, 감사하고, 정직하고, 진실하고, 용기 있고, 친밀한가요?

이것은 당신이 어떤 사람이 되고 싶은지에 대해 무엇을 일깨우나요?
당신이 자신과 타인을 대하는 방식에 대해 무엇을 일깨우나요?
당신이 관계를 어떻게 만들어가고 싶은지와 시간을 어떻게 보내고 싶은지에 대해 무엇을 강조하나요?

'연결하고 깊이 생각하기' 연습에서 아마도 당신은 누군가와의 깊은 관계를 떠올렸을 겁니다. 이제 잠시 생각해보십시오. 그 기억 속에서 당신은 식탁 위에 무엇을 가져다놓았나요? 그것이 사랑, 열정, 호기심, 열린 자세, 정중함, 감탄, 감사, 관능, 친절, 관심, 장난, 유머, 따뜻함, 애정, 부드러움, 정직, 신뢰에 기여했나요?

기억 속 당신의 행동을 가장 잘 설명하는 자질 서너 가지를 선택하십시오. 그리고 생각해보십시오. 그 자질을 당신 삶의 식탁에 가져오고 싶나요? 말, 몸짓, 행동 그리고 실천을 통해서 인간관계에 적용하고 싶나요? 만약 그렇다면 그것이 바로 당신이 중요하게 생각하는 가치입니다.

이제 마지막 연습을 해보겠습니다.

● 6개월 전 돌아보기 연습
●

닻 내리기로 연습을 시작합니다. 이제 현실이 당신의 따귀를 때렸을 때 그에 어떻게 반응했었는지를 생각하며 지금으로부터 6개월 전을 돌아봅니다.

6개월 전의 관점으로 다음 질문 가운데 일부 또는 전부에 대답합니다.
(그냥 넘기지 말고 시간을 두고 천천히 정말로 생각해봅니다.)

현실에 따귀를 맞았을 때, 당신은 무엇을 옹호했나요?

그 고난의 시간에 자신을 어떻게 대했나요?

그 고난의 시간에 소중한 사람들을 어떻게 대했나요?

그 모든 어려움을 견뎌나가며 당신은 삶의 식탁에 어떤 자질들을 가져다놓았나요?

이제 당신이 중요하게 생각하는 가치를 적어도 몇 가지는 확인했기 바랍니다. 때로 마음은 이 과정을 매우 힘들게 합니다. '이게 내가 정말 중요하게 생각하는 가치인지 어떻게 알아? 내가 그런 가치를 가져야 한다고 생각하기 때문에 선택한 것 아닐까?' 하고 의심하게 만듭니다. 그런 마음을 알아챘다면 다음과 같이 이름을 붙이십시오. '아, 지금 내 마음이 과도한 분석을 하고 있어.' '나는 자기 의심을 하고 있어.' '나는 이중 추측을 하고 있어.' 지나친 분석 때문에 아무것도 못 하고 마비되는 대신 몇 가지 가치를 선택해서 그에 대해 이런저런 생각을 해보고 무슨 일이 일어나는지 살펴보십시오. 다음 장에 나오는 방법으로 이 가치를 활용하면 자신에 대해 많은 것을 알게 될 것입니다. 그리고 당신이 '진정한' 가치를 발견했는지, 아니면 발견하지 못했는지가 곧바로 분명해질 것입니다.

## 가치, 관계, 의미

삶이 거대하고 복잡한 관계의 네트워크라고 가정해보십시오. '관계'라는 단어는 우리가 누군가 또는 무엇인가와 상호작용하는 방식을 의미합니다. 자신과의 관계, 우리의 생각·감정·기억과의 관계, 우리 몸과의 관계, 가족·친구·이웃과의 관계, 일·여가와의 관계, 물리적인 환경과의 관계 그리고 우리가 사용하는 전화, 컴퓨터, 먹는 음식, 마시는 물, 잠자는 침대, 사는 장소 등 방대한 무생물과의 관계 등 수많은 관계를 생각할 수 있습니다.

삶의 재건에는 우리가 맺은 관계와 그 관계를 되도록 건강하게 만들기 위해 무엇을 할 수 있을지 살펴보는 일이 포함됩니다. 때로 우리는 '삶은 의미 없어', '내 삶을 위해 뭘 해야 할지 모르겠어' 또는 '이게 전부인가?'처럼 도움이 안 되는 이야기를 믿기도 합니다. 그러나 그 어떤 순간이라도 우리는 중요한 사람이나 사물과의 관계를 선택하고 그것을 더 좋고 더 건강하고 더 만족스러운 것으로 만들어나가기 위해 뭔가를 해야만 합니다. 의미와 목적을 가지고 살아가기 위해서 말이지요. 어떻게 그럴 수 있을까요? 지금 이 순간 삶이 우리에게 무엇을 주는지 깨닫고, 그 삶의 식탁에 우리 가치를 가져다놓으면 됩니다.

예를 들어, 당신의 삶에 불량하고, 상처 주고, 무관심하고, 무자비한 누군가가 있다면 삶의 식탁에 단호함, 용기, 공정함, 자기 존중, 자기방어, 자기 지지와 같은 가치를 가져올 수 있습니다. 그런 가치에 따라 적극적으로 자신을 방어하고 돌보며 다른 사람에게서 받는 피해를 멈추거나 줄일 수 있습니다. (여기에는 그들과의 연락을 제한하거나 당신 삶에서 그들을 완전히 끊어내는 것이 포함될 수 있습니다.) 비슷하게 만약 문제를 키우는(사랑하는 사람들과 다투거나 그들로부터 거리를 두는 등) 행동을 하거나, 당신에게 해를 끼치는 행동(담배, 술, 불량식품 섭취 등)을 과도하게 하고 있다면, 그 패턴을 끊어내기 위해 적극적인 자기 인식과 자기 돌봄을 식탁으로 가져올 수 있습니다.

만약 당신 삶에 따뜻함과 보살핌을 주는 누군가가 있다면 감사, 사랑, 친절, 신뢰를 식탁으로 가져올 수 있습니다. 삶을 풍요롭게 하고, 삶의 질을 높여주는 활동(사랑하는 사람들과의 연결, 재미있는 활동, 음악 감상, 독서, 취미나 관심사 추구 등)이 있다면 주의, 집중, 관심, 열린 자세, 호기심, 참여, 감사를 식탁으로 가져올 수 있습니다.

자기계발적 접근 방식은 대체로 목표, 즉 삶과 관계 속에서 얻고자 하는 목표에 초점을 맞춥니다. 반면 가치는 매우 다른 태도를 낳습니다. 가치는 우리가 삶에 어떻게 적극적으로 기여할 수 있는지, 관계를 위해 무엇을 할 수 있는지를 보여줍니다. 목표 역시 매우 중요하기 때문에 그에 대해서는 뒤에서 살펴볼 것입니다. 우리는 삶에 아무것도 필요하지 않다거나 아무것도 원하지 않는 척하지 않을 것입니다. 하지만 지금은 가치에 집중하고, 적극적으로 우리 가치를 삶의 식탁 위로 가져올 때 어떤 일이 생기는지 살펴볼 것입니다. 예를 들어, 이 책과 당신의 관계를 생각해 보십시오. 이 책을 읽으면서 열린 자세, 열정, 호기심, 집중, 참여의 가치를 가져오고 있나요? 그것이 차이를 만들까요? 열정, 호기심, 집중, 참여와 같은 가치 없이 어떤 책과 관계를 맺어본 적이 있나요? 만약 그렇다면 보람과 성취감이 느껴졌나요? 아니면 시간 낭비처럼 느껴졌나요?

다른 예를 위해, 다시 '연결하고 깊이 생각하기' 연습으로 돌아가보겠습니다. 기억 속에서 당신은 관계를 증진시키는 자질을 적극적으로 적용했습니다. 반면 우리는 얼마나 자주 공격성, 불친절, 불공정, 무관심, 분리처럼 이와는 완전히 다른 자질을 가장 사랑하는 사람들과의 관계에 적용하나요? 그리고 그런 자질을 식탁 위에 가져다놓을 때 관계에는 어떤 일이 일어나나요?

마지막 예로, 이 책의 1부로 돌아가보겠습니다. 가혹하고, 불친절하고, 비판하고, 무신경한 자질을 자신과의 관계에 적용할 때 어떤 일이 일어나나요? 반대로 친절과 돌봄을 적용할 때는 어떤 일이 일어나나요?

가치를 알면 삶을 더욱 의미 있게 만드는 데 계속해서 그 가치를 사용할 수 있습니다. 어떤 고상한 명분이나 인생의 임무를 발견할 때까지 기다릴 필요가 없습니다. 그저 우리 가치를 지금 당장 모든 관계, 즉 누구 또는 무엇과의 관계에나 적용할 수 있습니다. 다음 장에서 그렇게 하는 방법을 살펴볼 것입니다. 스코틀랜드 출신 작가 헨리 드러먼드Henry Drummond의 글을 인용하며 이번 장을 마칩니다.

> "인생을 돌아보면 제대로 살았다고 생각되는 순간은,
> 사랑의 정신으로 행동했던 순간뿐임을 알게 될 것이다."

# 13 작은 한 걸음
내딛기

● One Small Step

　　　　　　　　'중요한 것은 생각이다'라는 말을 들어본
적 있나요?

　이 말에 대해 잠시 생각해보겠습니다. 누군가가 당신에게 생
일 선물을 사 주려고 생각하는 것과 그들이 정말로 밖에 나가 선
물을 사 주는 것 중 어떤 것에 더 큰 의미가 있을까요? 범죄를 저
지를 생각을 하는 것과 실제로 범죄를 저지르는 것 가운데 어떤
것이 법적으로 당신에게 더 큰 문제를 일으킬까요? 사랑하고 지
지해주는 부모가 되려고 생각하는 것과 실제로 그런 부모가 되
는 것 가운데 당신 자녀에게는 무엇이 더 중요할까요? 어떤 자녀
도 이렇게 말하지 않습니다. "우리 아버지는 완전히 이기적이고

내가 아버지를 필요로 할 때마다 옆에 있어주지 않았어. 하지만 나를 아끼고 지원해주는 사람이 되려고 자주 생각하셨기에 나는 아버지를 정말 존경해."

생각이 아니라 행동이라는 현실이 더 중요합니다. 그렇지 않다면 우리 모두 큰 곤경에 처하겠지요. 살면서 당신이 품었던 분노와 복수심에 찬 생각을 모두 떠올려보세요. 누군가를 상처 입히기 위해 그에게 모욕적으로 소리치거나 심술궂은 비난을 퍼붓거나 복수할 궁리를 했던 것을 떠올려보세요. 또 배우자를 떠나고 직장을 그만두고 삶에서 도망치려는 생각을 한 적도 있지 않나요? 우리 모두 공개적으로 인정하기에는 당황스러운 수많은 생각을 합니다. 이 모든 생각이 행동보다 정말 더 중요하다면 삶은 어떻게 될까요?

우리는 생각이 아닌 행동을 통해 삶을 만들어갑니다. 내 내담자 중 한 사람은 지겹고 싫증나고 단조로운 업무를 그만두고 심리학자 교육을 받고 싶다는 생각을 진지하게 하고 있습니다. 그런데 문제는 그가 이 진지한 고민을 10년 동안 하고 있고, 여전히 아무런 행동도 취하지 않고 있다는 것입니다! 그의 모습이 어느 정도는 나와 당신의 모습 같지 않나요? 우리 대부분은 이 땅에 사는 동안 무엇을 하고 싶은지 생각하는 데 너무 많은 시간을 들입니다. 하지만 실제로 그것을 할 수 있는 시간은 충분하지 않지요.

'중요한 것은 생각이다'라고 말할 때 보통 거기에는 구체적인 이유가 있습니다. 바로 다른 사람의 기분을 풀어주려는 것입니다. '상대방이 중요하다고 생각하는 어떤 일(예를 들면 생일 선물 사기)을 하지 않아서 기분이 나쁘구나' 하고 생각하고, 불쾌함에서 벗어날 수 있게 도우려는 겁니다. 정말로 그렇게 생각해서 하는 말이 아니라요. 그러니 다음번에 똑같은 상황이 닥친다면 "생각이 중요하지"라는 말 대신 좀 더 진솔하고 공감을 담은 말을 하면 어떨까요? "음, 너도 사람인걸. 나도 그래. 그건 정말 별일 아니야"처럼 말입니다.

그리고 당신의 삶에 있어 중요하고 의미 있는 것에 대해 생각할 때, 이런 질문을 해보십시오. '내가 내딛을 수 있는 아주 작은 한 걸음은 무엇일까? 내 삶에서 이 부분을 바꾸는 데 필요한 가장 쉽고 간단한 행동은 무엇일까?' 원하는 삶을 만들기 위해서는 결국 수백 가지 생각보다 직접 실행에 옮기는 가장 작은 행동이 더 중요합니다.

가치는 이럴 때 우리에게 큰 도움이 됩니다. 자신에게 간단한 다음 두 질문을 해보십시오.

- 이 순간 나에게 가장 중요한 관계는 무엇인가?
- 내 삶의 식탁에 가져오고 싶은 것은 무엇인가?

이 질문에 대답하기 위해 몇 가지 사례를 살펴보겠습니다. 지금 가장 중요한 관계가 당신 몸과의 관계라고 가정해봅시다. 당신은 열린 태도와 호기심을 식탁 위로 가져올 수 있나요? 당신의 몸이 지금 무엇을 하고 있는지 알아차릴 수 있나요? 어떻게 움직이나요? 어떤 부분이 긴장되어 있고, 어떤 부분이 편안한가요? 어떤 부분이 강하고 어떤 부분이 약한가요? 무엇이 당신의 몸을 더 잘 움직이게 하고, 무엇이 몸을 악화시키나요? 스트레칭, 운동, 잘 먹기, 잘 자기, 휴식 취하기, 새로운 기술 익히기, 공원으로 산책하러 가기 등으로 당신의 몸에 약간의 친절과 돌봄을 베풀 수 있나요?

만약 당신 마음과의 관계가 가장 중요하다면, 역시 열린 태도와 호기심을 식탁 위로 가져올 수 있나요? 마음이 무엇을 하고 있는지 살펴보세요. 뭔가 도움 되는 일을 하고 있나요? 공상을 하거나 기억하거나, 걱정하거나, 궁금해하거나 계획을 세우고 있나요? 마음에게 새로운 기술을 가르칠 수 있나요? 아니면 마음에게 새로운 책, 음악 또는 영화처럼 흥미로운 것을 소개할 수 있나요?

만약 지금 이 순간 가장 중요한 것이 당신이 하고 있는 창작, 스포츠, 취미, 일, 공부라면 그 식탁에 흥미와 관심을 가져다놓으면 무슨 일이 일어날까요? 하고 있는 일에 온 관심을 쏟고, 열정, 호기심, 용기, 창의성, 돌봄, 배려, 인내를 적용하면 어떻게 될까요?

만약 사람과의 관계가 가장 중요하다면 배우자, 자녀, 부모님, 친구, 이웃, 교사, 학생, 멘토, 고객, 직원, 동료 등 그가 누구든 똑같은 질문을 해봅니다. 당신이 삶의 식탁으로 가져오고자 하는 것은 무엇인가요? 참여, 관심, 열린 태도, 돌봄? 아니면 물러남, 무관심, 무신경, 폐쇄성, 무정함? 만약 전자라면 지금 바로 그렇게 할 수 있는 방법이 있습니다. 그의 얼굴, 목소리 톤, 동작 또는 그가 하는 말에 더 관심을 기울일 수 있습니다. 그의 감정, 생각, 믿음, 태도, 추측에 대해 궁금해할 수 있습니다. 그의 세계와 필요를 이해하려고 노력할 수 있고, 작은 친절과 보살핌의 행동을 할 수 있습니다.

물론 그가 당신을 형편없게 대한다면 그 관계에서 우선순위를 바꿔야 합니다. 우선적으로 그리고 가장 중요하게 해야 할 일은 자신의 건강과 행복을 돌보고 그에 관심을 갖는 것입니다. 스스로를 돌보고 보호하고 자신의 필요를 채워줘야 합니다. 그리고 만약 그가 당신을 계속 형편없이 대한다면 관계 단절을 고려해볼 수 있습니다. (이 선택을 항상 할 수 있는 건 아니고, 그럴 수 있다고 해도 최선은 아닐 수 있습니다. 이를테면 사랑하는 사람이 어떤 병으로 인해 당신을 괴롭히는 경우도 있을 겁니다.) 어느 쪽이든 관계의 지속 안에서 당신 자신을 돌보는 것이 우선순위를 차지해야 합니다.

앞 장에서 당신은 중요하게 생각하는 가치를 확인했습니다. 이제 그 가치를 행동으로 전환해야 할 때입니다. 가치를 삶의 식탁 위에 가져다놓기 위해 자신에게 나지막하게, 또는 타인에게 큰 소리로 어떤 말을 할 건가요? 가치를 실행하기 위해 당신의 팔, 다리, 손, 발, 얼굴 표정, 몸동작, 목소리 톤으로 무엇을 할 건가요?

## 한 번에 벽돌 한 장

앞서 담을 쌓으며 한 번에 벽돌 한 장씩 얹는 것에 대해 이야기했습니다. 상실을 겪은 후에 삶을 재건할 때 고통에 압도되지 않으려면 한 번에 하나씩 해나가는 접근 방식이 현명합니다. 이를 염두에 두고 삶에서 매우 중요한 네 가지 영역인 일과 교육, 가족과 친구, 놀이와 여가, 건강과 행복에 대해 생각해보세요. 매주 이 네 영역 중 한 가지를 선택해서 적극적으로 가치를 적용해 실천하기를 추천합니다.

일과 교육 영역에는 유급 근로, 자원봉사 그리고 모든 종류의 공부, 훈련, 배움이 포함됩니다. 가족과 친구 영역에는 자녀, 부모님, 배우자, 친척, 친구 또는 당신이 마음 깊이 아끼는 모든 사람이 포함됩니다. 놀이와 여가에는 취미, 관심사, 창의적인 활동, 직접 하거나 즐겨 보는 운동 경기 그리고 쉼과 여유를 위한 모든 것이 포함됩니다. 건강과 행복에는 몸과 감정, 영적·심리적 건강과 행복을 위해 적극적으로 행하는 모든 것이 포함됩니다. (물론,

이 영역은 모두 서로 어느 정도 겹치고 완전히 개별적인 영역으로 구분되지 않습니다. 이는 단지 삶의 영역을 편의상 구분한 것뿐입니다. 다행히도, 이 영역들이 서로 겹치기 때문에 한 가지를 실행하면 다른 것에도 긍정적인 영향을 주는 도미노 효과가 자주 일어납니다.)

일단 영역을 선택했다면 식탁 위로 가져오고 싶은 두세 개의 가치를 선택하세요(정말로 원한다면 최대 네다섯 개까지는 괜찮지만, 그 이상을 선택하면 기억하기 어려워집니다). 그런 다음 그 가치를 해당 영역에서 어떻게 적극적으로 실행할지 생각해보세요. 어떤 새로운 활동을 시작할 수 있을까요? 이미 하고 있는 활동을 어떻게 수정하면 좋을까요? 어떤 행동을 할 수 있을까요? 어떤 말을 할 수 있을까요? 당신과 다른 사람들 그리고 주변 세계를 어떻게 대할 수 있을까요?

안토니오는 먼저 가족과 친구 영역을 선택했고, 특히 아내인 캐시와의 관계에 초점을 맞추기로 했습니다. 그는 친절, 이해 그리고 열린 태도라는 가치를 선택하고, 과도한 음주, TV 앞에서 잠드는 버릇, 시비 거는 말을 멈췄습니다. 캐시의 이야기를 진심으로 친절하게 들어주었고, 그녀가 울 때 안아주고, 저녁이면 그녀와 함께 오래 산책했습니다. 그러는 동안 두 사람은 마음을 열고 솔직하게 그들의 슬픔에 대해 이야기를 나눴습니다. 그런다고 안토니오의 슬픔과 고통이 사라지진 않았지만, 자신에게 진실해질 수 있었고 아내에게는 자신이 진정으로 되고자 하는 그런 남편이 될 수 있었습니다.

샨티 역시 가족과 친구 영역을 선택했고, 용기, 열린 태도, 정직의 가치를 선택했습니다. 그녀는 한 명 한 명 친구와 가족에게 다시 연락하기 시작했습니다. 그녀에게는 엄청난 수치심과 불안을 불러일으키는 행동이었기에 그 자체로 매우 용기가 필요했습니다. 그럼에도 행복한 얼굴 뒤에 감정을 숨기는 대신 정직하고 솔직하게 드러내기를 선택했습니다. 놀랍게도 그녀는 사랑하는 사람 대부분이 친절하고 이해심 많다는 것을 알게 되었습니다. 불행히도 그들 중 몇몇은 그녀에게 필요한 응원을 해주는 데 서툴렀고, 특히 그녀의 어머니는 끔찍하게도 남편의 불륜을 두고 그녀를 비난했습니다. "네가 좀 더 나은 아내였다면 다른 여자를 쳐다보지 않았겠지." 샨디는 곧장 자기자비와 자기 보호의 가치를 데려왔습니다. 어머니와 함께하는 시간을 최소화하고, 어머니가 독한 말을 할 때마다 자신을 친절하게 대했습니다. 그리고 대부분의 시간을 그녀를 진심으로 사랑하고 보살펴주는 사람들과 보냈습니다. 그녀의 슬픔과 분노, 고통스러운 기억은 사라지지 않았지만, 그래도 삶을 진정으로 다시 만들어가고 싶다는 마음은 얻을 수 있었습니다.

직장을 잃은 데이브가 일과 교육 영역을 선택한 것은 당연합니다. 그는 인내, 끈기, 책임감이라는 가치를 선택했습니다. 그는 새로운 직장을 찾거나 그 목표를 성취하는 데 도움이 될 만한 기술과 지식을 적극적으로 배우는 데 하루 여덟 시간을 할애했습니다. 이력서를 쓰고, 구직 활동을 하고, 회사에 지원하고, 면접을 보러 가는 지루한 일을 하며 데이브는 그의 가치를 적용할 수 있는 수많은 기회를 만났습니다. 매일 아침 그는 해야 하는 그 모든 달갑지 않은(그리고 아무런 보수도 없는) 일을 하기 위해 닻 내리기를 하고, 자신의 가치를 주문을 외듯 조용히 반복해서 중얼거렸습니다. '인내, 끈기, 책임감.' 그런다고 그의 임무가 쉽고 재미있어지지는 않았지만 분명 힘은 주었습니다. 그에게는 새로운 직장을 찾는 데 수반되는 모든 불편함과 번거로움을 피할 능력이 없습니다. 또한 원하는 직장을 구할 거라고 확신할 수 있는 능력도 없습니다. 하지만 그에게는 자신의 태도를 선택할 수 있는 능력이 있고, 어려운 상황에 직면해서 삶의 식탁 위로 어떤 가치를 가져올지 선택할 수 있는 능력이 있습니다.

나탈리는 건강과 행복에 집중하기로 하고, 자기 돌봄과 자기 자비의 가치를 선택했습니다. 그녀는 매일 친절한 손 연습을 했고 '나쁜 엄마' 이야기에서 벗어나기 위해 열심히 노력했습니다. 아들 리처드의 죽음 이후 건강이 악화되고 야윈 상태인데, 여전히 식욕은 없지만 칼로리 섭취를 늘리기 위해 단백질 음료를 마시기 시작했습니다. 물론 그런다고 그녀의 아들이 살아나거나 상실감으로 인한 고통이 사라지지는 않습니다. 하지만 모든 혼란 속에서도 약간의 통제력이 수립되는 느낌을 받을 수 있었습니다.

그 과정에서 그녀가 엄마로서 항상 가지고 있었던 양육과 돌봄의 본능이 도움이 되었습니다.

라다는 놀이와 여가 영역에 초점을 맞추고, 창의성, 끈기, 열린 자세(새로운 것을 시도하고 실수와 실수로부터 배우는 것에 대해)라는 가치를 도입하기로 했습니다. 조각을 하거나 춤을 출 수는 없지만 다른 식으로 자신이 선택한 가치를 삶의 식탁에 초대하는 방법을 찾았습니다. 예를 들어, 아주 느리고, 리듬감 있고, 마음을 안정시키는 음악에 맞춰 스트레칭과 신체강화 운동을 했습니다. 마치 극도로 느린 동작으로 움직이는 미니멀리즘 댄서처럼 말이지요. 라틴 댄스와는 완전히 거리가 먼 동작이지만 그럼에도 그녀는 이 과정에서 그녀의 가치인 창의성, 열린 자세, 끈기를 실천할 수 있었습니다(그리고 물리치료 시간도 훨씬 흥미로워졌습니다). 또한 고등학교 때 이후로는 하지 않았던 새로운 창의적인 활동인 데생을 시작했습니다. 조각과는 동떨어진 활동이고, 그녀가 데생에 타고난 재능이 있는 것도 아니지만, 창의적인 활동을 한다는 만족감을 얻을 수 있었고 배움에 대해 열린 자세를 가질 수 있었습니다.

자, 이제 당신에게로 돌아가봅시다. 늦어도 다음 달에는 매주 삶의 영역 중 하나를 선택하고 그것에 집중해보세요. (매주 같은 영역에 집중해도 됩니다. 원한다면 주마다 다른 영역으로 바꾸지 않아도 됩니다.) 실행할 두세 가지 가치(최대 다섯 가지)를 선택하고, 당신이 하는 일에 그 가치를 적극적으로 적용하세요.

만약 무엇을 해야 할지 잘 모르겠다면 지금 하는 일을 계속하십시오. 하지만 당신의 가치를 적용해서 그 활동에 좀 더 '풍미'를 더할 수 있는 기회를 찾아보십시오. 예를 들어, 가족과 친구 영역을 선택하고 따뜻함과 재미의 가치를 선택했다고 가정해봅시다. 사랑하는 사람들과 함께할 때, 말이나 행동 또는 당신의 얼굴 표정과 목소리 톤에 좀 더 따뜻함과 친절함을 가미할 수 있는 기회를 찾을 수 있을 겁니다.

그리고 가치를 사용해 그 순간을 맛보면서 음미하는 시간을 가지세요. 적극적으로 가치가 만들어내는 차이를 알아차리고 감사하세요. 마음 깊이 원하는 방식대로 행동하면 어떤 느낌이 찾아오는지 주목하세요. 어떻게 느껴지나요? 당신이 아끼는 사람들은 그것을 어떻게 느끼나요? 삶이 좀 더 의미 있고 충만해지는 것이 느껴지나요? 그것이 앞으로 당신이 계속하기 원하는 것인가요? 가치를 적용해서 순간을 맛보고 그런 다음 일어나는 일들을 음미하세요.


## 풍미를 더하고 음미하기

라다의 데생이나 데이브의 구직 활동처럼 뭔가 새로운 일을 시작하든, 아니면 전에 하던 일을 계속하든 당신의 가치를 삶에 자유롭게 흩뿌리십시오. 1분도 채 안 걸리는 간단한 기술을 사용하면 됩니다. 하루에 한 번 또는 두 번, 잠시 닻 내리기를 하고 앞으로 몇 시간 동안 당신 삶에 적용하고 싶은 두세 가지 가치를 생각해보세요. (매번 같은 가치여도 괜찮고, 원한다면 때에 따라 바꿔도 됩니다.) 그런 다음 하루를 보내면서 그 가치로 당신의 활동에 풍미를 더할 기회를 찾아보세요.

가치는 유연하게 적용할 수 있습니다. 같은 가치를 삶의 다른 영역에도 적용해보십시오. 처음 선택한 한 가지 영역을 고수할 필요는 없습니다. 마찬가지로 다른 가치(아침에 선택한 가치가 아닌)를 추가할 기회가 있다면 주저하지 말고 그렇게 하십시오. 당신의 가치로 삶의 경험에 풍미를 더하고 그럴 때 일어나는 일을 음미하세요.

# 14  어떻게
##    도전할 것인가

●          The Challenge Formula

"그저 바다 앞에 서서 물을 노려보기만 해서는
바다를 건널 수 없다."
— 라빈드라나드 타고르<sub>Rabindranath Tagore</sub>

삶은 친절하기도 하고 잔인하기도 합니다. 공중보건의로 일하는
동안 나는 끔찍한 일을 겪는 많은 사람을 만났습니다. 화재로 인
해 몸이 망가진 아이들과 치명적인 병을 앓는 아기들을 보았습
니다. 건강했던 성인이 병약해지는 것과 총명했던 정신이 치매
로 인해 사라지는 것을 보았습니다. 온갖 질병과 폭력, 재난으로
기형이 된 희생자들을 보았습니다. 외국에서 온 난민들이 강간

과 고문을 당한 이후에 삶을 다시 일으키기 위해, 그리고 모든 가족을 잃고 다시 시작하기 위해 고군분투하는 모습을 보았습니다. 갓 사별한 사람들이 고뇌 속에서 울부짖는 모습을 보았습니다. 사산한 아기를 품에 안고 거의 정신이 나간 어머니들을 보았습니다. 진물 나는 상처와 물집이 생긴 피부를 한 남자들을 보았고, 뼈가 부러지고 동맥에서 피를 내뿜는 여자들을 보았습니다. 눈먼 사람, 귀먹은 사람, 마비된 사람, 심각하게 아픈 사람, 죽은 지 얼마 안 된 사람을 보았습니다.

그리고 이 모든 고통 가운데서 용기와 친절, 열정을 보았습니다. 사람들이 손을 내밀어 서로를 돕고, 위기를 통해 가족이 하나가 되고, 친구와 이웃이 서로의 손을 잡는 것을 보았습니다. 품위 있게 죽음을 맞이하는 남자와 여자를 보았고, 상처 난 마음에서 사랑과 애정이 쏟아져 나오는 것을 보았습니다. 산산조각 난 삶을 천천히 다시 만들어가며, 계속 살아가고 성장할 힘을 찾는 부모들을 보았습니다.

끔찍한 위기는 우리가 마음을 열고 내면을 들여다보며 우리 안에 무엇이 있는지 확인하게 합니다. 하지만 그러기까지는 시간이 걸립니다. 그리고 상황은 매시간, 매일, 매주 달라질 수 있습니다. 삶을 포기하고 싶을 때도 있고, 때로 우리는 정말 그렇게 하기도 합니다. 모든 것이 너무나 벅차서 그저 물러나고 싶을 때도 있습니다.

충분히 예상되는 자연스러운 일입니다. 우리는 고통에서 벗어나기 위해 영화, 음악, 술, 약물 등 모든 방법을 동원합니다. 단지 잠깐 현실에서 도피하는 것뿐일지라도 그로부터 얻는 위안은 매우 큽니다. 하지만 물러난 채로 사는 삶에서는 성취감을 얻을 수 없습니다. 그와 반대로 현실과 계속 싸우면서 하루하루를 보낸다면 곧 지쳐버릴 것입니다. 그렇기에 현실의 일격 앞에서도 계속 잘 살아가고 싶다면 최선의 선택은 마음 깊은 곳에서 가장 중요하게 여기는 무엇인가를 지지하는 것입니다. 이때 내가 '도전 공식'이라고 부르는 다음 전략을 이용할 수 있습니다.

## 도전 공식

직면한 도전이 아무리 커도 우리는 무력하지 않습니다. 우리는 선택할 수 있습니다. 가장 어려운 상황에서도 우리 앞에는 몇 가지 선택지가 있습니다.

1. 떠나기
2. 머물러서 가치에 따라 살기(상황을 개선하기 위해 할 수 있는 것을 하고, 필연적으로 따라오는 고통을 위해 공간을 마련하고, 자신을 친절하게 안아주기)

## 3. 머물러서 아무것도 하지 않거나 상황을 악화시키기

물론 1번은 선택할 수 없을 때가 있습니다. 만약 당신이 감옥이나 난민캠프에 있다면 그냥 일어서서 그곳을 떠날 수 없습니다. 만약 심각한 병을 앓거나 사랑하는 사람을 잃었다면 그 상황을 간단히 떠날 수 없습니다. 어디로 가든 문제는 항상 당신을 따라올 것입니다. 하지만 때로는 떠남이 옳은 선택일 때가 있습니다. 그렇다면 이 선택지를 진지하게 고려해야 합니다. 예를 들어 당신에게 해악을 끼치는 관계 속에 있거나, 끔찍한 직장에 다니거나, 폭력이 난무하는 지역에 살고 있다면 그곳에서 떠나 더 풍요롭고 충만하고 의미 있는 삶을 만들 수 있는지 심각하게 따져봐야 합니다.

떠날 수 없거나, 떠나지 않겠다고 마음먹거나, 떠남이 최선의 선택이 아니라고 생각한다면 2번과 3번 선택지가 남습니다. 불행히도 대부분의 사람에게는 3번 선택지가 너무나도 자연스럽게 다가옵니다. '머물러서 아무것도 하지 않거나 상황을 악화시키기' 말이지요. 삶의 도전 앞에서 우리는 힘든 생각과 감정에 사로잡히기 쉽고 더 큰 문제를 일으키는 행동 패턴에 쉽게 빠져듭니다. 그것은 우리를 생각과 감정에 갇혀 있게 하거나 상황을 악화시킵니다. 과도한 약물과 알코올에 의존하고 사랑하는 사람들에게서 멀어지거나 그들과 싸우고, 삶의 중요한 부분을 거부하거나, 문제를 악화시키는 많은 행동을 하게 됩니다. (나도 그런 적이 있고, 당신 역시 분명 그랬을 겁니다.)

그러므로 더 나은 삶으로 가는 길은 명백하게 2번입니다. '머물러서 가치에 따라 살고, 상황을 개선하기 위해 할 수 있는 것을 하기' 말입니다. 물론 정말 힘든 상황에 있는데 행복을 느낄 거라고 기대하지는 않습니다. 분명 고통스러운 생각과 감정이 찾아올 겁니다. 그렇기 때문에 2번의 뒷부분에 있는 '필연적으로 따라오는 고통을 위해 공간을 마련하고, 자신을 친절하게 안아주기'가 매우 중요합니다. 1부에서 고통스러운 생각, 감정, 기억을 위해 공간을 마련하는 방법, 그것의 영향력과 힘을 없애는 방법, 그것이 우리를 괴롭히지 못하게 하면서도 그 자리에 있게 허락하는 방법, 고통에 진심 어린 친절로 반응하는 방법을 배우는 데 그토록 많은 시간을 사용한 이유입니다.

넬슨 만델라Nelson Mandela의 생애는 직면한 도전에 어떻게 대응할지를 보여주는 탁월한 사례입니다. 그는 남아프리카공화국 정부에 의해 27년간 구금되었습니다. 그가 자유와 민주주의를 위해 싸우고, 정부의 공식적인 인종차별 정책인 아파르트헤이트에 반대했기 때문이지요. 그에게 1번은 명백하게 불가능한 선택지였습니다. 그는 감옥을 떠날 수 없었습니다. 그래서 그는 주로 2번을 선택했습니다. 고통스러운 감정을 인정했고, 자유, 평등, 평화를 옹호하며 그의 가치에 따라 살았습니다. 예를 들어 로벤 섬의 감옥에서 보낸 첫 17년 동안 만델라는 석회 채석장에서 힘든 노동을 해야 했습니다. 하지만 그는 오히려 상황을 이용했습니다. 만델라는 교육이 평등과 민주주의에 필수적이라는 사실을 잘 알았고, 석회 채석장 터널에서 수감자들이 서로를 가르치고 지도하는 불법 모임을 만들었습니다. (후에 이는 '만델라 대학'으로 알려졌습니다.)

만델라 이야기에서는 1985년에 있었던 사건이 가장 주목할 만한데, 남아프리카공화국 정부가 그에게 석방을 제안했는데도 그는 거절했습니다. 아파르트헤이트에 반대하는 발언을 삼가고 침묵해야 한다는 조건이 따라붙었기 때문입니다. 그러려면 자신의 핵심 가치에 반하는 삶을 살아야 했기에 그는 감옥에 남기로 결정합니다. 이는 석방되기까지 5년을 더 감옥에 있어야 한다는 의미였습니다. 하지만 이렇듯 가혹한 현실의 고난 앞에서도 그는 자유, 민주주의, 평등을 옹호하며 성취감을 맛보았습니다. 만델라의 사례는 특별하지만 도전 공식은 상황이 어떻든 우리 모두에게 적용됩니다. 그곳을 떠날 수 없거나, 떠나지 않기로 했다면 그곳에 머물며 우리 가치에 따라 살 수 있습니다. 상황을 개선하기 위해 뭔가를 하고, 불가피한 고통을 위한 공간을 만들 수 있습니다.

서장에서 세계보건기구의 요청으로 만들었던, 세계 곳곳의 난민캠프에서 사용되는 수용전념치료 프로그램에 대해 이야기했습니다. 이 프로그램은 대부분 오디오 녹음으로 이루어져 있는

데, 수용전념치료의 개념을 설명한 다음 그룹 구성원들에게 이 책에 나오는 것과 비슷한 연습을 하게 합니다. 도전 공식은 맨 처음 단계에 나옵니다. 현실적으로 난민캠프에서는 그냥 일어서서 떠날 수 없기에 1번은 불가능합니다. 하지만 여전히 2번과 3번 중에서는 선택할 수 있지요. 예를 들어 같은 난민 텐트에서 지내는 사람들을 친절, 따뜻함, 열린 자세로 대할 수도, 아니면 공격성, 차가움, 적대감으로 대할 수도 있습니다. 어떤 선택을 하느냐에 따라 텐트 안에서의 경험은 엄청나게 달라질 것입니다. 그리고 그것은 그 텐트를 떠난 후에도 마찬가지입니다. 다른 텐트에 있는 이웃에게도 친절하고 친근하게 대할 수 있습니다. 반대로 거리를 두고 불친절하게 대할 수도 있지요. 사람들과 공동체를 이루어 노래, 기도 활동에 참여할 수도 있고 사람들로부터 물러나 있을 수도 있습니다. 2번 공식을 더 자주 선택할수록 캠프 안에서의 삶의 질은 더 나아질 것입니다.


## 현실적인 목표 세우기


2번을 선택할 때는 현실적인 관점이 매우 중요합니다. 감옥이나 난민캠프에 있거나 심각한 병이나 부상으로 고생하고 있다면, 많은 일을 할 수 없을 겁니다. 그리고 할 수 없는 일에 초점을 맞춘다면 곧장 비참함에 이르고 맙니다. 할 수 있는 일에 집중하는 것이 훨씬 현명합니다. 더 이상 할 수 없는데도 라다의 마음은 계속해서 그녀가 조각과 춤에 집중하도록 몰아붙였고, 그로써 그녀는 훨씬 더 우울해졌습니다. 반면 대안을 찾고 자신의 가치에 따라 자신이 할 수 있는 일에 집중하자 훨씬 더 성취감을 느끼는 삶을 살 수 있었습니다.

마음은 종종 우리에게 없거나 우리가 할 수 없는 것에 대해 말합니다. 다시 말하지만 그것은 정상입니다. 우리는 마음이 하는 일을 멈출 수 없습니다. 하지만 거기서 벗어날 수는 있습니다. "아하, 그 '할 수 없는 것'에 대한 이야기로군", "마음이 내가 갖고 있지 않은 것에 대해 말하고 있어", "지금 내가 할 수 없는 것을 생각한다는 걸 알아챘어" 하고 말하면서 말이지요. 우리는 고통을 인정하고, 힘든 감정에 공간을 마련해주고, 자신에게 친절하게 반응할 수 있습니다. 그리고 모든 도전 앞에서 우리의 가치에 따라 행동할 수 있습니다.

이제까지 주로 작은 한 걸음, 작은 동작, 작은 행동 변화에 집중했습니다. 대개는 이 작은 변화를 통해 고난 이후의 삶을 재건해냅니다. 큰 목표를 정하면 역효과가 날 수 있습니다. 그런 큰 목표를 성취할 시간, 에너지, 자원이 없기 때문입니다. 그리고 그런 목표는 너무나 압도적이라 우리를 지레 포기하게 만듭니다. 작은 변화는 훨씬 더 만들기 쉽고 유지하기도 쉽습니다. 그리고 시간이 지날수록 극적인 효과를 가져다주곤 합니다. 자신을 위한 목표는 현실적으로 세우는 것이 중요합니다. 효과적인 목표 설정에는 상당한 기술이 필요한데, 사실 우리 대부분은 그런 재능을 타고나지 못했습니다. 목표 설정에 약간의 도움이 필요하다면 단계별로 목표를 설정하도록 도와주는 부록 C를 보십시오. 그리고 목표를 세웠다면, 그다음에 할 일은 물론 실행입니다!

우리는 목표를 성취할 수 있을지 없을지 결코 미리 알 수 없습니다. 하지만 바로 행동을 시작할 수는 있습니다. 그렇게 할 때 삶의 개선을 경험할 것입니다. 삶이 그냥 지나가게 하는 대신, 삶을 포용하고 최선을 다해 사는 느낌을 얻을 것입니다.


## 의지를 갖고 입장 취하기

내담자들에게 도전 공식을 제시하면, 대부분은 자신에게 선택권이 있다는 사실을 깨닫고 유용하다고 느낍니다. 하지만 분노와 불안이 섞인 매우 강한 부정적 반응을 보이는 사람도 간혹 있습니다. 왜 그럴까요? 도전 공식이 그들에게 너무 어렵게 느껴지기 때문입니다. 도전 공식은 선택권이 우리에게 있고, 우리가 선택한 행동에 대한 책임 또한 우리에게 있다는 현실을 직시하게 합니다. 3번을 선택하면 단기적인 안도감을 얻을 수 있습니다. 할 수 있는 일이 아무것도 없다고 생각하면 포기할 수 있고, 노력을 멈출 수 있습니다. 그러면 책임감에서 해방되기 때문에 안도감이 들지만 그 감정은 오래가지 않습니다. 장기적으로 이 선택은 우리에게서 삶을 앗아갑니다. 삶의 활력은 1번이나 2번을 선택해 어떤 입장을 취할 때만 생깁니다. 단, '의지'라고 알려진 자질을 가지고 기꺼이 입장을 정해야만 그 활력을 경험할 수 있습니다.

'의지'란 무엇일까요? 심리학자 행크 롭<sup>Hank Robb</sup>은 다음과 같이 설명합니다. 영화표를 사기 위해 20달러를 내야 한다고 가정해 봅시다. 당신은 그 돈을 원망하면서 또는 마지못해 낼 수 있습니다. 반대로 기꺼이 낼 수도 있지요. 어느 쪽이든 돈을 내야 한다는 사실은 변하지 않습니다. 그리고 원망하며 돈을 낼 때보다 기꺼이 낼 때 영화 관람이 훨씬 만족스러울 것입니다.

그러므로 입장을 정할 때는 기꺼이 합시다. '내게는 다른 방법이 없어', '이걸 하기가 너무 싫어', '이걸 해야만 해. 이건 의무야' 같은 생각에 빠져 있다면, 부담스럽게 느껴지고 삶이 향상되는 느낌도 없고, 지치기 마련입니다. 가치의 세계에는 '해야만 하는', '반드시', '기필코' 같은 단어가 없습니다. 그런 단어는 가치를 삶을 힘들게 하는 규칙으로 바꿀 뿐입니다.

가치와 규칙을 어떻게 구별할 수 있을까요? 규칙은 대개 '옳은', '틀린', '좋은', '나쁜', '해야만 하는', '하지 말아야 하는', '반드시 해야 하는', '꼭 해야 하는', '~이 아니면 안 되는', '~이기 때문에 하지 말아야 하는' 또는 '~할 때까지는 할 수 없는' 등의 표현으로 규정됩니다. 규칙은 삶을 어떻게 살아야 하는지 말합니다. 어떤 일을 할 때 옳거나 그른 것에 대해 이야기합니다. 가치는 그렇지 않습니다. 가치는 그저 당신이 지금 하는 일에 적용하고 싶은 특성을 설명합니다. 그러므로 '살인하지 말라'는 규칙입니다. 이 규칙의 기저에 있는 가치는 '생명을 소중히 여기고 존중하는 것'입니다. '사람들을 사랑으로 대하기'가 당신의 가치라면 이는 분명 '어떤 경우에도 사람들을 사랑으로 대해야 해!'라는 규칙과는 매우 다릅니다. 만약 친절이 가치라면 '항상 친절해야 해, 사람들이 나를 학대할 때조차 말이야'라는 규칙과는 완전히 다른 이야기입니다. 만약 효율성이 가치라면 '완벽해야 해, 그렇지 않으면 아무런 소용없어'라는 규칙과는 거리가 멉니다.

물론 우리가 따를 규칙을 만드는 데 가치를 활용할 수는 있지만, 그 두 가지가 같지 않다는 사실은 분명히 해둘 필요가 있습니다. 가치는 우리에게 자유를 줍니다. 우리는 가치에 따라 수많은 방식으로 행동할 수 있습니다. 이와 대조적으로 규칙은 구속감과 의무감을 느끼게 합니다. 규칙은 대개 우리에게 짐을 지우고 선택권을 제한합니다. 가치를 의식하고 누군가를 돕고자 할 때, 우리는 친절하고 관대하기를 원합니다. 규칙에 얽매여 있기 때문에 타인을 돕는 것과 이를 비교해봅시다. '타인을 돕는 것은 옳은 일이야', '도와야만 해', '우리는 그들에게 빛이 있어', '그래야 할 의

무가 있어' 하면서 말이지요. 전자는 자유롭고 에너지를 주는 접근 방식인 반면, 후자는 제한하고 지치게 하고 부담을 주는 접근 방식입니다.

따라서 어떤 입장을 취할 때 지치고 부담스럽고 원망스럽다면, 잠시 멈춰서 도움 안 되는 어떤 이야기가 당신을 얽매고 있지는 않은지 확인해보십시오. 그런 다음 그 이야기에 이름을 붙이고 거기서 벗어나기 위해 닻 내리기를 하십시오. 그다음에는 가치로 돌아와 당신에게 분명히 선택권이 있다는 것을 인식하십시오. 당신은 어떤 입장을 취할 수도 있고 그렇게 하지 않을 수도 있습니다. 그렇게 해야만 한다는 의무는 없습니다. 중요한 것은 '기꺼이 그러고 싶은가'입니다. 자신에게 이렇게 질문해보세요. '현실에 따귀를 맞은 이 상황에 기꺼이 맞설 의지가 있는가? 나는 기꺼이 고통을 위해 공간을 마련하고 내 가치에 따라 행동하고자 하는가?'

# 15 원망이라는 감옥에서
벗어나기

The Prison of Resentment

원망에 사로잡혀본 적이 있나요? 현실에 심한 일격을 맞았을 때 우리 중 많은 이가 그렇게 됩니다. 다른 사람이 우리를 실망시켰기 때문에, 우리를 심하게 대했기 때문에, 우리에게 신경 쓰지 않았기 때문에, 우리보다 더 많은 것을 이뤘기 때문에, 우리보다 더 나아서, 그 외 수십 가지 이유로 그들을 원망합니다. 원망은 특히 자신이 '충분하지 않다'고 생각할 때 느끼기 쉬운데, 거기에는 분노, 정의, 강한 불공평의 감정이 담겨 있습니다.

원망은 거의 항상 우리를 문제를 악화시키는 몸부림 속으로 끌어당깁니다. 불교에서는 '원망은 다른 누군가에게 던지려고 뜨겁게 달궈진 숯불을 손에 쥐고 있는 것과 같다'라고 말합니다. 알코올 중독자 모임<sup>Alcoholics Anonymous, AA</sup>에서는 '원망은 스스로 독을 삼키면서 다른 사람이 죽기를 바라는 것과 같다'라고 말합니다. 이 두 가지 이야기는 공통적으로 원망에 사로잡히면 이미 상처 입은 자신에게 더 큰 상처를 입힐 뿐이라는 메시지를 전합니다.

원망이라는 말은 '다시 느끼다'라는 뜻의 프랑스어 '레상티흐<sub>resentir</sub>'에서 왔습니다. 원망이 우리를 사로잡을 때마다 상처, 분노, 불공평과 불의를 '다시 느끼게' 되므로 일리가 있습니다. 사건은 이미 과거가 되었지만, 우리는 지금도 여전히 그 사건에 머무르며 모든 고통을 다시 느낍니다. 마음은 반복해서 우리가 잘못한 일을 기억하게 하고, 우리는 자신에게 분노하고 벌을 주고 스스로를 비판합니다. 모든 분노, 후회, 불안, 실망, 걱정을 '또다시' 느낍니다. 이 같은 원망은 과거를 바꾸지도, 실수로부터 배우고 성장하게 하지도 못합니다. 그저 자신에게 더 큰 상처를 줄 뿐입니다. 논리적·이성적으로는 이 사실을 잘 알면서도 우리는 계속 그렇게 합니다.


## 나를 자유롭게 하는 용서

그러면 원망과 자기 비난을 위한 해독제는 무엇일까요? 바로 '용서'입니다. 하지만 일반적으로 생각하는 의미의 용서는 아닙니다. 수용전념치료 모델에서 용서는 망각을 의미하지 않습니다. 일어난 일이 괜찮거나 덮어줄 수 있는 것이라거나 중요하지 않다는 의미도 아닙니다. 또한 다른 누군가에게 어떤 말이나 행동을 하는 것을 뜻하지도 않습니다.

수용전념치료의 용서 개념을 이해하기 위해 그 단어의 기원부터 살펴보겠습니다. '용서forgive'는 두 개의 다른 단어에서 왔습니다. '주다give'와 '이전의before'라는 단어입니다. 수용전념치료에서 말하는 용서는 원망에 사로잡히기 '이전'의 삶을 당신에게 '돌려준다'는 의미입니다. 최근일 수도 있고, 오래전일 수도 있는 대단히 고통스러운 일이 일어났던 과거의 어느 시점 이전의 삶을 말이지요. 당신은 자신이 한 일을 두고 지금 스스로를 비난하거나 다른 사람이 한 일을 두고 그들을 비난하고 있을 것입니다. 그리고 그때 이후로 마음은 반복해서 당신을 그 사건으로 끌고 갑니다. 당신은 거기서 그 모든 고통과 비난, 판단, 힘겨움을 계속 다시 겪습니다.

그렇다면 원망이 지배하기 전, 당신 삶은 어땠나요? 삶을 잘 살아가며 최대한 즐기고 있었나요? 그때 그 순간을 살아가고 있었나요? 원망에 사로잡히기 이전의 삶이 아주 좋지는 않았더라도 적어도 원망과 분노의 스모그로 질식하지는 않았을 것입니다. 앞서 말했듯 수용전념치료 모델에서 용서는 다른 누군가와 아무런 관계가 없습니다. 용서는 순수하게 당신 자신을 위한 것입니다. 원망과 자기 비난의 무거운 짐으로부터 당신을 자유롭게 하는 것입니다.

이런 용서의 능력을 어떻게 하면 계발할 수 있을까요? 당신에게는 이미 필요한 지식과 기술이 있습니다. 원망과 자기 비난을 증폭시키는 이야기를 마음이 만들어낼 때 밟아야 할 첫 단계는 그것을 알아채고 그에 이름을 붙이는 것입니다. '마음이 나를 때리는 것을 알아채고 있어', '고통스러운 기억이 떠오르고 있어', '지금 마음이 나를 비난하고 있어', '나는 나쁜 사람이라는 생각이 들고 있어'처럼 스스로에게 말할 수 있습니다. 동시에 자신을 친절하게 안아줄 수 있습니다. 우리 잘못이라고 믿든, 다른 사람의 잘못이라고 믿든, 우리가 상처 입고 있다는 사실은 부인할 수 없습니다. 따라서 친절하게 연민을 가지고 자신을 부드럽게 안아주고, 감정을 위한 공간을 마련하고, 현재에 존재하십시오.

반복해서 닻 내리기를 해야 할 것입니다. 마음은 우리를 과거의 사건으로 데려가지만 우리는 자신을 다시 현재로 데려와야 합니다. 지금 여기에 집중하고 또 집중해야 합니다. 일단 현재로 돌아오면 가치에 따라 행동하고, 지속적으로 행동에 목적의식을 불어넣을 수 있습니다. 그럴 때 우리는 현실의 고난 앞에서도 입장을 취할 수 있습니다.

예를 들어, 우리가 어떤 일을 '잘못했거나', '나쁘게 했거나' '부주의하게 했다면', 단지 마음이 우리를 과도하게 비판하는 것이 아니라 정말로 그렇다고 해도 우리는 그것을 바로잡을 수 있습니다.

베트남 전쟁 참전 용사이자 알코올 중독자인 마이클은 그럴 수 없다고 말했습니다. 전쟁에서 사람을 여러 명 죽였고 그건 바로잡을 수가 없다고요. 그에 대한 논쟁은 어려운 일이기 때문에 나는 시도조차 하지 않았습니다. 대신 이렇게 말했습니다.

"자신을 비난하고, 알코올에 빠져 자신을 술의 무덤 속에 빠뜨린다고 과거가 변하지는 않을 겁니다. 그리고 네, 물론 사람을 죽인 상황을 바꿀 수는 없지요. 죽은 사람들을 위해 할 수 있는 일은 없습니다. 하지만 현재를 위해서는 뭔가 할 수 있고 현재의 삶에 뭔가 의미 있는 방식으로 기여할 수는 있습니다. 삶을 그저 낭비하며 보낸다면 과거의 끔찍한 공포로부터 좋은 건 아무것도 만들어낼 수 없을 겁니다. 하지만 다른 사람들을 위해 기여하고 세상을 조금이라도 변화시킨다면 그 끔찍한 공포로부터 뭔가 좋은 것을 만들어낼 수 있습니다."

마이클에게 이 말은 계시였습니다. 연습이 많이 필요했지만 그는 결국 자기 비난에서 벗어나서 자신을 친절하게 대할 수 있었습니다. 그리고 9개월 동안 알코올 중독자 모임에 참여해 술을 끊고 두 개의 자선단체에서 자원봉사를 시작했습니다. 하나는 집 없는 사람들을 위한 단체고 다른 하나는 난민들을 위한 단체였습니다. 이러한 변화는 그에게 쉽지 않았습니다. 엄청난 노력이 필요했고, 그는 크나큰 고통을 위한 공간을 마련해야 했습니다. 하지만 그 노력은 훌륭하게 결실을 거두었습니다. 그는 비록 과거는 바꿀 수 없지만 현재에 도움이 되는 변화를 만들 수 있다는 것을 배웠고, 그로써 그의 삶은 훨씬 더 만족스러워졌습니다.

우리 모두 자기 비난에 빠져들곤 하지만 아마 마이클의 사례처럼 극적이지는 않을 것입니다. 우리 대부분은 사람을 죽이지 않았을 테니까요. 하지만 그렇다고 해서 우리 이야기가 덜 힘든 건 아닙니다. 요지는 자신을 친절하게 대하는 연습을 하는 것입니다(비록 당신 마음이 당신에게 그럴 자격이 없다고 비난해도 말이지요). 다음과 같은 친절한 말은 도움이 됩니다. '나는 실수할 수 있는 사람이야. 지구상 다른 모든 사람처럼 나는 실수를 해. 일을 망치고 잘못할 때도 있어. 이건 모든 인간의 한 부분이야.' 그런 다음 친절한 손을 당신 몸에 올리고, 고통을 향해 숨을 불어넣고, 그 실수가 당신의 마음을 아프게 한다는 것을 인정하십시오. 자신을 체벌함으로써 얻을 수 있는 유용함은 하나도 없다는 사실을 기억하십시오. 활력은 당신이 어떤 입장을 취할 때만 얻을 수 있습니다. 그럴 수만 있다면 손상된 부분을 바로잡고, 상황을 되돌리

는 것은 유의미합니다. 하지만 그럴 수 없다면(또는 아직 기꺼이 그
렇게 하고 싶은 마음이 들지 않는다면), 에너지를 지금의 인간관계에 쏟
으십시오. 그들과 연락하고 그들을 돌보고 그들에게 도움을 주십
시오. 이는 자신을 용서하는 행동이기도 합니다.

　다른 누군가가 우리에게 '나쁜 짓'을 했다면 어떨까요? 그럴 때
는 구체적인 상황과 우리가 추구하는 결과에 따라 다르게 반응할
수 있습니다. 다시는 그런 일이 일어나지 않도록 우리가 할 수 있
는 가장 단호한 행동을 선택할 수 있습니다. 그 사람을 법정에 세
우거나, 그들에게 항의하거나, 그들과 연락을 끊을 수 있습니다.
또는 앞으로 그런 사람들에게 좀 더 잘 대응할 수 있는 새로운 기
술을 배울 수도 있습니다. 자기 생각을 주장하는 법과 의사소통
기술이 포함된 자기방어 과정을 수강하고, '까다로운 사람 다루
기' 같은 강의를 듣는 것처럼 말이지요. 또는 어떤 단체에 가입하
고, 청원에 서명하고, 기금을 마련하고, 법 개정을 지지하고, 사회
개선에 기여할 수 있습니다. 또는 과거를 단순히 '뒤에 내려놓고'
현재의 삶을 다시 만들어가는 데 집중할 수도 있습니다.

　용서는 다음 네 단계로 이루어집니다. 닻 내리기, 도움 안 되는
이야기에서 벗어나기, 자신을 친절하게 안아주기 그리고 자기 입
장 정하기입니다. 그리고 다행히도…… 용서를 시작하기에 늦은
때는 결코 없습니다.

# 16 너무 늦은 때란 없다

백만 년이 지나도 나는 결코 그럴 수 없을 거라고 생각했습니다. 아버지는 매우 전형적인 그 세대 사람이었습니다. 그는 전통적인 방법으로 자녀들을 돌봤습니다. 청구서 대금을 내고, 여섯 아이의 음식과 옷과 집을 마련하고, 좋은 교육을 받게 하기 위해 열심히 일했습니다. 아버지는 자신의 방식으로 매우 친절하고 사랑이 많은 분이었습니다. 그리고 아버지 세대의 모든 남자처럼 (그리고 내 세대의 많은 남자처럼) 친밀감을 두려워했습니다. 여기서 말하는 친밀감은 육체적인 관계가 아니라 정서적이고 심리적인 친밀감을 말합니다.

정서적 그리고 심리적으로 다른 사람과 친밀감을 나누려면 두 가지가 필요합니다. 마음을 열어야 하고 진실해야 합니다. 상대가 당신 마음에 들어올 수 있게 허락해야 하고 당신의 진실한 생각과 감정을 숨기는 대신 나눠야 합니다. 상대도 역시 그렇게 할 수 있는 공간을 마련해야 합니다. 그들이 당신에게 진정한 모습을 보일 수 있도록 따뜻하고 열린 마음으로 수용해주어야 합니다.

아버지는 마음 깊은 곳에 있는 이야기를 결코 꺼내놓고 싶어 하지 않았습니다. 대신 지적인 잡담을 좋아했지요. 사실과 숫자, 생각을 교환하고, 영화, 책, 과학에 대해 대화하는 것을 좋아했습니다. 이 모든 것이 적절하고 좋았지요. 우리는 수없이 즐거운 대화를 나눴습니다. 하지만 이는 내가 아버지에 대해 알아갈 기회가 전혀 없었다는 뜻이기도 합니다. 아버지가 무엇을 힘들어했는지, 어떤 희망을 품고 어떤 꿈을 꿨는지, 어떤 좌절과 실패를 겪었는지, 아버지에게 가장 중요한 삶의 경험과 거기서 무엇을 배웠는지에 대해 알 길이 없었습니다. 무엇이 아버지를 두렵게 하고, 화나게 하고, 불안하게 하고, 슬프게 하고, 죄책감을 느끼게 하는지 결코 알 수 없었습니다. 나는 그의 내면세계에 대해 사실 아무것도 몰랐습니다.

72세에 아버지는 폐암에 걸렸지만 내게는 말하지 않았습니다. 그래서 아버지의 병에 대해 전혀 모른 채 나는 6주간 해외로 여행을 떠났습니다. 떠나기 전에 아버지는 숱 많은 백발이었는데, 돌아왔을 때는 머리를 완전히 민 상태였습니다. 그동안 받은 화학요법 치료 때문에 머리카락이 다 빠졌다는 사실을 숨기고, 머리를 미는 것이 유행이고 젊어 보이려고 그랬다고 했습니다. 그리고 나는 아버지의 말을 믿었습니다.

병세가 더 심각해지고 아버지가 더 쇠약해졌을 때야 진실을 알게 되었습니다. 하지만 그때조차 아버지는 암과 치료에 대해 그리고 자신이 느끼는 두려움에 대해 말하고 싶어 하지 않았습니다. 그런 이야기를 꺼낼 때마다 화제를 바꿨고 입을 꾹 다물었습니다.

아버지에게 얼마나 시간이 남았는지 알지 못한 채, 나는 아버지가 내게 어떤 의미인지, 내가 아버지를 얼마나 사랑하고 내 삶에서 아버지가 어떤 역할을 했는지, 내게 어떻게 영감을 주셨는지, 내게 가르쳐주신 것 가운데 가장 도움이 되는 것은 무엇이었는지, 그리고 아버지에 대한 기억 중 내가 가장 소중히 여기는 것은 무엇인지 말하고자 했습니다. 하지만 아버지는 그런 대화를 매우 불편해했고 특히 내 눈에 눈물이 가득 고일 때면 그 즉시 대화를 끝내려고 했습니다.

기적적으로 아버지는 암에서 회복되었습니다. 죽음의 고비를 넘어선 후 아버지가 좀 더 마음을 열기를 바랐지만 실망할 수밖에 없었습니다. 아버지는 이제껏 늘 그랬던 것처럼 여전히 마음을 닫은 상태였습니다.

회복되고 3년 후 81세가 되었을 때 아버지는 심장마비를 일으켰습니다. 여러 개의 관상동맥이 크게 막혀서 심장 절개 수술이 필요했습니다. 생명의 위험을 수반하는 수술이었지요. 수술 전에 나는 아버지가 내게 어떤 분이었는지 다시 한번 이야기하려고 했습니다. 늘 그렇듯 내 눈에는 사랑과 슬픔으로 인해 눈물이 고였지요. 그러자 아버지는 단호한 음성으로 말씀하셨습니다. "이제 그만하고 눈물을 닦아라."

수술은 무사히 끝났지만 완전한 회복에는 이르지 못했습니다. 합병증이 연달아 발생했고 그다음 해의 대부분을 병원에서 보내야 했습니다. 그해 말에 아버지는 매우 약해지셨고 점점 더 의기소침해졌습니다. 하지만 그럼에도 친밀한 대화는 허락하지 않았습니다. 마침내 아버지는 삶을 충분히 살았다고 생각하시고 모든 약물치료를 중단하기로 결정했습니다. 의사였던 아버지는 그것이 의미하는 바를 정확히 알고 있었습니다. 사실상 자신의 삶을 끝내는 선택이라는 것을 말이지요. 그런데도 아버지는 내가 아버지를 얼마나 사랑하고 내게 아버지가 어떤 의미인지 말하는 것을 허락하지 않았습니다.

아버지는 삶의 마지막 몇 시간 동안 환각에 빠졌습니다. 그래도 그 사이사이에 한 번에 몇 분씩 잠깐 정신이 또렷해졌고, 그때 아버지는 맑은 정신으로 현실을 인식하고 있었습니다. 나는 마지막으로 아버지가 내게 어떤 의미였는지 내가 아버지를 얼마나 사랑했는지를 이야기하려고 했습니다. 주체할 수 없을 정도로 영엉 울고 있었고 얼굴은 온통 눈물 콧물 범벅이었지요. 그런데 너무나 놀랍게도 아버지가 나를 똑바로 바라보고 내 눈을 깊이 들여다보았습니다. 아버지의 얼굴은 미소로 환히 빛났고 친절과 연민으로 가득했습니다. 아버지는 내 손을 잡고 내 이야기를 잠시도 외면하거나 멈추지 않고 열심히 들었습니다.

나는 흐느낌을 멈추고 코를 풀고 수년간 아버지에게 하고 싶었던 모든 말을 했습니다. 아버지는 부드러움과 사랑이 가득한 음성으로 내게 말했습니다. "고맙구나." 그리고 이렇게 덧붙였습니다. "나도 너를 사랑한단다."

2부를 마무리하기 전에 반드시 짚어야 할 두 가지 핵심적인 사항을 말하기 위해 이 이야기를 했습니다. 첫째, 작은 변화가 깊은 영향력을 행사할 수 있습니다. 내 아버지는 자신의 성격을 바꾸지 않았습니다. 아버지는 오직 작은 변화를 만들었을 뿐입니다. 그는 열린 마음으로 현재에 머물기 위해 노력했습니다. 그리고 이야기는 몇 분 만에 끝났지만 그 작은 변화 하나가 내가 죽는 날까지 애틋하게 기억할 아름답고 소중한 경험을 낳았습니다.

우리 사회는 더 나은 삶을 살고자 한다면 인생 전체를 극적으로 바꿔야 한다거나 성격을 개조해야 한다거나 사고방식을 근본적으로 바꿔야 한다는(또는 세 가지 모두를 해야 한다!) 생각을 퍼붓습니다. 하지만 이러한 믿음은 대개 전혀 도움이 되지 않습니다. 보통은 자신에게 엄청난 스트레스를 주는 것으로 끝이 나버립니다. 우리는 지금보다 '더 나은' 모습이 되라고 자신을 더욱더 세게 몰아붙입니다. 그리고 기대에 못 미치는 자신을 비난합니다. 슬프게도 이러한 방식은 우리를 일으켜 세우기보다 넘어뜨립니다.

그렇다면 우리 짐을 좀 가볍게 해주면 어떨까요? 압박감과 스트레스를 좀 없애주면 어떨까요? 로마는 하루아침에 만들어지지 않았습니다. 충만하고 의미로 가득한 삶 역시 마찬가지입니다. 잠시 여유를 좀 가져보면 어떨까요? 걸음마부터 시작하세요. 천천히 가십시오. 그리고 《이솝 우화》 가운데 많은 사랑을 받는 〈지혜로운 까마귀〉 이야기를 기억하십시오. 까마귀는 물병에 작은 자갈을 하나씩 넣어서 결국 병 속의 물을 마시는 데 성공했습니다.

짧은 시간 안에 엄청난 변화를 만들려는 노력은 거의 항상 실패로 끝납니다. 가끔은 성공하기도 하지만 훨씬 더 많이 실패하지요. 하지만 작은 변화는 시간이 갈수록 엄청난 차이를 만들어냅니다. 데스몬드 투투 Desmond Tutu 대주교는 다음과 같이 말했습니다. "지금 있는 자리에서 할 수 있는 작은 선행을 하십시오. 그 작은 선행이 모여서 세상을 변화시킬 것입니다."

내 이야기의 두 번째 핵심은 이 작은 변화를 만들기에 너무 늦은 때란 없다는 것입니다. 물론 당신의 마음은 이 말에 동의하지 않을 수도 있습니다. 인간의 마음은 '변명하는 기계'와 다소 비슷합니다. 마음은 온갖 변명을 생각해내는 데 매우 탁월합니다. 왜 변할 수 없는지, 왜 변하지 말아야 하는지, 왜 변할 필요가 없는지 끝없이 말합니다. 그리고 마음이 좋아하는 변명 중 하나가 바로 이것입니다. '너무 늦었어! 난 이제 변할 수 없어. 이게 내 모습이야. 난 늘 그래왔어.' 하지만 우리는 그런 생각을 믿을 필요가 없습니다. 자신을 '돌로 조각된' 딱딱한 존재로 보는 대신, 끝없이 배우고 성장하고 다르게 행동하고 생각할 수 있는 능력을 가진 유연한 존재로 받아들이십시오. 우리에게 필요한 것은 마음을 조율하고 자신에게 묻는 것뿐입니다. '내가 만들 수 있는 한 가지 작은 변화는 무엇인가? 내가 되고자 하는 사람이 할 법한 한 가지 다른 행동이나 말에는 어떤 것이 있을까?'

아버지가 임종이 닥쳐서가 아니라 조금 더 일찍 변화를 보여 줬다면 좋았을 텐데 하고 아쉬운 마음이 들곤 합니다. 하지만 나는 아버지가 선사한 소중한 이별 선물을 매우 감사하게 생각합니다. 아버지는 마음을 열었고 현재에 머물렀으며 내가 아버지에 대한 진실한 감정을 나눌 수 있게 허락해주었습니다. 그리고 그것을 '기꺼이' 했습니다. 그건 매우 아름다운 기억입니다. 마음이 따뜻해지는 동시에 가슴이 미어지는 기억입니다. 그리고 아직 숨 쉬고 있는 한 의미 있는 일을 하기에 결코 늦은 때란 없음을 강력하게 일깨워줍니다.

# 17 나쁜 습관 깨뜨리기

Breaking Bad Habits

마크 트웨인Mark Twain은 이렇게 말했습니다. "금연은 세상에서 가장 쉬운 일이다. 나는 그것을 천 번이나 해봤기 때문에 안다." 담배를 피워본 적이 없어도 이 유명한 작가의 재치 있는 관찰에 공감할 것입니다. 당신은 얼마나 자주 '다시는 그것을 하지 않을 거야!'라는 말을 했나요? 그리고 아니나 다를까 다음 날 또다시 그 일을 하지 않았나요? 당신은 얼마나 자주 '다음번에는 이걸 다르게 처리할 거야'라고 생각했나요? 그러고는 다음번에 또 예전과 똑같이 한 것을 보고 충격을 받았을 겁니다.

사실, 삶이 문제없이 흘러갈 때도 우리는 '나쁜 습관'에 빠지기 쉽습니다. 하지만 현실에서 큰 문제를 겪으면 그러한 경향이 훨씬 더 심해집니다. '나쁜 습관'이란, 도전 공식 3번인 '머물러서 아무것도 하지 않거나 상황을 악화시키기'에 나오는 내용을 가리킵니다. 약물과 알코올의 지나친 사용에서부터 친구와 가족에게서 멀어지기 그리고 공격성을 드러내고 갈등을 만들기, 중요한 일이나 운동 피하기 등 말이지요.

우리는 모두 '나쁜 습관'을 많이 가지고 있습니다. 그리고 그 나쁜 습관을 모두 없애려는 시도는 무모합니다. 앞서 말했듯 성공으로 가려면 작은 변화를 만들어야 합니다. 한 번에 벽돌 한 장씩만 얹어야 합니다. 대여섯 가지의 '나쁜 습관'을 한 번에 고치려고 하면 지레 압도되어 포기할 가능성이 커집니다. 하지만 반드시 고쳐야만 하는 나쁜 습관이 하나 있다고 생각한다면, 다행히 그럴 수 있는 기술을 당신은 모두 가지고 있습니다. 물론 시간과 노력 그리고 헌신이 필요합니다. 마크 트웨인의 말을 다시 인용하겠습니다. "습관은 습관이다. 누구도 단번에 창문 밖으로 내던질 수 없고, 한 번에 한 계단씩 내려가도록 유인해야 한다." 습관 바꾸기가 당신에게 중요한 일이라면, 당신은 그럴 수 있습니다.

# 행동 패턴 바꾸기

문제를 악화시키는 행동을 바꾸기 위해서는 다음의 여섯 가지 질문이 필요합니다.

1. 나는 무엇을 하는가?
2. 무엇이 그 행동을 유발하는가?
3. 그것으로 얻는 보상은 무엇인가?
4. 그로 인해 치러야 할 대가는 무엇인가?
5. 대안은 무엇인가?
6. 내가 사용할 수 있는 기술은 무엇인가?

이 질문들을 하나씩 살펴보겠습니다.

## 1. 나는 무엇을 하는가?

문제 행동을 바꾸기 위한 첫 번째 단계는 그 행동을 구체적으로 확인하는 것입니다. 당신이 실제로 하는 말이나 행동은 무엇입니까? 예를 들어, '미루기'라는 용어는 당신이 무엇을 하는지 명시하지 않고, 그저 뭔가를 하지 않는 상황을 가리킵니다. 만약 중요한 일이나 활동을 미루고 있다면 그 일 대신 지금 무엇을 하고 있는지 명시하십시오. 컴퓨터 게임을 하거나, 뉴스를 읽거나, 벽을 노려보고 있거나, 과자를 먹거나, 개를 쓰다듬거나, 침대에 누워 있나요?

만약 당신에게 친구를 피하는 습관이 있다면, 당신이 실제 말이나 행동으로 하는 일은 무엇입니까? 친구의 문자를 신경 쓰지 않거나, 초대를 거절하거나, 변명하거나, 막판에 모임 참석을 취소합니까?

안토니오는 처음에 그의 문제 행동이 '술을 너무 많이 마시는 것'이라고 했습니다. 그래서 그에게 좀 더 구체적으로 말해달라고 했지요. "실제로 술을 얼마나 많이 마시고 있나요?" 그의 대답은 "매일 밤 일고여덟 병의 맥주를 마신다"였습니다.

## 2. 무엇이 그 행동을 유발하는가?

무엇이 문제 행동을 유발하는지 명시하는 것은 중요합니다. 어떤 상황, 어떤 생각, 어떤 감정이 그 행동을 '시작하게' 만드나요? 언제 어디서 그 행동이 일어나는 경향이 있나요? 특정한 사람, 장소, 상황, 사건이 그 행동을 유발하나요? 그 행동을 하기 직전에 떠오르는 특정한 생각, 느낌, 기억, 감정, 감각 또는 충동이 있나요? (만약 어떤 생각과 감정이 행동을 유발하는지 확실하지 않다면 일기 쓰기가 가장 좋은 방법입니다. 언제 어디서 당신이 그 행동을 했는지 적고 그 행동을 하기 직전의 감정이나 생각을 살펴보십시오.)

안토니오는 퇴근 후 집에 도착해서 문제 행동이 발생한다는 사실을 알았습니다. 그의 문제 행동은 불안, 죄책감, 가슴 답답함, 속 울렁거림, 아기 소피아에 대한 고통스러운 기억, '오, 안 돼. 다시 긴장되는 밤이 시작되는구나' 같은 생각과 느낌에서 유발됩니다. 그리고 당연히 맥주를 마시고 싶은 충동이 생깁니다.

### 3. 그것으로 얻는 보상은 무엇인가?

모든 행동에는 보상(어떤 면에서 이득이 되는 결과)과 대가(어떤 면에서 피해를 주는 결과)가 따릅니다. 보상이 무엇인지 반드시 알아야 하는 것은 아니지만, 정확히 확인하면 대개는 도움이 됩니다. 왜 그 행동을 계속해야 하는지에 대한 통찰력을 주기 때문입니다. 만약 아무런 보상도 없다면 당신은 그 행동을 멈출 것입니다. 기본적으로 보상은 다음 두 가지로 압축됩니다.

- 원하지 않는 것으로부터 멀어지게 해준다.
- 원하는 것을 얻게 해준다.

'나쁜 습관'을 통해 얻을 수 있는 가장 흔한 보상은 다음과 같습니다.

- 힘들게 하는 사람, 장소, 상황 또는 사건에서 도망치거나 그 것을 피할 수 있다.

- 원치 않는 생각, 감정, 기억, 감각 또는 충동으로부터 도망 치거나 그것을 피할 수 있다.
- 기분이 나아진다.
- 욕구가 채워진다.
- 관심을 받는다.
- (다른 사람이나 자신에게) 멋있게 보인다.
- (다른 사람은 틀렸고) 자신은 옳게 느껴진다.
- 중요한 규칙을 성공적으로 따르는 것처럼 느껴진다.
- 문제를 해결하기 위해 열심히 노력하는 것처럼 느껴진다.
- (삶, 세계, 자신, 타인 등을) 이해하는 것처럼 느껴진다.

안토니오는 맥주를 마시면 a) 힘든 생각과 감정으로부터 도망칠 수 있고, b) 긴장을 푸는 데 도움이 된다는 것을 바로 알아차렸습니다. 이것이 바로 그가 나쁜 행동으로 얻은 보상입니다. 어떤 행동에 따르는 보상이 무엇인지 몰라도 상관없습니다. 그 행동을 바꾸는 데 도움이 되긴 하지만 필수적이지는 않습니다.

#### 4. 그로 인해 치러야 할 대가는 무엇인가?

아마 그 행동으로 인한 대가가 무엇인지 어느 정도는 알고 있을 겁니다. 혹은 알면서도 바꾸고 싶지 않을지도 모릅니다. 하지만 이 문제는 시간을 두고 깊이 생각해볼 만합니다. 그 행동이 당신의 건강, 행복, 활력, 관계, 돈, 시간, 기회 측면에서 어떤 대가를 치르게 하나요? 그 행동으로 인해 잃어버리거나 놓치는 의미 있고 가치 있는 일은 무엇인가요? 그리고 그로 인해 생기는 원치 않는 결과는 무엇인가요? (이는 당신을 비난하기 위한 근거가 아닙니다. 만약 당신 마음이 커다란 막대기를 꺼내서 넌 자격이 없다며 당신을 마구 때린다면 닻 내리기를 하고, 그 이야기에서 벗어나고, 자신을 친절하게 안아주십시오.)

안토니오는 지나친 알코올이 건강을 상하게 하고, 결혼 생활에도 부정적인 영향을 끼친다는 것을 알고 있었습니다. 그런데 더 깊이 생각해보니 더 큰 대가가 따른다는 것을 깨달았습니다. 예를 들어, 술을 과도하게 마신 밤에는 잠을 잘 못 자고, 그러면 아침에 일어나기 힘들어지고, 근무 중에도 집중력이 떨어지고 짜증이 납니다. 그뿐만 아니라 이러한 행동은 배우자를 사랑하고 지지해주고 싶다는 자신의 중요한 가치에서 그를 점점 더 멀어지게 하고 결과적으로 죄책감과 불안을 유발합니다.

## 5. 대안은 무엇인가?

'나는 XYZ를 더 이상 하고 싶지 않아'라고 말하기는 쉽습니다. '그걸 하는 대신 ABC를 하고 싶어'라고 말하기는 그보다 어렵지요. 하지만 이는 나쁜 습관을 고치기 위한 필수적인 단계입니다. 나쁜 습관을 유발하는 원인, 즉 2번 질문에서 다룬 그 모든 힘든 상황, 생각, 감정이 생길 때 당신은 무엇을 할 건가요? 1번 질문에서 알아챈 행동을 하지 않는다면 그 대신 무엇을 할 건가요? 이 지점에서 당신의 가치로 돌아와야 합니다. 어떤 가치에 바탕을 둔 행동을 할 건가요?

안토니오는 과도하게 술을 마시기보다 적당히 마시고 싶었습니다. 구체적으로 말하자면 하룻밤에 여덟 병 대신 두 병만 마시고 싶었습니다. 따라서 그가 할 새로운 행동은 맥주 두 병을 두 시간 동안 천천히 마시고, 나머지 시간에는 허브티나 물을 마시는 것입니다.

## 6. 내가 사용할 수 있는 기술은 무엇인가?

생각만으로는 습관을 바꿀 수 없습니다. 1번부터 5번 질문에 대해 생각하고 대답하는 것은 유용하지만, 진짜 변화는 6번 질문에 대답하며 수용전념치료 기술을 적극적으로 활용할 때 일어납니다. 다음 질문에 대해 생각해보십시오. 나쁜 습관을 유발하는 모든 생각, 감정, 기억, 감각, 충동에 대처하기 위해 당신이 사용할 수 있는 기술은 무엇입니까? 닻 내리기, 생각에서 벗어나기, 감정을 위한 공간 마련하기, 자기자비, 자신의 가치와 연결하기 등을 할 수 있나요? 안토니오는 자신을 돕기 위해 이 모든 기술을 사용했습니다. 퇴근 후 집으로 운전해서 돌아오면서 그는 자신이 중요하게 생각하는 '사랑하고, 보살펴주고, 지지하고, 참아주고, 이해하는 배우자'로서의 가치를 생각했습니다. 그리고 집에 도착해서는 차에서 내리기 전에 3분 동안 닻 내리기를 하고, 열린 자세로 자신의 감정을 위해 공간을 마련하고(술을 마시고 싶은 충동을 포함하여), 자기자비를 연습했습니다. 저녁 내내 이 기술들을 필요할 때마다 반복해서 사용했습니다. 자신에게 친절하고, 술을 적당히 마시고, 아내와 저녁 내 좋은 시간을 보내고, 그것이 자신의 삶에 만들어낸 차이를 적극적으로 음미했습니다.

그런데 안토니오가 이러한 변화를 하룻밤 사이에 만들어냈을까요? 그가 변화를 완벽하게 이루어냈을까요? 그가 중단 없이 그 변화를 지속했을까요? 아닙니다. 절대 아닙니다. 그는 대부분 그렇게 하지 못했습니다. 왜일까요? 안토니오 역시 우리와 마찬가지로 인간이기 때문입니다. 인간은 완전하지 않습니다. 우리 모두 흠이 있고 자주 실패하고 쉽게 일을 망치고 낙담합니다. 그런 일이 일어나면 고통스럽기 마련입니다. 그것이 바로 우리 모두에게 훨씬 더 많은 자기자비가 필요한 이유입니다.

현실에서 '나쁜 습관'을 깨뜨리려면 시간, 노력, 에너지가 듭니다. 그리고 보통 그 과정은 순탄하지 않습니다. 수용전념치료 기술은 때로 효과적으로 작동하고, 가끔은 제대로 작동하지 않을 것입니다(완벽한 것은 없으니까요). 그리고 때로는 그것을 사용하겠다는 생각을 아예 잊거나 사용하기 귀찮거나, 사용하고 싶지 않을 때도 있을 겁니다(왜냐하면, 우리는 인간이니까요). 그렇기에 잘될 때와 그렇지 않을 때, 돌파의 때와 후퇴의 때, 잘되는 부분과 잘

안 되는 부분이 있으리라는 것을 충분히 예상할 수 있습니다.

새로운 행동 패턴이 습관이 되기까지는 오랜 시간이 걸릴 수 있습니다. 어쩌면 몇 달이 걸릴 수도 있습니다. 따라서 단 21일 만에 새로운 습관을 만들 수 있다고 말하는 책은 믿지 마십시오. 그런 주장에는 과학적인 근거가 없습니다. 지금은 거의 술을 마시지 않지만 10대와 20대 때 나는 엄청난 술고래였습니다. '지나친 음주'는 내가 성공적으로 '깨뜨린' 습관입니다. 하지만 초콜릿, 케이크, 아이스크림에 대한 특별한 선호는 아직도 때때로 고전을 면치 못하고 있는 '건강하지 않은 식습관'입니다. 이 책에 나오는 모든 방법을 성공적으로 적용하면서 매우 건강한 식습관을 유지하던 시기가 있습니다. 하지만 수용-전념치료 기술을 나쁜 습관에 적용하기를 멈추고, 건강하지 않은 식습관에 다시 빠져 체중이 늘었던 시기도 있습니다. 다시 말해, 어떤 습관은 다른 습관보다 고치기가 쉽습니다.


## 새로운 습관 유지하기


삶의 질을 높여주는 어떤 행동을 하기 시작하는 것과 그것을 지속하는 것은 전혀 다른 이야기입니다. 그렇다면 어떻게 이 새로운 행동 패턴을, 그것이 정말 새로운 '습관'이 될 때까지 유지할 수 있을까요? 그 도전에 성공할 수 있도록 돕는 수백 아니 수천 가지 도구가 있지만, 이는 모두 내가 '일곱 가지 R'이라고 부르는 방법으로 묶을 수 있습니다. 바로 일깨우기<sup>reminders</sup>, 기록하기<sup>records</sup>, 보상하기<sup>rewards</sup>, 일과로 만들기<sup>routines</sup>, 누군가와 함께하기<sup>relationships</sup>, 숙고하기<sup>reflecting</sup> 그리고 재구성하기<sup>restructuring</sup>입니다.

이제 하나씩 살펴보겠습니다.

## 일깨우기

간단한 장치로도 새로운 행동을 떠올리는 데 도움을 받을 수 있다. 예를 들어, 컴퓨터나 스마트폰 바탕화면에 그 행동이나 특정한 가치를 상기시키는 중요한 단어, 문구, 또는 상징을 떠워두거나 화면보호기로 만들어둘 수 있습니다. 또 메모지에 글을 써서 냉장고나 욕실 거울 또는 자동차 계기판에 붙일 수도 있습니다. 사람들이 아주 오래전부터 애용하던 방법이지요. 아니면 일기나 달력에 뭔가를 쓸 수도 있고, 스마트폰의 메모 앱을 이용할 수도 있습니다. '숨쉬기' 또는 '멈추기' 또는 '인내'처럼 단어 하나만 쓸 수도 있고, '내버려두자' 또는 '보살피고 연민을 갖자'처럼 문장을 쓸 수도 있습니다. 또는 밝은 색 스티커를 손목시계 줄이나 스마트폰 뒷면 또는 컴퓨터 키보드에 붙여서 그걸 사용할 때마다 스티커를 보고 새로운 행동을 떠올릴 수도 있습니다.

## 기록하기

언제 어디서 새로운 행동을 했고 그 행동에 어떤 이점이 있는지, 반대로 언제 어디서 예전 그대로 행동했고 그 대가가 무엇인지 기록할 수 있습니다. 하루 종일 우리 행동을 적어둘 수 있습니다. 일기나 메모장(종이에든 컴퓨터에든)에 기록하면 습관을 유지하는 데 도움이 됩니다.

## 보상하기

새로운 행동을 한다는 것은 가치를 행동으로 옮기는 것으로 그 자체로 보람 있는 일입니다. 하지만 추가로 보상을 제공하면 새로운 행동을 강화할 수 있습니다. 친절하고, 용기를 북돋는 자기 대화도 보상에 포함됩니다. 예를 들어 자신에게 '잘했어, 네가 해냈어!'라고 말하면 됩니다. 당신의 성공과 진전을 긍정적으로 바라보는 소중한 사람과 이야기를 나누는 것도 보상입니다. 좀 더 물질적인 보상도 있습니다. 예를 들어, 새로운 행동을 한 주 내내 지속했다면 스스로 정말 좋아하는 것을 하거나 뭔가를 사 주면 됩니다. 마사지를 받거나 책을 사는 것도 좋겠지요.

## 일과로 만들기

운동이나 요가를 하기 위해 매일 아침 같은 시간에 일어난다면 시간이 지나면서 자연스럽게 그것이 규칙적인 일과가 될 것입니다. 그러면 힘들게 새로운 행동을 떠올리려 하지 않아도 됩니다. 자연스러운 일과가 되면 행동하는 데 필요한 '의지력'도 줄어듭니다. 그렇기에 새로운 행동을 규칙적인 일과로 만들어서 삶의 일부분으로 만들 방법을 찾아보십시오. 예를 들어, 매일 저녁 일터에서 운전해서 집에 도착했을 때 차에서 내리기 전 2분 동안 닻 내리기를 하고 현관문을 향해 걸어가면서 당신이 살아가며 실천하고 싶은 중요한 가치를 생각하십시오.

## 누군가와 함께하기

'공부 친구'가 있으면 공부가 더 쉬워집니다. '운동 친구'가 있으면 운동이 더 쉬워지고요. 알코올 중독자 모임 프로그램에서는 참가자와 후원자가 팀을 이루어서 힘든 일이 있어도 참가자가 술에 취하지 않도록 후원자가 돕습니다. 자, 당신의 새로운 행동을 지지하고 격려할 수 있는 친절하고 자상한 사람이 있나요? 그 사람과 정기적으로 대화하거나, 그에게 당신의 기록을 이메일로 보낼 수도 있을 겁니다. 유용하다면 그에게 당신이 새로운 행동을 하도록 '일깨우는' 역할을 맡아달라고 부탁할 수도 있습니다. 예를 들어, 배우자에게 "내가 목소리를 높이면 닻 내리기를 하라고 좀 말해줘"라고 요청하는 것이지요.

## 숙고하기

당신의 행동 방식과 그것이 삶에 미치는 영향을 정기적으로 숙고하는 시간을 가지세요. 글로 기록하거나 함께하는 누군가와 토의하면서 되돌아볼 수도 있습니다. 또는 하루 종일, 잠자리에 들기 직전, 아침에 깨어나자마자 마음속으로 이 훈련을 할 수도 있습니다. 잠시 시간을 내서 다음과 같은 질문을 하고 깊이 생각해보십시오. '내가 어떻게 하고 있지?' '내가 잘하고 있는 건 뭐지?' '내가 잘못하고 있는 건 뭐지?' '내가 더 해야 하거나, 덜 해야 하거나, 다르게 해야 하는 건 뭐지?'

또한 언제 옛 습관으로 돌아가는지 숙고해보십시오. 무엇이 그 습관을 다시 유발하고 좌절하게 하는지, 그로 인해 어떤 문제를 겪는지 생각해보세요. 이는 당신을 비난하기 위해서가 아닙니다! 옛 습관이 당신의 건강과 행복에 어떤 대가를 치르게 하는지 판단하지 말고 숙고해보십시오. 그 대가를 알아채면 다시 올바른 궤도로 돌아가고자 하는 동기를 얻을 수 있을 겁니다.

## 재구성하기

우리는 새로운 행동을 더 쉽게 할 수 있도록 환경을 재구성할 수 있습니다. 그러면 그 행동을 유지할 가능성이 커집니다. 예를 들어, '건강한 식습관 유지하기'를 하고 싶다면, 부엌 재구성으로 더 쉽게 목표를 달성할 수 있습니다. 불량식품은 없애고, 냉장고와 찬장을 건강한 음식으로 채우세요. '아침에 운동하러 가기'가 하고 싶은 새로운 행동이라면, 운동 장비를 챙긴 가방을 침대 옆이나 눈에 잘 띄는 장소에 둬서 일어나자마자 나갈 수 있도록 합니다. (운동 가방을 보기만 해도 '운동하러 가야지' 하고 상기할 수 있습니다.)

일깨우고, 기록하고, 보상하고, 일과로 만들고, 누군가와 함께하고, 돌아보고, 재구성하는 '일곱 가지 R'을 모두 살펴봤습니다. 이제 창의력을 발휘하세요. 이 일곱 가지를 마음껏 조합해서 지속적인 변화를 위한 당신만의 도구 세트를 만드십시오. 행운을 빕니다.

## 옛 습관으로 돌아간다면

'연습이 완벽을 만든다'라고 말한 사람이 누구든 그는 착각하고 있습니다. 완벽이란 없습니다. 연습은 더 나은 삶을 위한 기술을 계발하는 데 도움이 되지만, 문제를 악화시키는 모든 행동을 영원히 없앨 수는 없습니다. 당신은(그리고 나와 이 땅에 사는 모든 사람은) 일을 망치고 실수하고 때로는 옛 습관으로 돌아갈 것입니다. 이런 일은 일어나고, 일어나고, 또 일어날 겁니다. 실제로 인간은 너무나 자주 일을 엉망으로 만들기 때문에 나는 내담자들에게 다음 두 가지 질문을 자주 던집니다.

1. 다음번에 다시 일을 엉망으로 만들면 상황에 더 효과적으로 대처하기 위해 무슨 말이나 행동을 할 것인가요?
2. 만약 당신 자신이나 다른 사람에게 상처를 줬다면 이를 치료하거나 피해를 복구하기 위해 무엇을 할 것인가요?

이 질문에 대답하기 전에 당신의 가치는 무엇인지, 어떤 사람이 되고 싶은지 생각해보십시오. 핵심 가치에 따라 행동하면서 신중하게 반응할 수 있다면, 당신이 실수를 저질렀다는 사실을 알았을 때 무슨 말을 하고 어떤 행동을 할까요? 기꺼이 자신을 용서하고 과거를 놓아주고 계속 앞으로 나갈 수 있나요? 기꺼이 당신의 고통스러운 감정을 위한 공간을 마련하고, 도움이 안 되는 생각에서 벗어나고, 자신을 친절하게 대하고, 자기 비난으로 꼼짝 못 하는 대신 삶을 계속 살아갈 수 있도록 문제를 건설적으로 다룰 수 있나요?

반복되는 실수를 상정한다고 해서 포기한다는 뜻은 아닙니다. 그저 현실적이어야 한다는 의미입니다. 우리는 연습을 통해 가치에 따라 살고, 삶에 온전히 집중하며, 용서와 자기자비를 실행하고, 도움이 안 되는 생각에서 벗어나고, 고통스러운 감정을 위한 공간을 마련하는 일을 훨씬 더 잘할 수 있습니다. 더 많이 연습할수록 미래는 더 나은 모습이 됩니다. 동시에 비현실적인 기대에서 벗어나야 합니다. 완벽해지려는 시도를 내려놓아야 합니다. 우리는 항상 가장 효과적인 방식으로 행동하지는 않습니다. 우리는 성자나 슈퍼영웅으로 변하지 않을 것입니다. 우리는 인간이고 그 말은 우리가 결코 완벽하지 않다는 뜻입니다. 수용전념치료 원칙을 아무리 많이 적용하고, 그것이 우리에게 '제2의 천성'이 된다고 해도, 가끔은 그것을 잊어버리고 옛 습관으로 돌아갈 때가 있을 겁니다.

그런 이유로 내담자와 상담하면서 나는 '다시 안 좋아지는 상황'에 대해 이야기합니다. "좋아요, 당신은 배우자나 아이들에게 소리를 지르는 대신, 인내심을 갖고 차분하게 왜 화가 났는지 설명하겠다고 지금 막 결심했습니다. 이제 당신은 그 결심을 100% 지킬 겁니다. 나는 그렇게 확신해요. 당신은 반드시 그렇게 하겠다고 결심한 것으로 보입니다. 그런데 한 가지만 묻겠습니다. 앞으로 당신이 사랑하는 사람들에게 절대로 고함을 치지 않을 가능성은 얼마나 될까요?" 그들의 결심을 약화하기 위해서 이런 말을 하는 게 아닙니다. 단지 그들에게 현실에 대해 약간 알려주려는 것뿐입니다. 대부분의 내담자는 이 정직한 지적을 고마워합니다. 이 질문은 그들이 가진 '완벽하게 해야 한다'라는 집착을 조금 느슨하게 만들어줍니다.

요컨대, 변화를 만들어내기는 어렵습니다. 우리 모두 할 수 있지만 쉽지는 않습니다. 그러므로 성공을 위해 작은 변화부터 시작하고 한 걸음씩 걸으면서 한 번에 벽돌 한 장씩을 얹으십시오. 그리고 옛 습관으로 돌아간다면(아마 그럴 겁니다), 닻을 내리고, 고통을 인정하고, 자신을 친절하게 안아주십시오.

3부

# 의미 있는 삶으로 나아가기

열정이 있을 때 고통이 함께 옵니다.
관심이 있을 때 상실이 함께 옵니다.
경이로움이 있을 때 두려움과 공포가 함께 옵니다.
삶은 큰 특권이고 우리는 최대한 삶을 누려야 합니다.

# 18

## 삶이라는
## 무대 전체를 조망하기

•

**The Stage Show of Life**

"말해보세요,
당신의 하나뿐인, 있는 그대로의 소중한 삶으로
무엇을 할 계획인가요?"

— 메리 올리버<sup>Mary Oliver</sup>

시끄럽게 야유를 퍼붓는 어떤 청중에게 한 코미디언이 이렇게
말하더군요. "2억 개의 정자, 그중 제일 먼저 통과한 한 개가 바
로 당신이군요!" 2억 개의 정자 가운데 오직 단 한 개만이 난자와
성공적으로 수정할 수 있다는 사실을 생각하면, 우리가 살아 있
다는 것 자체가 꽤 행운임을 깨닫게 됩니다. 조금 더 확장해서 당
신이 세상에 존재하기 위해 일어나야만 했던 일련의 사건을 생

각해봅시다. 당신의 어머니와 아버지가 만나야 하고, 할머니와 할아버지가 만나야 하고, 증조할머니와 증조할아버지가 만나야 하고……. 생명의 초창기까지 거슬러 올라가면 당신의 존재 자체가 거의 기적으로 보입니다. 다시 말해 우리는 살아 있는 특권을 누리고 있습니다.

'특권'이란 특정인이나 특정 그룹에 부여된 혜택을 의미합니다. 그리고 혜택은 어떤 조건이나 상황 속에서 유리한 위치에 놓이거나 귀중한 기회를 제공받는다는 의미입니다. 우리 한 사람 한 사람은 과학자들이 '호모 사피엔스'라고 지칭하는 특정 그룹의 회원입니다. 그리고 우리 그룹에 속한 수많은 사람이 죽었지만 우리는 여전히 살아 있다는 사실은 우리를 유리한 곳에 위치하게 합니다. 살아 있음으로써 우리는 연결되고, 보살피고, 기여하고, 사랑하고, 배우고, 성장합니다. 삶을 특권으로 생각한다는 것은 삶이 주는 기회를 잡는다는 의미이며, 삶을 감사하고, 껴안고, 음미하는 것입니다. 5장에서 나는 현실의 고난이 죽음과 관련되거나 그와 가까운 경험이라면, 우리 중 대다수가 그 후의 운명이나 예감을 느낀다고 말한 바 있습니다. 우리는 누구도 피할 수 없는 죽음을 강렬하게 인식하게 되고, 이는 종종 걱정과 취약성 혹은 불안을 유발합니다. 하지만 그 생각과 감정을 밀어내는 대신 탐구한다면 그것이 우리에게 뭔가 중요한 말을 해주고 있음을 깨달을 수 있습니다. 그 경험은 삶이 소중하고 우리는 모두

연약하다는 사실을 일깨워줍니다. 우리는 우리에게 남은 날이 얼마나 되는지 결코 알 수 없고 그렇기 때문에 남은 시간을 최대한 활용해야 합니다. 단 하나뿐인 있는 그대로의 소중한 삶을 최대한 잘 사용해야 합니다.

물론 말하기는 쉬운데, 실제로 어떻게 그럴 수 있을까요? 책에 나오는 원칙을 적용해왔다면 당신은 이미 그 방법을 잘 알고 있을 겁니다. 삶이 무대 위의 쇼와 같다고 생각해보세요. 그 무대 위에는 당신이 보고, 듣고, 만지고, 맛보고, 냄새 맡을 수 있는 모든 것과 더불어 당신의 생각, 감정, 기억, 감각 그리고 충동이 있습니다. 당신의 일부가 한 걸음 물러나서 그 무대를 지켜보고 있습니다. 가까이에서 자세히 살피기도 하고 멀리서 전체적인 모습을 조망하기도 합니다. 무대 옆면의 조명을 어둡게 하기도 하고 다른 부분에 스포트라이트를 비추기도 합니다.

물러서서 바라보는 당신의 일부를 표현할 일상적인 단어는 없습니다. 나는 시적인 기분일 때에는 그걸 '관찰하는 자아'라고 부르는데, 보통은 '알아채는 당신의 일부'라고 부릅니다. 이 책에 나오는 모든 마음챙김 연습에 당신은 이 존재를 사용해왔습니다. 이 존재는 당신 생각을 알아채고, 감정을 알아채고, 몸을 알아채고, 행동을 알아채고, 주변 세상을 알아차립니다. 당신의 일부는 언제나 거기에 있고, 언제나 이용할 수 있으며, 당신이 관찰하고자 하는 무대 위 쇼의 모든 영역을 어느 때라도 비출 수 있습니다. 쇼 자체는 항상 변합니다. 어느 순간도 같지 않습니다. 어떤 때는 기쁨과 즐거움으로 넘치는 것처럼 보이고, 어떤 때는 상처와 불행으로 가득해 보입니다.

현실에 따귀를 맞으면 스포트라이트가 고통에 집중적으로 쏟아지고 무대 위의 나머지 부분은 캄캄해집니다. 그로 인해 삶의 무대 위에 고통 외에는 아무것도 없는 것처럼 보입니다. 하지만 무대의 다른 부분에도 조명을 비춘다고 가정해보세요. 무대 '전체'에 조명을 비춘다고 생각해보세요. 고통과 그것을 둘러싼 삶의 모든 부분도 함께 본다고 상상해보세요. (고통이 아무리 크다 해도 우리 삶은 그보다 훨씬 큽니다.) 그 광활한 자각의 공간에서 삶에 부족한 것이나 손상된 곳이 없음을 깨닫는다면 어떨까요? 그리고 매우 소중한 어떤 것을 발견한다면 어떨까요? 심지어 엄청난 고통 가운데서도 충만함을 느끼게 해주는 숨겨진 보물을 발견한다면 어떨까요?

물론 우리 마음은 '내가 지금 이런 큰 문제 또는 상실을 겪고 있는데, 다른 것은 아무것도 중요하지 않아' 또는 '내 삶에 X, Y, Z가 없다면, 삶은 공허하고, 아무런 의미도 없어' 또는 '다른 건 아무것도 중요하지 않아'라고 말할 수 있습니다. 그리고 그런 생각에 걸려들면 우리는 안개 속에서 길을 잃을 겁니다. 여기저기에서 넘어지고, 숨쉬기도 힘들어집니다. 하지만 그 안개 속에서도 고통을 다소나마 줄이고 싶다면 닻 내리기를 하고 현재에 머물 수 있습니다. 얽매인 생각에서 벗어나 인식을 확대해서 고통으로 가득한 삶의 일부가 아니라 삶 전체를 주목할 수 있습니다.

우리가 그저 당연하게 여기는 삶의 모든 것에 관심을 기울이고 알아차리면 어떤 일이 일어날까요? 단지 알아채는 데서 그치지 않고 그에 감사하고 그것을 음미하고 소중히 여긴다면 어떻게 될까요? 숨 쉬고 보고 듣고, 팔다리를 움직일 수 있는 지금 이 순간을 소중히 여기면 어떻게 될까요? 친구, 가족, 이웃과의 다음번 만남을 소중히 여긴다면 어떻게 될까요? 산책을 하며 주변의 아름다움에 감탄해본 적이 있나요? 신선한 공기를 마시며 기뻐해본 적이 있나요? 벽난로나 침대의 따스함에 큰 기쁨을 느낀 적이 있나요? 집에서 만든 음식을 음미하고, 갓 구운 빵에 행복해하고, 오랫동안 따뜻한 물로 샤워하는 시간을 즐겨본 적이 있나요? 포옹과 키스, 책, 영화, 해가 지는 풍경, 한 송이 꽃, 어린아이와 애완동물에게서 행복을 느껴본 적이 있나요?

이 지점에서 당신은 이렇게 말할 수 있습니다. "그래요, 러스. 다 좋다고요. 하지만 정말 끔찍한 상황에 갇혀 있는 사람들은 어떻게 하나요? 그런 건 죄다 그들과 아무 상관없지 않나요?"

이에 대한 나의 대답은 "할 수 있는 것을 먼저 해야 한다"입니다. 현실이 우리에게 일격을 가할 때 우리는 먼저 닻을 내리고 자신을 친절하게 안아줘야 합니다. 그다음에는 입장을 정해야 합니다. 만약 머물고 있는 자리를 떠날 수 없거나 떠나지 않을 거라면, 바꿀 수 있는 것을 바꾸고 바꿀 수 없는 것은 받아들이고 가치에 따라 살아야 합니다. 만약 그 모든 것을 했는데도 상황이 여전히 끔찍하다면, 그렇습니다. 감사하고, 음미하고, 소중히 여길 만한 것을 찾기가 매우 어려울 수 있습니다. 하지만 불가능하지는 않습니다.

예를 들어, 넬슨 만델라는 그의 자서전 《자유를 향한 머나먼 여정》에서 로벤 섬의 감옥에서 오랜 세월을 보내는 동안 매일 아침 채석장으로 가는 행군을 어떻게 음미할 수 있었는지 묘사합니다. 그는 신선한 바닷바람과 아름다운 야생동물에 감사했습니다. 또 제2차 세계대전 마지막 해에 아우슈비츠 수용소로 보내진 이탈리아계 유대인 프리모 레비<sup>Primo Levi</sup>의 사례도 생각해볼 수 있습니다. 감옥에서의 경험을 기술한 감동적인 책 《이것이 인간인가》에서 그는 어떻게 하루하루 고된 노동을 견뎠는지, 살을 에는 폴란드의 추운 겨울 날씨를 어떻게 얇은 옷 한 장으로 견뎠는지 이야기합니다. 그리고 봄의 첫날이 왔을 때, 그는 따스한 햇볕을 진심으로 음미할 수 있었습니다. 마지막으로 아우슈비츠 수용소의 또 다른 유대인 죄수였던 빅터 프랭클<sup>Victor Frankl</sup>이 있습니다. 그의 책 《죽음의 수용소에서》에서 그는 그 모든 공포의 한가운데서도 그의 삶에서 잔혹함이 시작되기 전에 아내와 함께했던 달콤한 기억을 여전히 소중히 여기는 모습을 보여줍니다.

관심을 다른 데로 돌리거나, 현실의 고난이 일어나지 않은 척하라는 말이 아닙니다. 무대 위 쇼에서 좋아하지 않는 부분은 무시하고 나머지 부분만 바라보라는 말이 아닙니다. 긍정적으로 생각하고 이 모든 고난이 최선의 결말을 위해 일어난 것이라고 생각하라는 말이 아닙니다. (원한다면 그런 접근 방식을 시도해도 좋지만, 대개 그 방법은 그다지 효과적이지 않습니다. 적어도 장기적으로는 말입니다.) 그리고 이것이 당신의 고통을 없애주고 행복하게 해줄 거라고 주장하는 것도 절대 아닙니다!

나의 제안은 단순합니다. 조명을 무대 전체에 비춥시다. 모든 어려움을 인정하고, 모든 고통스러운 생각과 감정을 인정하고, 또 삶이 주는 기쁨과 경이로움 역시 인정합시다. 살아서 이 놀라운 삶의 무대를 지켜보는 특권에 감사하고, 그 안에서 우리가 소중히 여길 수 있는 것들을 찾아봅시다.

물론 이 책에 나오는 다른 많은 내용처럼 말은 실천보다 쉽습니다. 인간의 마음은 기본적으로 삶에 감사하기보다 우리가 갖지 '않은' 것, 충분하지 '않은' 것, 고쳐야 하고, 해결해야 하고, 바꿔야 할 것에 초점을 맞추기 때문입니다. 누군가 우리가 가진 것에 대해 감사하자는 이야기를 시작하면, 우리 마음은 바로 냉소적으로 돌아섭니다. 따라서 당신 마음이 지금 시위를 하고 있다면, 카페 저쪽 구석에서 누군가 크게 떠든다고 생각하십시오. 마음이 하고 싶은 말을 하도록 그냥 내버려두십시오. 하지만 그 말에 갇히거나 마음과의 논쟁에 휘말리지 않도록 주의하십시오. 그 대신 어떻게 하면 우리가 가진 것에 감사할 수 있을지 생각해보십시오.

## 감사의 기술

가진 것에 감사하는 마음을 계발하는 방법은 사실 꽤 간단합니다. 그저 열린 자세와 호기심을 갖고 특정한 방법으로 관심을 기울이기만 하면 됩니다. 이제 한번 해보겠습니다. 이 문장을 읽을 때 당신의 눈이 어떻게 움직이는지 주목해보십시오. 어떻게 의식적인 노력 없이도 정보를 이해하기에 딱 적합한 속도로 단어 하나하나를 훑어가는지 주목하십시오.

이제 시력을 잃으면 삶이 얼마나 힘들지 상상해보십시오. 얼마나 많은 것을 놓칠까요? 더 이상 책을 읽을 수도 없고, 영화를 볼수도 없고, 사랑하는 사람들의 얼굴 표정도 구별할 수 없고, 거울에 비친 자신의 모습과 저녁노을을 볼 수도 없고, 차를 운전할 수도 없다면 어떨지 상상해보십시오.

- 다섯 가지 물건 응시하기 연습
-

이 단락의 마지막에 이르면 읽기를 잠시 멈추고 주위를 둘러보고, 보이는 것 가운데 다섯 가지를 주목합니다. 정말로 자세히 주목해야 합니다. 다섯 가지 물건을 각각 몇 초 동안 응시하고, 전에 그걸 전혀 본 적 없는 아이처럼 흥미롭게 그 모양과 색깔, 질감에 주목합니다. 그 물건의 표면에 어떤 무늬나 표시가 있는지 살펴보고, 빛이 그 물건에 어떻게 비치는지, 그림자는 어떻게 생기는지 주목합니다. 그것의 윤곽선에 주목하고 그것이 움직이는지 멈춰 있는지 주목합니다. 당신 마음이 지루할 거라고 고집을 부려도, 새로운 것을 발견하는 경험에 대해 열린 자세를 가집니다.

여기까지 했다면, 당신 눈이 삶에 얼마나 많은 것을 주는지 잠시 생각해봅니다. 당신이 받은, '볼 수 있다는 선물'이 삶에서 무엇을 가능하게 해주는지 생각해봅니다. 볼 수 없다면 당신 삶은 어떨까요? 얼마나 많은 것을 잃게 될까요?

이 간단한 연습에는 두 가지 중요한 마음챙김 기술이 결합되어 있습니다. 바로 '참여'하고 '음미'하는 것입니다. 열린 자세와 호기심을 갖고 관심을 기울이면 현재에 집중할 수 있습니다. 다시 말해, 경험에 깊이 몰입할 수 있습니다. 그리고 진심으로 눈에 감사하고 볼 수 있는 기적 자체를 소중히 여기면 감사와 충만함이 따라옵니다. 즉, 그 경험을 '음미'하게 됩니다.

이제 책을 계속 읽어가며, 당신의 손이 어떻게 애쓰지 않고도 책을 들고 있는지에 주목해봅니다. 이 단락의 끝까지 읽은 후, 책을 뒤집어서 공중으로 살짝 던졌다가 받아봅니다. 책을 다양한 방법으로 가지고 놀며 잠시 시간을 보냅니다. 책을 이 손에서 저 손으로 옮겨보고, 페이지 전체를 넘겨보고, 높이 던져 올렸다가 땅에 떨어지기 전에 잡습니다. 이런 행동을 할 때 손이 어떻게 움직이는지 주목합니다. 손을 흥미롭게 바라보고, 어떻게 손이 자기 할 일을 정확하게 알고 하는지, 어떻게 다른 네 손가락이 엄지손가락과 매끄럽게 함께 일하는지 주목합니다. 내키지 않더라도 열린 마음으로 그것에서 뭔가를 배워봅니다.

당신의 손이 얼마나 경이로운가요? 만약 손이 없다면 삶이 얼마나 힘들어질까요? 이 단락 끝까지 읽은 뒤에 손을 사용해서 기분 좋은 행동을 해봅니다. 두피를 가볍게 두드리고, 관자놀이를 마사지하고, 눈꺼풀을 문지르거나 어깨를 주무릅니다. 천천히 그리고 부드럽게 1분 정도 그렇게 한 다음 어린아이 같은 호기심과 열린 자세로 손이 어떻게 움직이는지, 손이 만들어내는 감각이 어떻게 느껴지는지, 몸이 어떻게 반응하는지 주목해봅니다.

여기까지 했다면 당신 손이 얼마나 삶에 기여하는지, 손으로 인해 당신이 할 수 있는 것이 얼마나 많은지 깊이 생각해봅니다. 이제 호흡에 집중하는 또 다른 연습을 해보겠습니다.

## ● 호흡에 감사하기 연습
●

책을 계속 읽으며 느리게 호흡합니다. 천천히 깊게 숨을 들이쉰 다음 어깨를 내려뜨립니다. 그리고 호흡을 하는 단순한 기쁨에 감사하며 폐가 당신 삶을 위해 하는 역할을 돌아봅니다. 당신이 폐에 얼마나 의지하고 있는지 깊이 생각해봅니다. 폐가 당신의 행복에 얼마나 크게 기여하고 있는지 생각해봅니다.

전 세계 수백만 명의 사람이 심장과 폐 질환을 앓고 있고 그로 인해 호흡을 무척 힘들어합니다. 천식이나 폐렴을 앓아봤다면 그것이 얼마나 힘들고 두려운 일인지 이해할 것입니다. 심각한 심장 질환이나 폐 질환을 앓는 사람을 병문안한 적이 있을지도 모르겠습니다. 그들의 폐에는 물이 차 있고, 호흡은 산소마스크를 통해서만 할 수 있습니다. 그 사람이 당신이라고 상상해봅니다. 그런 상황에서 삶을 돌아보며 폐가 정상적으로 작동했던 때에 얼마나 편안했는지 떠올리는 장면을 상상해봅니다.

우리는 폐와 호흡에 얼마나 많이 의존하고 있나요? 잠시 당신 폐의 움직임과 숨이 당신 안팎으로 리듬 있게 흘러가는 것에 주목하고 그 경험을 음미해봅니다.

하루 중 잠시 시간을 내서 우리가 가진 것에 감사하는 시간을 갖는다면 만족감을 훨씬 더 많이 느낄 수 있습니다. 우리는 언제 어디서나 그렇게 할 수 있습니다. 단지 열린 자세와 호기심을 갖고 잠깐 짬을 내서, 볼 수 있고, 들을 수 있고, 만질 수 있고, 맛볼 수 있고, 냄새 맡을 수 있는 것들에 주목하기만 하면 됩니다. 사랑하는 사람의 얼굴에 어린 미소, 햇살 속에서 춤추는 먼지, 우리의 폐로 들어갔다 나오는 호흡의 감각, 어린아이의 웃음소리, 커피 내리는 향기, 토스트에 바른 버터 냄새 같은 것들 말이지요.

이것이 모든 문제를 해결할 거라는 말이 아닙니다. 당신의 삶이 더할 나위 없이 좋고, 당신에게 필요한 것도, 부족한 것도, 원하는 것도 하나 없는 척하라는 말이 아닙니다. 이 연습의 목적은 단지 당신의 만족감을 높이는 데 있습니다. '소중한 것 발견하기'는 결핍이나 불만족에 집착하고 현실과 이상의 격차를 좁히거나 방지하려고 노력하는 우리의 기본적인 사고방식과는 확연히 다른 심리 상태입니다.

자, 다음번에 물을 마실 때는 조금 천천히 첫 한 모금을 음미해보십시오. 입가를 한두 번 씻어내기만 해도 갈증이 완화되는 것을 알 수 있을 겁니다.

다음번에 산책을 나갈 때는 다리의 움직임을 잠시 주목해보십시오. 다리의 리듬, 힘, 조정력을 느껴보고 다리가 당신이 움직일 수 있게 일하는 데 감사하십시오.

그리고 다음번에 맛있는 음식을 먹을 때는 처음 한 입을 음미하고, 혀가 음식을 맛보고, 이가 그것을 씹고, 목이 그것을 삼킬 수 있다는 데 감탄해보십시오.

우리는 삶을 당연한 것으로 여기거나 현실의 고난 밖에 있는 모든 경이로움을 잊어버리는 경향이 있습니다. 하지만 그러지 않아도 됩니다. 물 마시는 기쁨을 알기 위해 목이 타 거의 죽기 직전에 이르기까지 기다릴 필요가 없습니다. 다리가 우리를 움직일 수 있게 해주는 데 감사하기 위해 더 이상 다리를 쓸 수 없을 때까지 기다릴 필요가 없습니다. 볼 수 있고 들을 수 있는 능력에 감사하기 위해 눈과 귀를 더 이상 쓸 수 없을 때까지 기다릴 필요가 없습니다. 우리는 바로 지금 여기에서 이 모든 소중한 것들에 감사할 수 있습니다.

# 19 온전히
경험하기

●　　　The Full Experience

　　　　　　　　　　지금 에어컨이 있는 시원하고 멋진 호텔
방에 있다고 해봅시다. 당신은 창밖을 바라보고, 자연 그대로의
새하얀 백사장과 맑고 푸른 바다가 펼쳐진 아름다운 광경에 감
탄합니다. 파도가 햇빛에 반짝이고 야자수는 바람에 부드럽게 흔
들립니다. 풍경이 이루 말할 수 없이 아름답습니다. 하지만……
파도가 철썩이는 소리는 들을 수 없고, 얼굴에 닿는 햇빛도 느낄
수 없으며, 뺨을 어루만지는 바람도 느낄 수 없고, 상쾌한 바다
냄새도 맡을 수 없습니다. 이는 그 순간을 '반밖에 경험하지 못하
는' 것과 같습니다. 당신은 경험의 일부는 받아들이지만, 그 순간
으로부터 얻을 수 있는 많은 것을 놓치고 맙니다.

이제 방에서 발코니로 나간다고 가정해봅니다. 그 즉시 당신은 살아 있음을 더 확실하게 느낍니다. 피부에 닿는 햇살의 입맞춤, 머리를 가볍게 헝클어뜨리는 바람, 폐를 채우는 신선한 짠 공기를 느낍니다. 이것이 온전한 경험입니다. 그 순간의 삶을 있는 그대로 느끼고 그것이 주는 풍요로움에 흠뻑 젖으며 그 순간을 마시고 음미합니다. 책의 앞부분에서 우리는 마음챙김에 대해 살펴보았습니다. 주로 고통을 줄이는 방법으로 닻 내리기, 고통스러운 감정을 위한 공간 마련하기, 힘든 생각에서 벗어나기 등의 기술을 사용했습니다. 이제 마음챙김을 다른 측면에서 살펴볼 것입니다. 삶을 당연하게 생각하지 않고 삶을 온전히 경험하기 위해 마음챙김을 사용하는 방법을 탐구할 것입니다.

## 몰입의 순간

몰입의 순간은 자연스럽습니다. 존경하거나 매력적인 누군가를 처음 만났을 때 우리는 그 사람에게 완전히 집중할 가능성이 높습니다. 그들에게 온 관심을 기울이고, 그들이 하는 모든 말을 놓치지 않으려고 합니다. 어떤 사람이 '강한 존재감'을 가졌다거나 '매력적'이라면 그들이 쉽고 자연스럽게 우리의 관심을 사로잡는다는 의미입니다. 하지만 친구, 가족, 동료 그리고 우리가 항상 마주 대하는 사람들은 어떤가요? 얼마나 자주 그들의 존재를 당연시하고 그들에게 절반의 관심만 기울이나요? 그들이 '끊임없이 무엇인가에 대해 이야기하면' 심지어 들어주기 힘들다고 불평하고 그들을 '지루하다'고 말하기까지 합니다.

마찬가지로, 식당에서 맛있는 음식을 한 입을 맛보거나, 기분 좋은 새로운 향기를 맡거나, 멋진 무지개를 바라볼 때 처음 한두 번은 그것에 의식적으로 완전한 관심을 쏟습니다. 하지만 우리 관심은 너무나 빨리 시들해집니다. 맛있는 음식을 세 입이나 네 입 먹은 뒤에는 그것을 당연시하기 시작합니다. 여전히 그 맛을 느끼긴 하지만 더 이상 음미하거나, 맛을 알기 위해 노력하거나, 질감을 탐구하지 않습니다. 대신 자동조종 모드에서 음식을 먹으며 입안에서 느껴지는 음식의 감각보다는 다른 데 더 관심을 갖습니다. 아름다운 향기도 몇 분 지나지 않으면 배경처럼 희미해지고 더 이상 그것을 인식하지 못합니다.

이제 몰입의 순간을 연습해보겠습니다. 다음 연습에서는 그다음 순서로 넘어가기 전에 각각의 지시사항을 5~10초간 실행하십시오.

- 소리에 집중하기 연습
  •

먼저 '귀를 열고' 잠시 무슨 소리가 들리는지 주목합니다.

당신이 어떤 소리를 내고 있는지 주목합니다(예를 들면, 당신이 의자를 움직이는 소리나 당신의 숨소리).
이제 '귀를 더 활짝 열고' 주변에서 나는 소리에 주목합니다.
가장 먼 곳에서 나는 소리를 들을 수 있을 때까지, 관심의 영역을 점점 멀리 확장합니다. 날씨로 인한 소리 또는 멀리서 나는 자동차 소리가 들리나요?

가만히 앉아서 들리는 모든 소리의 진동, 파동, 리듬 같은 서로 다른 층위에 주목합니다.
하나의 소리가 멈추고 새로운 소리가 시작되는 것에 주목합니다.
가전제품의 우웅 소리나 어떤 날개가 돌아가는 것처럼 계속해서 나는 소리가 있는지 주목하고 그것이 마치 경이로운 음악인 것처럼 들어봅니다. 소리의 세기, 높이, 음색에 주목합니다.

그 소리를 계속 들으면서 그것이 '하나의 소리'가 아니라는 데 주목해봅니다. 각 소리의 층위 안에 또 다른 층위가 있고, 리듬 안에 또 다른 리듬이 있고, 주기 안에 또 다른 주기가 있습니다.

이제 당신이 들을 수 있는 소리와, 당신의 마음이 그 소리에 대해 말하는 단어와 이미지 사이의 차이에 주목해봅니다.

어떻습니까? 다양한 소리에 전적으로 관심을 기울일 수 있었나요? 아니면 연습하는 당신을 마음이 계속 다른 데로 끌어당겼나요? 대부분은 후자의 경험을 했을 겁니다. 마음은 아마도 당신을 이렇게 방해했을 겁니다. '이건 지루해', '난 할 수 없어', '이 연습은 넘어갈래. 이건 정말 할 필요가 없어' 또는 '오늘 저녁 메뉴는 뭐지?' 같은 생각을 하도록 이끌었을 겁니다. 아니면 들리는 소리로 인해 사람들, 자동차들, 새들, 날씨에 대한 이미지가 떠올랐나요? 또는 소리를 분석하며 '뭐가 이런 소리를 내는지 궁금하군' 하는 생각을 하거나 '저건 트럭 소리군' 하고 소리를 확인하고 거기에 이름을 붙였을 수도 있습니다. 어쩌면 당신을 현실의 문제로 데려와서 고민하게 하고, 안 좋은 기분에 머물게 하거나, 이 연습이 어떻게 당신에게 도움이 되는지 의아하게 만들었을지도 모릅니다. 당신 마음이 어떻게 했든 괜찮습니다. 그저 마음의 반응을 주목하고 원하는 대로 하도록 내버려두십시오.

리사가 말했습니다. "난 참을 수가 없어요. 그 끔찍한 개구리 소리를 하룻밤만 더 들어도 맹세컨대 난 틀림없이 미쳐버릴 거예요!" 일주일 전, 리사는 아름다운 새집으로 이사 왔습니다. 불행히도 그녀 이웃의 뒷마당 정원에는 큰 연못이 있었고 그 연못은 엄청나게 큰 소리로 우는 개구리 가족의 집이었습니다. 리사의 설명처럼 개구리들은 나무토막 두 개가 서로 부딪치는 것 같은 소리를 밤새도록 냈습니다. 그녀는 그 소리 때문에 너무나 짜증이 났고, 몇 시간씩 잠을 이루지 못했습니다. 세 종류의 귀마개를 준비해 써봤지만 모두 소용이 없었습니다. 리사는 개구리들을 모두 독살하고 싶다는 생각을 했다고 죄책감에 젖어 고백했습니다.

나는 그녀에게 소리에 집중하는 연습을 해보자고 제안했습니다. 그리고 연습 막바지에 내 사무실 바로 맞은편 길에서 나는 소리, 그러니까 시끄러운 잔디깎기 기계의 다소 거슬리는 소리에 완전히 주의를 집중하라고 했습니다. 그녀의 마음은 배경으로 틀어둔 라디오처럼 먼 곳에서 떠들게 하고, 소리에 관심을 완전히 집중하게 했습니다. 마치 빼어난 가수의 목소리를 듣는 것처럼 엄청난 호기심을 가지고 잔디깎이 소리와 관련된 모든 요소, 즉 리듬, 진동, 높은음, 낮은음, 소리의 세기와 양의 변화에 주목하게 했습니다. 나중에 그녀는 이때 그 소음이 성가신 소리가 아닌 오히려 흥미로운 소리로 빠르게 바뀌었다고 말했습니다. 또한 그동안 잔디깎기 소리를 수백 번도 넘게 들었지만 거기에 그렇게 많은 소리의 요소가 있는 줄 몰랐다며 놀라워했습니다. 그래서 그녀에게 밤에 침대에 누워 이웃집 개구리들이 개굴개굴 우는 소리를 들으면서 이 연습을 해보라고 했습니다. 일주일 후 그녀는 얼굴 가득 미소를 지으며 매일 밤 이 연습을 했고, 이제 개구리 소리를 즐기게 되었다고 했습니다. 그녀는 개구리 소리가 마음을 차분하고 편안하게 하고 잠드는 데 실제로 도움이 된다고 말했습니다.

당신이 비현실적인 기대를 품는 건 원치 않습니다. 이 연습이 늘 이렇게 극적인 결과를 내는 건 아닙니다. 특히 이 연습이 아직 낯설고 마음챙김 기술이 상대적으로 덜 계발됐을 때는 더욱 그렇습니다. 게다가 현재에 오랫동안 집중하기란 쉽지 않다는 것을 잊지 마십시오. 마음은 우리 관심을 딴 곳으로 돌리는 영리한 방법을 수없이 알고 있습니다. 그러므로 만약 완전히 집중하기에 능숙해지고 싶다면 연습 이외에는 방법이 없습니다. 일과를 해나가는 가운데 쉽게 할 수 있는 빠르고 간단한 연습 두 가지를 제안합니다.

- 사람들에게 주의 기울이기 연습
-

매일 한 사람을 정해서, 전에 그를 절대로 본 적이 없는 것처럼 그의 얼굴을 주목합니다. 그의 눈 색깔, 치아, 머리카락, 피부에 있는 주름의 모양, 그가 걷는 모습을 주목합니다.
그가 움직이고 걷는 방식, 얼굴 표정, 몸짓과 목소리의 톤을 주목합니다. 그의 감정을 읽고, 그가 느끼는 것에 주파수를 맞출 수 있는지 살핍니다. 그가 당신에게 말을 하면 이제껏 들어보지 못한 매혹적인 강의인 것처럼, 그리고 그 이야기를 듣는 특권을 얻기 위해 백만 달러를 지불한 것처럼 집중합니다.

누군가에게 주의를 집중할 때에는 그 결과 어떤 일이 일어나는지 주목하는 것이 무엇보다 중요하다는 것을 명심합니다.

- 즐거움에 집중하기 연습
-

매일, 즐거움을 주는 단순한 활동 한 가지를 선택합니다. 당연시하거나 자동조종 모드에서 하는 경향이 있는 것이면 더 좋습니다. 그리고 그것이 주는 즐거운 감각을 끝까지 느낄 수 있는지 살펴봅니다. 여기에는 사랑하는 사람 안아주기, 고양이 쓰다듬기, 개 산책시키기, 아이들과 놀아주기, 시원한 냉수 한잔 또는 따뜻한 차 한잔 마시기, 점심 또는 저녁 식사하기, 좋아하는 음악 듣기, 따뜻한 물로 샤워하기 또는 목욕하기, 공원 산책하기 등 뭐든 포함될 수 있습니다. (주의: 독서, 스도쿠, 체스, 가로세로 낱말 퀴즈처럼 생각이 필요한 활동은 선택하지 마십시오.)

활동을 하면서 오감에 완전히 집중하고 무엇이 보이고, 들리고, 느껴지고, 어떤 맛이 나고, 어떤 냄새가 나는지 주목합니다. 그것의 모든 면을 음미합니다.

집중하고 경험을 음미하는 능력을 개발할 수 있도록 돕는 방법은 많습니다. 당신만의 방법을 만들어보십시오. 기본적으로 당신이 할 일은 어떤 물건이나 활동 또는 사건을 선택해서 열린 마음과 호기심으로 완전한 관심을 기울이는 것뿐입니다. 오감을 이용해서 모든 세부 사항을 관찰하십시오. 그와 동시에 그것이 당신의 삶에 어떻게 기여하고 있는지를 인정합니다.

그 오래된 '난 자격 없는 사람이야' 이야기를 조심하세요. 이 이야기는 항상 배경에 숨어서 당신을 낚아채려고 합니다. 그 순간 우리는 초고속 지옥행 셔틀버스를 타고 맙니다. 한순간 지금 여기의 삶에 감사하다가 다음 순간 지구 내부의 가장 깊은 나락으로 추락합니다. 하지만 다행히 천국행 셔틀버스도 있습니다. 도움 안 되는 이야기에서 벗어나고, 힘든 감정을 위한 공간을 마련하고, 현재에 견고하게 닻을 내리면, 땅속 깊은 곳에서 나와서 빛을 향해 올라갈 수 있습니다. 한 걸음 더 나아가 의식적으로 가진 것에 감사할 때 현실은 변화합니다. 고통이 사라지지는 않지만 더 이상 우리의 모든 관심을 사로잡지는 못합니다. 갖지 못한 것을 인정하고, 가진 것에 집중하고 감사할 수 있게 됩니다.

# 20 기쁨도 슬픔도
있는 그대로

Joy and Sorrow

　　　　　　내담자 중 한 명인 클로이는 유방암 진
단을 받았을 때 이른바 '지지집단'이라는 모임에 가입했습니다.
그녀는 암이 얼마나 고통스럽고 힘든지 현실적으로 인정하는 정
답고도 자각 있는 회원들이 있는 공동체를 원했습니다. 또한 지
지와 격려를 얻을 수 있기를 바랐습니다. 하지만 그녀는 (그녀의
말에 따르면) '긍정적인 사고방식을 가진 한 무리의 광신도들'을 발
견했습니다. 그 여성들은 클로이의 고통과 두려움을 인정하지 않
았습니다. 그들은 그녀에게 암을 '선물'로 보고 긍정적으로 생각
하라고 했습니다. 그 병이 그녀가 '깨어서' 삶에 감사하고, 배우
고, 성장하고 더 많이 사랑할 수 있는 기회를 주었으니, 암에 걸

린 자신을 운이 좋다고 생각해야 한다고 했습니다.

나는 배우고, 성장하고, 더 많이 사랑하는 것에 대찬성입니다. 그리고 이 책 전체는 깨어서 삶에 감사하라는 내용을 담고 있습니다. 하지만 암을 선물로 여기라거나, 암에 걸렸으니 운이 좋다고 여기라는 말은 비약입니다. '암'을 '자녀의 죽음', '완전히 불타버린 집', '성폭행', '난민캠프에서의 삶' 또는 '팔다리를 잃은 것'으로 대체해보십시오. 그런 상황을 '선물'이라고 하거나, 그런 일을 겪은 사람에게 '운이 좋다'고 말한다니 이 얼마나 냉담한 일인가요? 이는 보살핌과 연민의 반응과는 정반대에 있습니다.

우리 모두에게는 배우고, 성장하고, 깨어서 삶에 감사할 수 있는 수많은 기회가 있습니다. 그러기 위해 뭔가 끔찍한 일을 겪어야 할 필요는 없습니다. 만약 끔찍한 일이 일어났다면 기필코 그것으로부터 배우고 성장합시다. 하지만 그게 멋진 일이라거나 그 일을 겪었으니 운이 좋다고 가장하지는 마십시오.

그럼에도 때로 우리는 병이나 부상 또는 임사 체험이 삶을 완전히 긍정적으로 바꾸었고, 그것이 자신의 삶에 일어난 사건 중에 최고라고 말하는 사람들을 만납니다. 나도 그런 사람을 몇 명 만나봤고 그런 내용을 다룬 책을 상당히 많이 읽었습니다. 몇몇 진실한 사람은 실제로 나에게 큰 영감을 줬지만 그런 사람은 극히 드뭅니다. 또한 우리 대부분은 끔찍한 일을 결코 그런 식으로 바라보지 않을 것입니다. 그러니 이제 자신에게 솔직해지면 어떨까요? 나쁜 일이 일어나면 그것이 얼마나 고통스러운지 인정하고 자신을 친절하게 대합시다. 그런 뒤에, 오직 그렇게 하고 난 뒤에만, 그 경험으로부터 우리가 무엇을 배우고 어떻게 성장할 수 있는지 깊이 생각해봅시다.

고통을 인정하고 자신에게 친절하게 반응하고, 상황을 개선하기 위해 할 수 있는 일을 했다면, 이제 몇 가지 질문에 대해 생각해볼 시간입니다. 확실히 당신은 현실의 고난을 바라지 않았습니다. 삶이 당신 동의 없이 그 일을 부여했습니다. 하지만 그 일이 일어났을 때 자신에게 던지는 다음 질문은 도움이 됩니다.

- 이 경험을 통해 배우거나 성장할 수 있는 방법은 무엇인가?
- 어떤 개인적인 자질을 발전시킬 수 있는가?
- 어떤 실질적인 기술을 배우거나 향상시킬 수 있는가?
- 어떤 강점을 계발할 수 있는가?
- 어떤 관계를 심화시킬 수 있는가?

모든 현실의 고난은 우리를 성장으로 초대합니다. 우리는 그 초대를 원치 않지만 거절하면 삶은 분명 더 악화됩니다. 따라서 그것을 받아들이고 최대한 활용해야 합니다. 마음챙김과 자기자비를 실행하고, 소중히 여기는 가치와 조우하고, 목적에 따라 행동하는 데 그 고난을 사용합시다.

삶의 특권 중 하나는 배우고 성장할 수 있는 기회가 분명히 있다는 것이고, 우리는 지금 이 순간부터 마지막 숨을 내뱉는 순간까지 그 기회를 활용할 수 있습니다. 그러므로 호기심을 가지십시오. 고통에 반응할 때 어떻게 하면 우리 삶이 더 깊어질까요? 더 많은 인내와 용기, 동정심, 끈기, 용서를 계발할 수도 있을 겁니다.

'학생이 준비되면, 스승이 나타난다'라는 오래된 이야기를 들어본 적 있나요? 나는 이 이야기를 들을 때마다 당혹감을 느꼈습니다. 신비주의적인 쓸데없는 소리로 여겼습니다. 깨달음의 비법을 받을 준비가 되면 곧바로 마법처럼 어떤 스승이 공중에 나타난다는 의미라고 생각했습니다. 하지만 요즘에 나는 이 이야기를 매우 다른 의미로 해석합니다. 만일 기꺼이 배울 마음만 있다면, 글자 그대로 삶이 우리에게 주는 그 무엇을 통해서라도 배울 수 있다는 뜻으로 말이지요. 아무리 고통스럽고 두려운 것일지라도 우리는 항상 그것으로부터 삶에 도움이 되는 뭔가를 배울 수 있습니다.

이제 '여기 멋진 장치가 있습니다'라는 말과 함께, 내가 당신에게 빨간 버튼이 달린 은색의 작은 상자를 가져왔다고 가정해봅시다. 그리고 당신에게 말합니다. "이것은 놀라운 장치입니다. 당신이 할 일은 이 빨간색 버튼을 누르는 것뿐입니다. 그러면 모든 두려움, 분노, 죄책감, 외로움, 슬픔이 완전히 사라질 겁니다. 모든 고통스러운 기억도 함께 말입니다. 당신은 다시는 고통을 경험하지 않을 것입니다. 단, 부작용이 한 가지 있습니다. 버튼을 누르면 그 누구도, 그 무엇도 당신에게 중요치 않게 됩니다. 당신은 친구, 배우자, 가족에게 신경 쓰지 않게 될 것입니다. 그들이 행복한지 슬픈지, 살았는지 죽었는지 관심이 없어질 것입니다. 일, 집, 이웃, 나라 그리고 이 세상에도 신경 쓰지 않게 될 것입니다. 무슨 일이 일어나도 관심이 없어질 것입니다. 목표도, 바람도, 소원도 갖지 않을 겁니다. 삶에 의미도 목적도 없어질 것입니다. 당신은 완전히 아무것에도 관심이 없어질 것입니다. 하지만 이봐요, 당신에게 더 이상 아무런 고통도 없을 거라니까요.'

당신은 그 버튼을 누를 건가요?

이것이 바로 우리의 삶입니다. 누군가에게 혹은 무엇인가에 조금이라도 신경을 쓰면, 우리는 곧 원하는 것과 가진 것 사이의 격차를 느낄 것입니다. 그리고 그 격차가 클수록 고통은 더 커집니다. 정말 중요한 것들은 우리에게 상처를 주기도 합니다.

그렇다면 고통스러운 감정에게 공간을 마련해주고, 그것을 우리의 중요한 일부로 바라볼 수 있을까요? 그것이 우리에게 뭔가 중요한 것을 말해주고 있다는 데 감사할 수 있을까요? 중요한 것이 무엇이냐고요? 바로 우리가 살아 있고, 우리에게 심장이 있고, 우리가 배려하는 사람이라는 것이지요.

고통을 다른 사람의 마음과 연결되는 다리로 볼 수 있을까요?

고통은 사람들 사이의 차이를 가로지르며 모든 인간이 느끼는 고통이라는 공통점으로 우리를 묶어줍니다. 상처가 어떤 것인지 알 때에만 상처로 힘들어하는 다른 사람들과 관계를 잘 맺을 수 있습니다. 그럴 때만 공감의 의미를 진정으로 이해할 수 있습니다. 그러니 고통이 우리를 도와서 다른 사람들과 좋은 관계를 만들게 하고, 그들의 고통을 이해하게 하고, 그들을 적극적으로 돌보게 하고, 그들이 상처로 힘들어할 때 기꺼이 친절로써 도와줄 수 있게 한다는 데 감사할 수 있을까요?

감정은 팔다리처럼 중요한 우리의 일부입니다. 우리는 정말 감정을 피하거나 감정으로부터 도망치거나 감정과 싸워야 할까요? 팔다리가 잘리거나, 부러지거나, 감염되면 통증이 생깁니다. 하지만 그렇다고 팔다리와 싸우거나, 팔다리 없이 살고 싶어 하지는 않습니다. 우리는 팔다리가 우리 삶에 해주는 일에 감사합니다.

자, 이제 관심을 기울이게 하는 역할을 하는 우리의 일부분에 대해 생각해봅시다. 우리가 그것을 진심으로 소중히 여기고, 삶에서 그것이 감당하는 역할을 진심으로 고마워한다면 어떻게 될까요? 신경 쓰지 않는다면 고통도 없겠지만 기쁨도, 사랑도, 웃음도 없을 것입니다. 우리는 좀비처럼 살아갈 것입니다. 모든 것이 가치 없고 무의미할 것입니다. 실망이나 좌절은 없겠지만 흡족함이나 만족감도 없을 것입니다. 관심을 가질 때 우리는 목적 있는 삶을 살 수 있습니다. 풍요로운 관계를 맺고, 자신에게 동기를 부여하고, 삶에서 소중한 것들을 찾고 그것을 즐길 수 있습니다. 그렇다면, 그로 인해 큰 고통을 느낀다고 해도 그것에 감사할 수 있을까요?

감정을 '느끼는' 능력에 대해서도 생각해봅시다. 온몸으로 들어오는 수십억 개의 전기화학 신호를 해독하고 즉시 우리에게 어떤 감정을 느낄 수 있게 해주는 뇌의 놀라운 능력을 고맙게 생각할 수 있을까요?

이 시스템이 제대로 작동하지 않는다고 생각해보십시오. 다시는 아무것도 느끼지 못한다고 상상해보십시오. 우리는 얼마나 많은 것을 놓치게 될까요? 삶은 얼마나 공허해질까요?

자기자비의 관점으로 현실에 닻을 내리고, 목적의식을 가지고 어떤 입장을 선택하고, 우리 몸속에서 느껴지는 고통스러운 감정을 바라보고, 그것을 친절과 존중으로 대할 수 있을까요? 감정에 공간을 마련해주고, 평화롭게 있게 하고, 그것을 보살피고 관심을 가질 수 있을까요? 우리가 소중하게 생각하는 것들이 무엇을 일깨우고 있는지 깊이 생각해볼 수 있을까요? 고통의 감정을 '나쁜' 것으로 판단하는 대신 그것이 존재한다는 사실을 경이롭게 여기는 마음을 키워갈 수 있을까요?

이 책에서 했던 제안 가운데 가장 어려운 일이기에, 이번 장을 마지막까지 남겨두었습니다. 고통을 견디기란 힘든 일입니다. 고통을 받아들이는 일은 훨씬 더 힘듭니다. 하지만 고통에 감사하는 것은 가장 큰 도전입니다.

하지만 할 수 있습니다. 관심을 갖게 하고, 다양한 방식으로 느낄 수 있게 하는, 인간이 가진 감정이라는 특권에 대해 더 깊이 생각할수록 우리는 모든 감정에 더욱 감사할 수 있습니다. 그렇습니다. 이 특권은 대가를 치르지 않고는 누릴 수 없습니다. 열정이 있을 때 고통이 함께 옵니다. 관심이 있을 때 상실이 함께 옵니다. 경이로움이 있을 때 두려움과 공포가 함께 옵니다.

유명한 레바논 작가 칼릴 지브란Kahlil Gibran은 이 생각을 그의 놀라운 시집,《예언자》에서 훌륭하게 표현했습니다.

기쁨과 슬픔

그대의 기쁨은 가면을 벗은 그대의 슬픔
그대의 웃음이 솟아나는 그 우물은
자주 그대의 눈물로 채워졌나니

어떻게 그렇지 않을 수 있겠는가
그대 안에 슬픔이 더 깊이 새겨질수록
더 많은 기쁨을 담을 수 있으리니

옹기장이 가마 속에서 달궈진 그 잔이
바로 그대의 포도주를 담는 잔이 아닌가

칼로 속을 후벼 파낸 그 나무가
바로 그대의 영혼을 달래주는 비파가 아닌가


그대가 기쁠 때에 가슴속 깊은 곳을 들여다보라
그러면 알게 되리
그대에게 슬픔을 안긴 그것이
그대에게 기쁨을 주고 있음을


그대가 슬플 때 가슴 깊은 곳을 다시 들여다보라
그러면 알게 되리
그대에게 기쁨을 주었던 바로 그것이
지금 그대를 눈물 흘리게 하고 있다는 것을


어떤 이는 말하지, '기쁨은 슬픔보다 위대한 것'
또 어떤 이는 말하지, '아니, 슬픔이야말로 위대한 것'


하지만 그대에게 말하노니, 이 둘은 분리될 수 없으리


이 둘은 함께 오는 것
하나가 당신의 식탁 옆에 앉을 때, 기억하라
다른 하나는 당신의 침대에 잠들어 있음을


_ 칼릴 지브란

삶은 큰 특권이고, 우리 모두에게는 그것을 최대한 활용하라는 과제가 주어집니다. 가치가 우리를 안내하게 하고, 자신을 친절하게 대하고, 고통과 슬픔 둘 다를 위한 공간을 마련하고, 끊임없이 변하는 삶의 무대 위에서 펼쳐지는 멋진 쇼에 온전히 집중할 수 있을까요? 물론 할 수 있습니다. 그와 동시에 우리는 현실적이어야 합니다. 불편한 진실은, 우리가 이 사실을 자주 잊어버린다는 것입니다. 하지만 다행히도 우리가 이 사실을 기억해낼 때마다 우리에게는 선택권이 주어집니다. 그리고 바로 그 순간, 그곳에서 우리는 소중한 것들을 발견할 수 있습니다. 소중한 것은 항상 그 자리에 있습니다. 삶이 고통스러울 때조차도.

부록

# 생각의 힘
# 무력화하기

•

생각을 무력화한다는 것은 생각이 단어와 이미지의 구성물이라는 것을 쉽게 인식할 수 있도록 그것을 새로운 맥락에 집어넣는다는 의미입니다. 그러면 생각의 힘이 사라집니다.

이 기술에는 일반적으로 생각의 시각적 속성(즉, '볼 수 있는')이나 청각적 속성(즉, '들을 수 있는') 또는 두 가지 모두를 강조하는 것이 포함됩니다. 어떤 결과가 나올지 호기심을 가지고 다음 방법을 실험해보기를 권합니다. 무엇이 당신에게 가장 효과적일지는 미리 정확하게 예상할 수 없습니다. 어떤 방법은 상당히 효과가 있을 것이고, 어떤 방법은 전혀 그렇지 않을 수 있습니다. (어떤 방법은 역효과를 내서 전보다 더욱 생각에 사로잡히게 하기도 합니다. 흔한 일은 아니지만 간혹 분명히 일어납니다.)

이 연습의 목적은 원하지 않는 생각을 없애거나 불쾌한 감정을 줄이기 위함이 아니라는 데 유념하세요. 이 기술의 목적은 당신이 생각 속에서 길을 잃거나 생각에 휘둘리지 않고 지금의 삶에 완전히 집중하는 것입니다. 도움이 되지 않는 생각에서 벗어나면 종종 그 생각이 바로 '사라지거나' 불쾌한 감정이 신속하게 줄어들기도 합니다. 하지만 그런 결과는 '행운의 보너스'지 이 기술의 주된 목적이 아닙니다. 따라서 그런 결과가 나온다면 마음껏 즐거워하되 그것을 기대하지는 않아야 합니다. 그러지 않으면 실망하게 될 것입니다.

다음 방법을 시도해보고 어떤 일이 일어날지 호기심을 가지십시오. 한두 가지 방법이 정말로 도움이 된다면 몇 주간 계속해서 시도해보고 그럴 때마다 어떤 변화가 생기는지 확인하십시오. 그러나 이 방법 중 어떤 것이라도 당신을 하찮은 존재로 느껴지게 하거나 조롱한다고 느껴지면 즉시 중단하십시오.

- 시각적인 무력화 방법
-

먼저, 종이에 당신을 가장 많이 얽매거나 당신에게 가장 고통을 주는 생각을 몇 가지 적어봅니다. 그 가운데 하나를 선택하고 아래 연습의 각 단계를 순서대로 진행합니다. 앞으로 어떤 변화가 일어날지 열린 자세로 호기심을 가지십시오.

▶ 종이에 적기
고통스러운 두세 가지 생각을 큰 종이에 적습니다. (종이와 펜이 없다면, 상상 속에서 그렇게 합니다.)

이제 그 종이를 얼굴 앞에 들고 몇 초간 그 고통스러운 생각에 잠깁니다.
다음으로 그 종이를 무릎 위에 올려놓고 주위를 살펴봅니다. 보이고, 들리고, 만질 수 있고, 맛볼 수 있고, 냄새 맡을 수 있는 것들에 주목합니다.

그 생각이 여전히 당신과 함께하고 있다는 것을 주목합니다. 생각은 전혀 변하지 않았고, 당신은 그것이 무엇인지 정확하게 알고 있습니다. 그래도 얼굴 앞이 아니라 무릎 위에 있을 때 그 영향력이 줄어들지 않았나요?

이제 종이를 들고, 생각 아래에 간단한 선으로 사람을 그려봅니다

(예술적 재능이 있다면 만화 속 캐릭터처럼 그려도 됩니다). 그려 넣은 사람의 머리에서 그 생각이 나오는 것처럼 '생각풍선'을 그려 넣습니다(만화에서 볼 수 있는 것처럼 말이지요). 이제 당신이 그린 '만화'를 봅니다. 이것이 당신이 그 생각과 연결된 방식에 어떤 차이를 만드나요?

이 과정을 다른 생각에도 적용해 몇 번 시도해봅니다. 그림의 얼굴을 다양하게 그려봅니다. 미소를 짓거나 슬프거나 치아가 크거나 머리카락이 뾰족하거나 하는 식으로 변화를 줍니다. 고양이, 개, 꽃을 그리고 생각풍선이 거기서 나오는 것처럼 그려 넣습니다. 그럴 때 그 생각이 당신에게 미치는 영향력에 어떤 변화가 생기나요? 당신이 그 생각을 '단어'로 보는 데 도움이 되나요?

### ▶ 컴퓨터 화면에 쓰기

이 연습은 상상 속 또는 컴퓨터 화면에서 할 수 있습니다(대개는 컴퓨터 화면을 이용할 때 더 효과적입니다). 먼저 당신의 생각을 컴퓨터 화면에 일반적인 검정색 글자로 작성합니다(상상합니다). 그런 다음 그 글자의 글씨체나 색깔을 여러 가지로 바꾸어봅니다. 대여섯 가지의 다른 색깔, 글씨체, 크기로 바꾸고, 바꿀 때마다 어떤 효과가 있는지 주목합니다. (※ 대부분의 사람에게 빨강색의 볼드체는 당신에게 더 달라붙는 듯한 효과를 내는 반면, 연분홍에 옅고 작은 글씨체는 당신에게서 분리되는 효과를 낼 때가 많습니다.)

이제 글씨를 다시 검정색으로 바꾸고 이번에는 문단 모양을 다양하게 바꿔봅니다. 단어 사이에 큰 간격을 둬 띄어봅니다.

이번에는 단어들을 공백 없이 붙여서 하나의 긴 단어가 되도록 해봅니다.

그 긴 단어를 수직으로 세워봅니다.

그런 다음 다시 단어 사이를 띄어서 하나의 문장으로 만듭니다.

이제 그 생각이 어떻게 느껴지나요? 그것이 단어라는 것을 더 쉽게 알 수 있나요? (기억하십시오. 우리는 그 생각이 사실인지 거짓인지에는 관심이 없습니다. 그저 그 생각을 있는 모습 그대로 보고자 할 뿐입니다.)

▶ 노래방 화면의 가사라고 상상하기

당신의 생각이 노래방 기계 화면에 나온다고 상상해봅니다. 화면 속 가사 위로 노래를 박자에 맞춰 따라 부를 수 있게 하는 동그란 점이 나타났다 사라지는 모습을 떠올려봅니다. 이 과정을 대여섯 번 반복합니다.

원한다면 무대에서 화면 속 가사를 따라 부르는 자신을 상상해봅니다.

▶ 시나리오 바꾸기

다양한 환경에서 당신의 생각이 펼쳐진다고 상상해봅니다. 각 시나리오를 5~10분간 상상한 후 다음 시나리오로 넘어갑니다. 당신의 생각이 각기 다음과 같은 형태로 쓰여 있다고 상상해봅니다.

• 동화책 표지의 재미있고 다채로운 색상의 글씨
• 식당 메뉴판의 세련된 그래픽
• 생일 케이크 위의 글씨 장식

- 칠판에 분필로 적은 글씨
- 조깅하는 사람이 입은 티셔츠 위의 슬로건

▶ 나뭇잎 또는 구름 위에 생각을 올려놓기

시냇물 위를 부드럽게 흘러가는 나뭇잎이나 하늘을 한가로이 떠가는 구름을 상상해봅니다. 당신의 생각을 그 나뭇잎과 구름에 올려놓고 유유히 흘러가는 모습을 바라봅니다.

- 청각적인 무력화 방법
-

청각을 이용한 무력화는 생각을 다양한 맥락에 배치할 수 있는 더 많은 기회를 제공합니다. 실험해보고 어떤 일이 일어나는지 확인해봅니다.

▶ 우스꽝스러운 목소리 내기

당신의 생각을 자신에게 우스꽝스러운 목소리로 조용히 또는 큰 소리로 말합니다. (보통 큰 소리로 말할 때 더 잘 분리되는 효과를 내지만, 시간과 장소를 잘 선택해야 합니다. 업무회의 때는 할 수 없을 테니까요.) 예를 들면, 만화 속 인물, 영화배우, 스포츠 해설자 또는 아주 별난 외국 억양으로 말하는 사람의 목소리를 선택할 수 있습니다. 대여섯 가지의 다른 목소리로 시도해보고 무슨 일이 일어나는지 주목합니다.

▶ 느리거나 빠르게 말하기

생각을 조용히 또는 큰 소리로 자신에게 말합니다. 처음에는 엄청 나게 느린 속도로, 그다음에는 마치 빨리감기를 하는 것처럼 초고 속으로 말해봅니다.

▶ 노래하기

당신의 생각을 조용히 또는 큰 소리로 <생일 축하합니다> 노래 곡조에 맞춰 불러봅니다. 그런 다음 두어 가지 다른 노래의 곡조로 도 불러봅니다.

## 나만의 무력화 방법 고안하기

이제 당신만의 무력화하기 방법을 고안해보십시오. '보거나' '듣 거나' 혹은 두 가지 다 가능한 맥락에 당신 생각을 집어넣기만 하 면 됩니다. 예를 들어, 당신 생각이 캔버스에 그려졌거나, 엽서에 인쇄되었거나, 만화 속에 나오는 슈퍼 영웅의 가슴에 선명하게 새겨졌거나, 중세의 기사 방패에 새겨졌거나, 비행기 뒤에 매달 린 플래카드에 쓰여 있거나, 자전거 타는 사람의 등에 문신으로 새겨졌거나, 얼룩말의 모든 줄무늬 사이에 쓰여 있다고 상상해보는 겁니다. 또는 생각을 색칠하거나 그리거나 조각할 수도 있습니다. 생각이 춤을 추고 점프를 하고 축구를 하는 모습을 상상할 수도 있습니다. 또는 영화의 제작진 소개 자막처럼 TV 화면에서 점점 위로 올라가는 모습을 시각화해볼 수도 있습니다. 셰익스피어 시대 배우가 암송하거나, 라디오 방송에서 흘러나오거나, 로봇에게서 소리로 나오거나, 록뮤직 가수가 노래로 부르는 것을 상상해볼 수도 있습니다. 당신을 제한하는 것은 오로지 당신의 상상력뿐이니, 마음껏 상상의 나래를 펼치십시오.

# 호흡으로 하는
# 마음챙김

•

이 연습은 마음챙김 기술을 발전시키는 데 매우 유용합니다. 시작하기 전에, 이 연습에 시간을 얼마나 쓸지 결정하십시오. 10~20분이 이상적이지만 원하는 만큼 짧거나 길게 조절할 수 있습니다(타이머를 사용하면 좋습니다). 호흡에 집중할 때 현기증, 저리는 느낌 또는 불안과 같은 불편한 반응을 보이는 사람도 있으니 유의하십시오. 만약 이런 증상이 나타나면 연습을 멈춥니다.

애완동물, 아이들, 전화벨처럼 집중을 방해하는 것이 없는 조용한 장소를 찾아서 편안한 자세를 취합니다. 의자에 앉거나 방석에 앉는 자세가 이상적입니다(누워도 괜찮지만 잠들기 쉽습니다). 일단 앉았다면 등을 펴고 어깨를 내려뜨립니다. 그런 다음 눈을 감거나 한곳에 시선을 고정합니다(눈을 뜨고 있어야 깨어 있기 수월합니다).

처음 몇 번 호흡을 하는 동안에는 부드럽게 폐를 비우는 데 집중합니다. 당신의 폐가 완전히 비워질 동안 매우 천천히 숨을 내쉽니다. 그런 다음 잠시 멈추고 폐가 처음부터 다시 공기로 완전히 채워지도록 합니다.

대여섯 번 이렇게 호흡을 한 다음, 당신의 호흡이 원래의 자연스러운 속도와 리듬으로 돌아가도록 내버려둡니다. 통제하지 않아도 됩니다.

나머지 연습 시간 동안에는 호흡에 집중합니다. 전에 한 번도 호흡을 경험해본 적 없는 아이처럼 호기심을 가지고 관찰합니다. 숨이 흘러 들어가고 나갈 때 몸에 느껴지는 각기 다른 감각에 주목합니다.

콧구멍에 느껴지는 감각에 주목합니다.

어깨에 느껴지는 감각에 주목합니다.

가슴에 느껴지는 감각에 주목합니다.

복부에 느껴지는 감각에 주목합니다.

열린 자세와 호기심으로 당신의 몸에서 호흡이 흐르는 움직임을 따라갑니다. 코와 어깨, 가슴, 복부에 느껴지는 감각의 자취를 따라갑니다.

당신 마음이 뭐라고 떠들든 배경 속 라디오처럼 그냥 내버려둡니다. 마음을 침묵하게 하려고 하지 않습니다. 그럴수록 더 크

게 떠들 뿐이니까요. 마음은 혼자 떠들게 내버려두고 호흡에 집
중합니다.

때로 마음은 생각과 감정으로 당신을 사로잡아 연습을 그만두
게 하려고 할 것입니다. 이는 정상이고 자연스러운 반응이며 계
속해서 일어날 겁니다. (실제로 그러기 전에 당신이 단 10초만 호흡에 집
중할 수 있어도 아주 잘한 것입니다!)

일단 당신이 마음속 생각과 감정에 사로잡혔다는 것을 알아챘
다면 조용히 자신에게 '사로잡혔어'라고 말하거나 부드럽게 고개
를 끄덕이고 다시 호흡에 집중합니다.

당신을 '사로잡으려는' 마음의 시도는 계속해서 진행될 것입니
다. 매번 그것을 떼어내고, 다시 호흡에 집중하는 연습으로 돌아
갑니다. 마음이 당신을 사로잡으려는 시도를 천 번 한다면 그것
을 천 번 인정하고 다시 호흡에 집중합니다.

연습을 계속하면 몸의 감각과 감정이 변할 것입니다. 이완, 고
요함, 평화로움 같은 기분 좋은 감정을 느낄 수도 있고, 아니면
좌절 또는 불안 같은 불편함 감정이나 등에 통증을 느낄 수도 있
습니다. 우리 목표는 그 감정이 고통스러운 것이든 즐거운 것이
든 있는 그대로 인정하는 것입니다.

이것이 긴장을 완화하는 기술이 아님을 기억하십시오. 긴장을
풀려고 이 연습을 하는 것이 아닙니다. 스트레스, 불안, 지루함,
조바심이 느껴져도 괜찮습니다. 목표는 지금 이 순간 당신의 감

정과 씨름하지 않고, 그것이 있는 그대로의 모습으로 있게 허락하는 것입니다.

따라서 만약 힘든 감정이 느껴진다면 '지금 지루함을 느끼고 있어' 또는 '지금 좌절을 느끼고 있어' 또는 '지금 걱정이 있어'처럼 조용히 그것에 이름을 붙이고 자신에게 말합니다. 그 감정을 그대로 내버려두고 호흡에 집중합니다.

당신이 정한 시간이 될 때까지 호흡을 관찰하고, 불편한 감정을 인정하고, 당신을 사로잡는 생각에서 벗어나는 연습을 계속하십시오.

그런 다음 스트레칭을 하고 당신 주변의 세계에 집중하고, 이 중요한 삶의 기술을 연습한 자신을 자랑스럽게 생각하십시오.

부록
C

목표
설정하기

•

효과적인 목표 설정하기는 중요한 기술이고, 이를 익히는 데는
약간의 연습이 필요합니다.

　다음 방법은 앤 베일리[Ann Bailey], 조 치아로키[Joe Ciarrochi], 러스 해
리스[Russ Harris]의 공저 《웨이트 이스케이프[The Weight Escape]》에 나오는
내용을 허락을 받아 사용했습니다.

## 목표 설정과 실천을 위한 5단계 계획

### 1단계: 가치 파악하기

당신의 행동을 뒷받침해주는 가치들을 파악하십시오.

_____

_____

_____

_____

_____

_____

_____

_____

_____

### 2단계: 스마트한 목표 세우기

마음에 떠오르는 오래된 목표를 설정하면 효과적이지 않습니다. 스마트SMART한 목표를 세워야 합니다. 스마트의 의미는 이렇습니다.

S<sup>specific</sup> 구체적일 것. 모호하거나 흐릿하고, '사랑을 주는 사람 되기'처럼 명확하게 정의되지 않는 목표를 설정해서는 안 됩니다. '퇴근하고 집에 돌아오면 배우자에게 따뜻하고 긴 포옹을 해주기'처럼 구체적인 목표를 설정해야 합니다. 다시 말해, 어떤 행동을 할지 구체적으로 명시해야 합니다.

M<sup>motivated by values</sup> 가치에 의해 동기 부여된 것일 것. 목표는 당신이 선택한 가치와 일치해야 합니다.

A<sup>adaptive</sup> 적합할 것. 이 목표 추구가 현명한 일인가요? 이것이 당신의 삶을 개선할 가능성이 있나요?

R<sup>realistic</sup> 현실적일 것. 당신이 가진 자원으로 실행할 수 있는 현실적인 목표여야 합니다. 자원에는 시간, 돈, 건강, 사회적 지지, 지식과 기술이 포함됩니다. 만약 이러한 자원이 필요하지만 당신에게 없다면 목표를 좀 더 현실적으로 바꿔야 합니다. 절약, 기술 개발, 사회적인 네트워크 구축, 건강 증진 등 지금 당신에게 없는 자원을 얻는 것을 새로운 목표로 정할 수도 있습니다.

T<sup>timeframed</sup> 기간을 정할 것. 목표에 대한 구체적인 기간을 정하십시오. 제시한 행동을 실행할 날짜, 요일, 시간을 가능한 한 구체

적으로 명시하십시오.

당신의 스마트한 목표를 적으십시오.

_____

_____

_____

_____

_____

_____

_____

_____

_____

_____

_____

## 3단계: 이점 확인하기

목표를 성취했을 때 얻는 가장 긍정적인 결과는 무엇입니까? (그러나 목표를 성취하고 났을 때 삶이 얼마나 멋져질지 미리 환상을 품지는 마십시오. 많은 연구 결과에 따르면 미래에 대해 환상을 품으면 실제로 그것을 성취할 가능성이 줄어듭니다.) 다음 페이지에 그 이점들을 적으십시오.

_____

_____

_____

_____

_____

_____

_____

_____

_____

_____

_____

## 4단계: 장애물 확인하기

목표를 성취하는 과정 중에 생길 수 있는 잠재적인 어려움과 장
애물을 마주쳤을 때 어떻게 해결할지 상상해보십시오. 다음 질문
에 대해 생각해보십시오.

* 발생할 가능성이 있는 내적인 문제(낮은 동기부여, 자기 의심, 고통,
  분노, 절망, 불안, 걱정 등 힘든 생각과 감정)에는 어떤 것이 있습니까?
* 발생할 가능성이 있는 외적인 문제(생각과 감정 이외에 당신을 가

로막는 재정 부족, 시간 부족, 기술 부족, 관련된 다른 사람들과의 개인적인
갈등)에는 어떤 것이 있습니까?

내게는 다음과 같은 내적인 문제가 발생할 수 있습니다.

_____

_____

_____

_____

_____

그러면 나는 다음과 같은 마음챙김 기술을 사용해서 거기서 벗
어나고, 생각과 감정을 위한 공간을 마련하고, 현재로 돌아올 것
입니다.

_____

_____

_____

_____

_____

마주칠 수 있는 외적인 장애물에는 다음과 같은 것들이 있습니다.

a) _____

b) _____

c) _____


그러면 이를 해결하기 위해 나는 다음과 같은 단계를 실행할 것입니다.

a) _____

b) _____

c) _____


## 5단계: 공개적으로 발표하기

많은 연구 결과에 따르면 목표를 공개적으로 선언할 때(즉, 당신의 목표를 적어도 한 명 이상의 다른 사람 앞에서 말할 때), 그것을 실행할 가능성이 훨씬 더 높아집니다. 다른 사람 앞에서 말하고 싶지 않다면, 최소한 자기 자신에게라도 선언하십시오. 하지만 최선의 결과를 얻고자 한다면 신뢰하는 누군가에게 선언하십시오.

나는 다음을 실천할 것을 약속합니다(당신의 가치에 따라 정한 스마트한 목표를 여기에 적으십시오).

_____

_____

_____

_____

_____

_____

_____

_____

_____

_____

이제 당신의 약속을 크게 선언하십시오. 타인에게 말하는 것이
이상적이지만 여의치 않다면 자신에게 선언하십시오.


## 목표 설정에 유용한 정보

단계별 계획을 세우십시오. 목표를 구체적이고, 측정 가능하고,
기간이 정해진 하위 목표로 세분화하십시오.

다른 사람들에게 당신의 목표와 진행 과정을 이야기하십시오. 공개적인 선언이 실행 가능성을 높여줍니다.

목표 실행에 진전이 있다면 자신에게 보상을 해주십시오. 작은 보상이 큰 성공을 거둘 수 있게 돕습니다. (자신에게 '잘했어! 제대로 시작했구나!'라고 말하는 것처럼 간단한 보상도 좋습니다.)

당신의 발전을 기록하십시오. 발전 상태를 일기, 그래프 또는 그림 등으로 지속적으로 기록하십시오.

# 인생에 거친 파도가 몰아칠 때

**1판 1쇄 발행** 2022년 8월 19일
**1판 3쇄 발행** 2023년 3월 6일

**지은이** 러스 해리스
**옮긴이** 우미정
**발행인** 유성권

**편집장** 양선우
**책임편집** 신혜진 **편집** 윤경선 임용옥
**해외저작권** 정지현 **홍보** 윤소담 박채원
**마케팅** 김선우 강성 최성환 박혜민 심예찬
**제작** 장재균 **물류** 김성훈 강동훈

**펴낸곳** ㈜이퍼블릭
**출판등록** 1970년 7월 28일, 제1-170호
**주소** 서울시 양천구 | 목동서로 211 범문빌딩 (07995)
**대표전화** 02-2653-5131 | **팩스** 02-2653-2455
**메일** tiramisu@epublic.co.kr
**인스타그램** instagram.com/tiramisu_thebook
**포스트** post.naver.com/tiramisu_thebook

**티라미슈**는 ㈜이퍼블릭의 인문·에세이 브랜드입니다.

**editor's letter**

현실이 견딜 수 없이 가혹하게 느껴질 때가 있습니다.
그럴 때면 한여름 아스팔트처럼 마음이 펄펄 들끓기도 하고
배멀미를 하는 것처럼 속이 울렁이기도 하고
아무것도 할 수 없을 것처럼 온몸에서 힘이 쪽 빠지기도 하지요.
어느 순간 괜찮아졌다 싶다가도 도돌이표처럼 같은 감정이 찾아오기도 합니다.
그렇지만 어떤 상황에서도 내가 무력하지 않다는 것,
삶이 그냥 지나가게 두지 않을 힘이 내게 있다는 것을 믿습니다.
우리는 분명 더 좋은 내일을 만들어갈 수 있습니다.